www.ingramcontent.com/pod-product-compliance
Lightning Source LLC
Chambersburg PA
CBHW080954120626
46546CB00010B/2895
9781966600183

خواتین کا پردہ

جاوید احمد غامدی کا موقف

خواتین کا پردہ

جاوید احمد غامدی کا موقف

[محمد حسن الیاس کے ساتھ ایک مکالمے سے لیا گیا]

تالیف

ڈاکٹر عرفان شہزاد

غامدی سینٹر آف اسلامک لرننگ، المورد امریکہ

ناشر: غامدی سینٹر آف اسلامک لرننگ، المورد امریکہ

طبع اول: اپریل 2025ء

ISBN :978-1-966600-18-3

Address: 3620 N Josey Ln, Suite 230 Carrollton, TX 75007

Website: www.ghamidi.org

Email: info@ghamidi.org

فہرست

دیباچہ

یہ کتاب جناب جاوید احمد غامدی کے پردے سے متعلق موقف کی جامع وضاحت پر مبنی ہے، جو اُن کی ویڈیو سیریز ''غامدی صاحب کے فکر پر 23 اعتراضات کے جواب میں'' کی قسط 3 تا 12 سے ماخوذ اور اُن پر مبنی ہے۔ یہ سیریز اُن اعتراضات کو تفصیل سے زیر بحث لاتی ہے جو عمومی طور پر غامدی صاحب کے نظریات پر کیے جاتے ہیں اور جنھیں روایتی مذہبی نقطۂ نظر کے مقابل میں ایک منفرد تعبیر کے طور پر پیش کیا جاتا ہے۔ اِن مباحث کا محور قرآن، سنت اور حدیث کی روایتی تشریحات ہیں، جنھیں غامدی صاحب نے اپنے اصولی اور اجتہادی زاویے سے پرکھا ہے اور بعض کو جزوی یا کلی طور پر رد کرتے ہوئے اپنی تعبیرات پیش کی ہیں۔

جناب محمد حسن الیاس نے اِن اعتراضات کو نہایت عمدگی اور ترتیب کے ساتھ غامدی صاحب کے سامنے پیش کیا ہے۔ اِن اعتراضات کے جواب میں غامدی صاحب نے نہ صرف اپنی تعبیرات کو مدلل انداز میں پیش کیا ہے، بلکہ روایتی موقف کی وضاحت اور اُن کے دلائل کا تنقیدی جائزہ بھی پیش کیا ہے۔ یہ مباحث علمی استدلال اور بے لاگ تجزیے کی عمدہ مثال ہیں۔

راقم نے اِس سیریز سے ''پردہ'' کے موضوع کو منتخب کر کے ایک جامع کتاب مرتب کرنے کی سعی کی ہے، جس میں مباحث کو مختلف حصوں میں تقسیم کیا گیا ہے، نکات کی

وضاحت کی گئی ہے، کچھ مباحث کا اضافہ کیا گیا ہے اور اِس کے ساتھ غامدی صاحب کی تصانیف سے متعلقہ اقتباسات بھی شامل کیے گئے ہیں۔ مزید برآں، جلیل القدر اہلِ علم کی کتب سے حوالہ جات بھی درج کیے گئے ہیں تاکہ موضوع کے مختلف پہلو مزید واضح ہو سکیں۔

اِس کام کی ترتیب وتدوین میں محترم سید منظور الحسن صاحب کی قیمتی رہنمائی مجھے حاصل رہی، جس کے لیے میں اُن کا بے حد شکر گزار ہوں۔

کتاب کی تدوین اور پروف ریڈنگ میں مدیران جناب شاہد رضا، جناب معظم صفدر اور جناب شاہد محمود کی کاوشوں کے لیے میں اُن کا شکریہ ادا کرتا ہوں۔

یہ کتاب غامدی صاحب کی نظر ثانی کے بعد مزید قابلِ التفات بھی بن گئی ہے۔

یہ کام ''غامدی سینٹر آف اسلامک لرننگ، المورد امریکہ'' کے تحت جاری ہے۔ دعا ہے کہ اللہ تعالیٰ اِس اجتماعی کوشش کو قبول فرمائے اور اِسے دینی علم کے فروغ اور حق کی تفہیم کا ذریعہ بنائے۔ آمین۔

10/ جنوری 2025ء ــــــ ڈاکٹر عرفان شہزاد

مقدمہ

مرد وزن کے درمیان ایک دوسرے کے لیے فطری کشش اور میلان پایا جاتا ہے، جو نوعِ بشر کی بقا کا ضامن ہے۔ اُن کا یہ تعلق ذمہ داری کا تقاضا کرتا ہے، چنانچہ خاندان کا ادارہ وجود میں لایا جاتا ہے، جہاں ناتواں بچے کی صورت میں فرد کی نگہداشت اور تربیت اور اُس کے بڑھاپے کی لاچارگی میں اُس کی دیکھ بھال کا سامان کیا جاتا ہے۔ یہ سب نسبی رشتوں کی فطری محبت اور جذباتی تعلق کے بغیر ممکن نہیں ہوتا۔

خاندان کے قیام اور اُس کے تحفظ کے لیے یہ ضروری ٹھیرا کہ مخالف جنس کی طرف فطری رغبت کے جذبے کو تہذیب کے دائرے میں رکھا جائے اور کچھ حدود و قیود کا پابند کیا جائے، ورنہ جنسی آوارگی خاندان اور فرد، دونوں کو تباہ کر سکتی ہے۔ چنانچہ حیا اور عصمت کے معیارات تشکیل دیے گئے، مرد وزن کے لباس اور اُن کی ملاقات کے آداب مقرر کیے گئے اور اِن معاملات میں تجاوز کی روک تھام کے لیے اقدار اور قوانین وضع کیے گئے۔ جنسی اعضا کو ڈھانپ کر رکھنا تہذیب اور حیا کا اولین تقاضا قرار پایا۔ اِس معاملے میں مردوں کی نسبت عورتوں نے اپنے جسموں کو ڈھانپنے میں زیادہ اہتمام سے کام لیا۔ عورتیں آرایش و زیبایش کا اہتمام بھی کرتی ہیں۔ یہاں بھی تہذیبی تقاضے اظہارِ زینت کے حدود کی تعیین کے متقاضی ہوئے۔ یہ تعیین بھی ایک مستقل بحث کا موضوع بنی۔

قرآنِ مجید نے فرد کی زندگی کا مقصد تزکیۂ نفس کا حصول قرار دیا، اِسے اُس کی کامیابی کا مدار ٹھیرایا۔[1] اِس کے لیے فواحش کو حرام ٹھیرایا،[2] اور لباس اور آرایش کے اظہار کے حدود بھی خود متعین کر دیے۔ یہ معاملہ انسانی عقل و فہم پر نہیں چھوڑا، کیونکہ عقل اِس معاملے میں اعتدال کا مظاہرہ نہیں کر سکی۔ اُس نے ایک طرف مرد و زن کے اختلاط کے تمام امکانات کو معدوم کرنا تہذیب و شرافت کا معیار ٹھیرایا، جس کے نتیجے میں عورت کے انسانی حقوق پامال ہو کر رہ گئے تو دوسری طرف فرد کی آزادی کے نام پر ہر طرح کی فحاشی اور عریانی کو سندِ جواز عطا کر دی، جس نے احساسِ پاکیزگی کو بے معنی، غیرتِ نفس کو شرمندہ اور خاندان کے ادارے کو معرضِ خطر میں ڈال دیا۔

قرآن نے جنسی ظواہر کے تجاوز کو قانون اور اخلاق، دونوں کی مدد سے روکا۔ زنا اور تہمتِ زنا کو جرائم کی فہرست میں شامل کیا، زنا کی طرف لے جانے والے ذرائع و وسائل کی حد بندی کی، مرد و زن کے اختلاط کے آداب مقرر کیے اور اُن کے لباس اور آرایش و زیبایش کے حدود متعین کیے۔ یہ آداب سورۂ نور میں بیان ہوئے ہیں، جن کے مخاطب عام مرد اور عورتیں ہیں۔

---

[1] الشمس 91:9-10۔ 'قَدْ اَفْلَحَ مَنْ زَكّٰىهَا ۝ وَقَدْ خَابَ مَنْ دَسّٰىهَا' (فلاح پا گیا وہ جس نے نفس کا تزکیہ کیا۔ اور نامراد ہوا وہ جس نے اُسے آلودہ کر ڈالا)۔

[2] النحل 16:90۔ 'اِنَّ اللّٰهَ يَاْمُرُ بِالْعَدْلِ وَالْاِحْسَانِ وَاِيْتَآئِ ذِی الْقُرْبٰى وَيَنْهٰى عَنِ الْفَحْشَآءِ وَالْمُنْكَرِ وَالْبَغْيِ ۚ يَعِظُكُمْ لَعَلَّكُمْ تَذَكَّرُوْنَ' (بے شک، اللہ عدل اور احسان اور قرابت مندوں کو دیتے رہنے کی ہدایت کرتا ہے اور بے حیائی، برائی اور سرکشی سے روکتا ہے۔ وہ تمھیں نصیحت کرتا ہے تاکہ تم یاددہانی حاصل کرو)۔

قرآنِ مجید میں عورتوں کے لباس اور حجاب کے حوالے سے دیگر مقامات پر بھی کچھ ہدایات پائی جاتی ہیں۔ عورتوں کو کہا گیا ہے کہ گھروں سے باہر نکلتے وقت اپنی چادر اوڑھ لیا کریں۔ عمر رسیدہ عورتوں کو اپنے آنچلوں یا چادروں کو نامحرم مردوں کے سامنے اتار دینے کی اجازت دی ہے۔ رسول اللہ صلی اللہ علیہ وسلم کی ازواج مطہرات کو پردے کے مستقل احکام بتائے ہیں، اُنھیں گھروں میں محدود رہنے اور نامحرم مردوں کی نظروں سے اوجھل ہو کر حجاب میں رہنے کا حکم دیا گیا ہے۔

عورتوں سے متعلق اِن تمام احکام کی مراد و مفہوم، اِن کے حدود کی تعیین و تشریح اور اِن کے باہمی ربط کے فہم میں اہل علم کے درمیان کئی سوال پیدا ہوئے۔

ان میں سے بنیادی سوالات یہ ہیں:

کیا نامحرم مردوں سے عام خواتین کے سارے بدن کا حجاب قرآنِ مجید کا حکم یا اُس کا تقاضا ہے؟

کیا عورتوں کا چہرے کو ڈھانپنا اِن احکام کی مراد یا مقصود ہے؟

کیا ازواجِ مطہرات کو دیے گئے حجاب کے مستقل احکام کی مخاطب اور مکلف عام مسلمان خواتین بھی ہیں؟

عورتوں کو لباس اور حجاب سے متعلق دیے گئے اِن مختلف احکام میں باہمی ربط کیا ہے؟ ان سوالات کے جواب میں اہلِ علم کی آرا میں اختلاف پایا جاتا ہے۔

عہدِ رسالت اور عہدِ صحابہ میں، نیز جمہور متقدمین اہل علم کے ہاں یہ تصور نہیں ملتا کہ قرآنِ مجید میں عورتوں کے حجاب کے مستقل احکام بیان ہوئے ہیں۔ ازواجِ مطہرات کے خصوصی حجاب کی تعمیم کا موقف یا رجحان بھی اُن کے ہاں نہیں پایا جاتا۔

عام عورتوں کے لیے نامحرم مردوں سے مکمل حجاب اور ازواجِ مطہرات کے احکام کی تعمیم

کا موقف ابتداءً متاخرین اہل علم کے ہاں سامنے آیا۔ امام ابو بکر جصاص (وفات: 370ھ)، امام ابن العربی (وفات: 543ھ) اور اُن کے بعد امام قرطبیؒ (وفات: 671ھ) نے یہ موقف اختیار کیا۔ مولانا مودودی نے قرآنِ مجید کے نصوص کی رو سے حجاب کے مستقل احکام کے اثبات میں ایک منظم استدلال پیش کیا۔ دیگر اہل علم نے اِس میں مزید استدلالات کا اضافہ کیا۔ دورِ جدید میں علما کی اکثریت نے یہی موقف اختیار کر لیا ہے۔

عام خواتین کے حجاب کے قائل علما کے موقف کے بنیادی نکات درج ذیل ہے:

* سورۂ احزاب کی آیتِ جلباب میں رسول اللہ صلی اللہ علیہ وسلم کی ازواج اور اُن کی بیٹیوں سمیت عام خواتین کو ہدایت کی گئی تھی کہ گھروں سے باہر نکلیں تو ایک بڑی چادر اوڑھ لیا کریں۔ اِس کی جو صورت مفسرین نے بیان کی ہے، اس کے مطابق یہ چادر اِس طرح اوڑھنی چاہیے کہ پورے جسم سمیت چہرہ بھی فی الجملہ چھپ جائے۔ یہ ہدایت اگرچہ مدینے کے اوباشوں کی طرف سے مسلمان خواتین کو ستانے کے تناظر میں دی گئی تھی، مگر اِس کا مقصد عورت کو ہراسانی سے محفوظ رکھنا تھا۔ ہراسانی کا یہ معاملہ عورتوں کو کہیں بھی پیش آسکتا ہے، اِس لیے یہ ایک مستقل حکم ہے۔ اِس کی رو سے غیر مردوں کی موجودگی میں خواتین کو مکمل حجاب میں رہنا چاہیے۔ نیز چادر کو مسلمان عورت کی پہچان قرار دیا گیا ہے۔

* سورۂ نور (24) کی آیت 31 میں خواتین کو ہدایت کی گئی ہے کہ غیر مردوں کی موجودگی میں اپنی زینت کو ڈھانپ کر رکھیں۔ البتہ، وہ زینت جس کا چھپانا مشکل ہو یا وہ اتفاقاً یا اضطراراً ظاہر ہو جائے، اُسے استثنا حاصل ہے، جیسے لباس یا چادر وغیرہ۔

* عورتوں کو اپنا چہرہ، ہاتھ اور پاؤں ڈھانپ کر رکھنے چاہییں، البتہ یہ اعضا اتفاقاً یا اضطراراً ظاہر ہو جائیں تو حرج نہیں۔ تاہم، مردوں کو عورتوں کے اُن اعضا کی طرف دیکھنے سے اجتناب برتنا لازم ہے۔

* جو اہل علم اخفاے زینت سے مستثنیٰ اعضاے زینت کو کھلا رکھنے میں اضطرار کی شرط نہیں لگاتے، اُن کے نزدیک بھی یہ اجازت صرف اُس صورت میں ہے، جب فتنے کا اندیشہ نہ ہو۔ چونکہ اِس بارے میں اطمینان نہیں ہو سکتا، نیز معاشرے کی اخلاقی حالت پہلے کی نسبت زیادہ مخدوش ہوئی ہے، اِس لیے سدِّ ذریعہ کے اصول پر اخفاے زینت سے مستثنیٰ اعضا کو بھی اب کھلا رکھنے کی اجازت نہیں دی جاسکتی۔

* حجاب کا حکم ستر کے حکم سے الگ ہے۔ عورت کا تمام بدن ستر ہے۔ اُسے ہمہ وقت ڈھانپ کر رکھنا چاہیے۔ تاہم، چہرے، ہاتھ اور پاؤں کو مستقل طور پر ڈھانپ کر رکھنے میں مشقت پیش آتی ہے، اِس لیے اُنھیں محارم کے سامنے کھلا رکھنے کی اجازت ہے، لیکن آیتِ جلباب کی رو سے نامحرم مردوں کی موجودگی میں عورتیں مکمل حجاب میں رہیں گی۔

* وہ عمر رسیدہ خواتین، جن میں نکاح کی رغبت نہیں رہتی، اُنھیں مردوں کے سامنے اپنے آنچل یا چادر اتار دینے کی اجازت ہے۔ بوڑھی عورتوں کو دی جانے والی اِس رخصت سے واضح ہے کہ جوان عورتوں کو اِس کی اجازت نہیں۔

* سورۂ احزاب میں رسول اللہ صلی اللہ علیہ وسلم کی ازواج کو جو احکام دیے گئے ہیں، اُن کا مقصد دلوں کی پاکیزگی کا حصول بیان ہوا ہے۔ یہ مقصد عام مسلمان خواتین سے بھی مطلوب ہے۔ چنانچہ آپ کی ازواج کو دیے گئے احکام کا اطلاق عام مسلمان خواتین پر بھی ہوتا ہے۔

* ازواج مطہرات عام مسلمان خواتین کے لیے نمونۂ عمل ہیں۔ عام خواتین کو اُن کی متابعت میں اُن کے حجاب کے احکام کو اختیار کرنا چاہیے۔ چنانچہ اُن سے بھی مطلوب ہے کہ وہ اپنے گھروں میں محدود رہیں، نامحرموں سے نرم لہجے میں بات نہ کریں، اُن سے غیر ضروری گفتگو نہ کریں اور اُن سے مکمل حجاب میں رہیں تاکہ کسی کی نظر بھی اُن پر نہ پڑ سکے۔

* حجاب کے کئی درجات ہیں: ایک ادنیٰ درجے کا حجاب ہے، جس میں عورت اپنے چہرے،

ہاتھ اور پاؤں کو کھلا رکھ سکتی ہے۔ دوسرا درجہ یہ ہے کہ مردوں کے سامنے آنا ہو تو تمام بدن کو ڈھانپ کر آئے۔ تیسرا درجہ حجاب کا اعلیٰ درجہ ہے اور وہ یہ کہ ازواجِ مطہرات کا حجاب اختیار کیا جائے اور خود کو نامحرموں کی نظروں سے بھی اوجھل رکھا جائے۔

عام عورتوں کے حجاب سے متعلق جناب جاوید احمد غامدی کا موقف مختلف ہے۔ اُن کے مطابق، قرآنِ مجید میں خواتین کے حجاب کے مستقل احکام بیان نہیں ہوئے، البتہ مرد وزن کے اختلاط کے موقع کے آداب بتائے گئے ہیں۔ یہ آداب سورۂ نور میں بیان ہوئے ہیں۔ اِن کا آغاز اجازت طلبی کے موقع پر اپنا تعارف کرانے اور سلام کرنے کے آداب سے ہوتا ہے۔ اجازت نہ ملے تو بغیر برا مانے واپس لوٹ جانے کی ہدایت کی گئی ہے۔ اجازت ملنے کے بعد مردوں اور عورتوں کا آمنا سامنا ہونے پر اُنھیں اپنی نظروں کی حفاظت کرنے اور شرم گاہوں کو اہتمام کے ساتھ پوشیدہ رکھنے کی تلقین کی گئی ہے۔ یہ حکم مردوں اور عورتوں کو یکساں طور پر الگ الگ ذکر کر کے دیا گیا ہے۔

عام حالات میں یہی حکم ہے۔

اختلاط کے موقع پر عورتوں نے زیب وزینت بھی کر رکھی ہو تو اُنھیں چند مزید ہدایات کی گئی ہیں۔ وہ ہدایات یہ ہیں کہ وہ نامحرم مردوں کے سامنے اپنا بناؤ سنگھار ڈھانپ کر رکھیں، البتہ اُن کی وہ زینتیں جو عام طور پر آشکار رہتی ہیں، اُنھیں ڈھانپنے کی ضرورت نہیں ہے۔ اِن میں چہرے، ہاتھ اور پاؤں کو اُن کی زینتوں سمیت ظاہر رکھنے کی اجازت واضح ہے۔ گریبان کی زینت کو خاص طور پر ڈھانپ کر رکھنے کی ہدایت کی گئی ہے۔ عورتوں نے پاؤں میں جھنکار والی پازیب پہنی ہو تو ہدایت کی گئی ہے کہ اپنے پاؤں اِس طرح زور زور سے مار کر نہ چلیں کہ اُن سے غیر معمولی آواز پیدا ہو۔

مرد وزن کے اختلاط کے تمام آداب یہی ہیں۔

آیتِ جلباب کے بارے میں غامدی صاحب کا موقف یہ ہے کہ وہ ایک وقتی تدبیر تھی، جس کا مقصد رسول اللہ صلی اللہ علیہ وسلم کی ازواج، اُن کی بیٹیوں اور عام مسلمان خواتین کی سماجی حیثیت کو نمایاں کرنا تھا تاکہ مدینے کے اوباش، جنھوں نے مسلمان خواتین کو ہدفِ تہمت بنا کر اُنھیں ستانے کی مہم شروع کر رکھی تھی، اُن کا یہ عذر ختم کیا جا سکے کہ اُنھوں نے کسی لونڈی وغیرہ کے دھوکے میں اُن خواتین سے کوئی بات کر لی تھی۔ اِن مفسدین کے خلاف نظمِ اجتماعی کی طرف سے کارروائی سے پہلے اُن کے قطعِ عذر کے لیے مسلمان خواتین کو حکم دیا گیا کہ اپنی سماجی شناخت کا اظہار اِس طرح کریں کہ گھروں سے اندیشوں کی جگھوں کے لیے نکلیں تو اپنی چادریں اوڑھ لیا کریں۔ ایک ہنگامی صورتِ حال کے لیے یہ ایک تدبیر تھی، اِسے کسی مستقل اور عمومی حکم کی بنیاد نہیں بنایا جا سکتا۔

ازواجِ مطہرات کے حجاب کے احکام سے متعلق غامدی صاحب کا موقف یہ ہے کہ یہ اُن کے لیے خصوصی احکام تھے۔ منافقین کی ریشہ دوانیوں کے تناظر میں ازواجِ نبی کو اُن کی منصبی حیثیت کے پیشِ نظر گھروں میں ٹکے رہنے، اجنبی ملاقاتیوں سے دوٹوک انداز میں بات کرنے اور نامحرموں سے حجاب میں رہنے کے خصوصی احکام دیے گئے تھے۔ عام خواتین اِن کی مخاطب ہیں اور نہ مکلف۔

آیندہ صفحات میں غامدی صاحب کا موقف اور اُن کا استدلال تفصیل کے ساتھ پیش کیا جائے گا۔ اُس کے بعد پردے کے قائلین کے مواقف اور اُن کے استدلالات کا تنقیدی جائزہ لیا جائے گا۔

باب اول

خواتین کے پردے سے متعلق غامدی صاحب کا موقف

عام حالات میں اختلاطِ مرد وزن کے آداب

اجازت طلبی کے آداب

مرد وزن کے اختلاط کے آداب سورۂ نور میں بیان ہوئے ہیں۔ اُن کا آغاز استیذان، یعنی اجازت طلبی کے حکم سے ہوتا ہے۔ اِس کے لیے تعلیم دی گئی ہے کہ دوسروں کے گھروں میں داخل ہونے سے پہلے سلام اور تعارف کراتے ہوئے اجازت طلب کی جائے۔

ارشاد ہوا ہے:

يٰۤاَيُّهَا الَّذِيْنَ اٰمَنُوْا لَا تَدْخُلُوْا بُيُوْتًا
غَيْرَ بُيُوْتِكُمْ حَتّٰى تَسْتَاْنِسُوْا وَ
تُسَلِّمُوْا عَلٰۤى اَهْلِهَا ذٰلِكُمْ خَيْرٌ لَّكُمْ
لَعَلَّكُمْ تَذَكَّرُوْنَ فَاِنْ لَّمْ تَجِدُوْا فِيْهَاۤ

"ایمان والو، (اسی پاکیزگی کے لیے ضروری ہے کہ) تم اپنے گھروں کے سوا دوسروں کے گھروں میں داخل نہ ہوا کرو، جب تک کہ اپنے آنے کا

اَحَدًا فَلَا تَدْخُلُوْهَا حَتّٰى يُؤْذَنَ لَكُمْ وَ
اِنْ قِيْلَ لَكُمُ ارْجِعُوْا فَارْجِعُوْا هُوَ اَزْكٰى
لَكُمْ وَ اللّٰهُ بِمَا تَعْمَلُوْنَ عَلِيْمٌ لَيْسَ
عَلَيْكُمْ جُنَاحٌ اَنْ تَدْخُلُوْا بُيُوْتًا غَيْرَ
مَسْكُوْنَةٍ فِيْهَا مَتَاعٌ لَّكُمْ وَ اللّٰهُ يَعْلَمُ
مَا تُبْدُوْنَ وَمَا تَكْتُمُوْنَ.

(29-27:24)

احساس نہ دلا دو اور گھر والوں کو سلام نہ کر لو۔ یہی طریقہ تمھارے لیے بہتر ہے تا کہ تمھیں یاد دہانی حاصل رہے۔ پھر اگر وہاں کسی کو نہ پاؤ تو اُن میں داخل نہ ہو، جب تک کہ تمھیں اجازت نہ دے دی جائے۔ اور اگر تم سے کہا جائے کہ لوٹ جاؤ تو لوٹ جاؤ۔ یہی طریقہ تمھارے لیے پاکیزہ ہے اور (یاد رکھو کہ) جو کچھ تم کرتے ہو، اللہ اُسے خوب جانتا ہے۔ اِس میں، البتہ تم پر کچھ گناہ نہیں کہ ایسے گھروں میں داخل ہو جن میں تمھارے لیے کوئی منفعت ہے اور وہ رہنے کے گھر نہیں ہیں۔ اللہ جانتا ہے جو کچھ تم ظاہر کرتے ہو اور جو کچھ چھپاتے ہو۔"

غامدی صاحب اپنی کتاب "میزان" میں لکھتے ہیں:

"ایک دوسرے کے گھروں میں جانے کی ضرورت پیش آجائے تو بے دھڑک اور بے پوچھے اندر داخل ہونا جائز نہیں ہے۔ اِس طرح کے موقعوں پر ضروری ہے کہ آدمی پہلے گھر والوں کو اپنا تعارف کرائے، جس کا شایستہ اور مہذب طریقہ یہ ہے کہ دروازے پر کھڑے ہو کر سلام کیا جائے۔ اِس سے گھر والے معلوم کر لیں گے کہ آنے والا کون ہے، کیا چاہتا ہے اور اُس کا گھر میں داخل ہونا مناسب ہے یا نہیں۔ اِس کے بعد اگر وہ سلام کا جواب

دیں اور اجازت ملے تو گھر میں داخل ہو، اجازت دینے کے لیے گھر میں کوئی موجود نہ ہو یا موجود ہو اور اُس کی طرف سے کہہ دیا جائے کہ اِس وقت ملنا ممکن نہیں ہے تو دل میں کوئی تنگی محسوس کیے بغیر واپس چلا جائے۔

نبی صلی اللہ علیہ وسلم نے اِس حکم کی وضاحت میں فرمایا ہے کہ اجازت کے لیے تین مرتبہ پکارو، اگر تیسری مرتبہ پکارنے پر بھی جواب نہ ملے تو واپس ہو جاؤ۔[3]

اِسی طرح آپ کا ارشاد ہے کہ اجازت عین گھر کے دروازے پر کھڑے ہو کر اور اندر جھانکتے ہوئے نہیں مانگنی چاہیے، اِس لیے کہ اجازت مانگنے کا حکم تو دیا ہی اِس لیے گیا ہے کہ گھر والوں پر نگاہ نہ پڑے۔[4]" (466)

'بیوتًا مسکونۃ' سے مراد رہایشی گھر ہیں، جہاں کوئی فرد یا خاندان رہتا ہے۔ مدینے کی معاشرت ایک دیہاتی معاشرت تھی۔ گھرانوں میں عموماً کواڑ نہیں ہوتے تھے۔ اُن پر پردے لٹکانے کا رواج بھی نہیں تھا۔ رہنے کا اصل گھر بھی صحن کے بعد شروع ہوتا تھا، جیسے اب بھی دیہاتوں میں ہوتا ہے۔ لوگ بے دھڑک صحنوں تک چلے آتے۔ چنانچہ اجازت طلبی کے آداب مقرر کیے گئے تاکہ لوگ میل ملاقات کے حدود سے آشنا ہوں۔

آیتِ بالا میں 'بیوتًا غیر مسکونۃ' سے مراد غیر رہایشی مکانات اور مقاماتِ عامہ ہیں۔ اِن میں ہوٹل، سرائے، مہمان خانے، دکانیں، دفاتر، مردانہ نشست گاہیں وغیرہ شامل ہیں۔ اِن کے ساتھ چار دیواری کا تقدس لاحق نہیں ہوتا۔ اِن جگہوں پر لوگ بے تکلفانہ نہیں رہتے۔ اِن میں داخل ہونے کے لیے اجازت طلب کرنے کی ضرورت نہیں۔ یہاں بھی اگر اجازت طلبی کی پابندی عائد کر دی جاتی تو غیر معمولی زحمت کا سبب بنتی۔ چنانچہ دین کے اصولِ یسر

---

3 بخاری، رقم 6245۔ مسلم، رقم 5633۔

4 بخاری، رقم 6241۔ مسلم، رقم 5638۔

(آسانی)[5] کے تحت یہ زحمت نہیں دی گئی۔اِن مقامات پر موجود مرد و زن کی ذمہ داری ہے کہ وہ اپنے لباس، انداز و اطوار اور نشست و برخاست میں باسلیقہ اور باوقار رہیں۔

مرد و زن کی ملاقات کے آداب

گھروں میں اجازت طلب کر کے اور پبلک مقامات پر بغیر اجازت داخل ہونے کے بعد جب مردوں اور عورتوں کا آمنا سامنا ہو تو اِس موقع کے لیے شریعت کے مقرر کردہ آداب درج ذیل ہیں:

قُلْ لِّلْمُؤْمِنِيْنَ يَغُضُّوْا مِنْ اَبْصَارِهِمْ وَ يَحْفَظُوْا فُرُوْجَهُمْ ؕ ذٰلِكَ اَزْكٰى لَهُمْ ؕ اِنَّ اللّٰهَ خَبِيْرٌۢ بِمَا يَصْنَعُوْنَ. وَ قُلْ

''(اے پیغمبر)، اپنے ماننے والوں کو ہدایت کرو کہ (ان گھروں میں عورتیں ہوں تو) اپنی نگاہیں بچا کر

---

[5] دین کے ایجابی احکام پر عمل کرنے میں شریعت نے اصولِ یُسر، یعنی آسانی کا اصول مقرر کیا ہے۔ اِس کے مطابق، جہاں غیر معمولی زحمت درپیش ہو گی، وہاں رخصت دے دی جائے گی یا قابل عمل متبادل صورتیں بتادی جائیں گی۔ مثلاً غیر معمولی مشقت کی وجہ سے روزہ رکھنے سے رخصت، پانی نہ ملنے کی صورت میں تیمم کا طریقہ وغیرہ۔

اصول یسر درج ذیل آیات میں بیان ہوا ہے:

يُرِيْدُ اللّٰهُ بِكُمُ الْيُسْرَ وَلَا يُرِيْدُ بِكُمُ الْعُسْرَ. (البقرہ2:185)

''اللہ تمھارے لیے آسانی چاہتا ہے اور نہیں چاہتا کہ تمھارے ساتھ سختی کرے۔''

وَمَا جَعَلَ عَلَيْكُمْ فِي الدِّيْنِ مِنْ حَرَجٍ. (الحج22:78)

''اور (جو) شریعت (تمھیں عطا فرمائی ہے، اُس) میں تم پر کوئی تنگی نہیں رکھی ہے۔''

لِّلْمُؤْمِنٰتِ يَغْضُضْنَ مِنْ اَبْصَارِهِنَّ وَ يَحْفَظْنَ فُرُوْجَهُنَّ وَ لَا يُبْدِيْنَ زِيْنَتَهُنَّ اِلَّا مَا ظَهَرَ مِنْهَا وَلْيَضْرِبْنَ بِخُمُرِهِنَّ عَلٰى جُيُوْبِهِنَّ وَ لَا يُبْدِيْنَ زِيْنَتَهُنَّ اِلَّا لِبُعُوْلَتِهِنَّ اَوْ اٰبَآئِهِنَّ اَوْ اٰبَآءِ بُعُوْلَتِهِنَّ اَوْ اَبْنَآئِهِنَّ اَوْ اَبْنَآءِ بُعُوْلَتِهِنَّ اَوْ اِخْوَانِهِنَّ اَوْ بَنِيْۤ اِخْوَانِهِنَّ اَوْ بَنِيْۤ اَخَوٰتِهِنَّ اَوْ نِسَآئِهِنَّ اَوْ مَا مَلَكَتْ اَيْمَانُهُنَّ اَوِ التّٰبِعِيْنَ غَيْرِ اُولِى الْاِرْبَةِ مِنَ الرِّجَالِ اَوِ الطِّفْلِ الَّذِيْنَ لَمْ يَظْهَرُوْا عَلٰى عَوْرٰتِ النِّسَآءِ وَ لَا يَضْرِبْنَ بِاَرْجُلِهِنَّ لِيُعْلَمَ مَا يُخْفِيْنَ مِنْ زِيْنَتِهِنَّ ؕ وَ تُوْبُوْۤا اِلَى اللّٰهِ جَمِيْعًا اَيُّهَ الْمُؤْمِنُوْنَ لَعَلَّكُمْ تُفْلِحُوْنَ.

(النور24:30-31)

رکھیں اور اپنی شرم گاہوں کی حفاظت کریں۔ یہ اُن کے لیے زیادہ پاکیزہ طریقہ ہے۔ اِس میں شبہ نہیں کہ جو کچھ وہ کرتے ہیں، اللہ اُس سے خوب واقف ہے۔ اور ماننے والی عورتوں کو ہدایت کرو کہ وہ بھی اپنی نگاہیں بچا کر رکھیں اور اپنی شرم گاہوں کی حفاظت کریں اور اپنی زینت کی چیزیں نہ کھولیں، سوائے اُن کے جو اُن میں سے کھلی ہوتی ہیں اور اِس کے لیے اپنی اوڑھنیوں کے آنچل اپنے گریبانوں پر ڈالے رہیں۔ اور اپنی زینت کی چیزیں نہ کھولیں، مگر اپنے شوہروں کے سامنے یا اپنے باپ، اپنے شوہروں کے باپ، اپنے بیٹوں، اپنے شوہروں کے بیٹوں، اپنے بھائیوں، اپنے بھائیوں کے بیٹوں، اپنی بہنوں کے بیٹوں، اپنے میل جول کی عورتوں اور اپنے غلاموں کے سامنے یا اُن زیر دست مردوں کے سامنے جو عورتوں کی خواہش نہیں رکھتے یا اُن بچوں کے سامنے جو عورتوں

کی پردے کی چیزوں سے ابھی واقف
نہیں ہوئے۔ اور اپنے پاؤں زمین پر
مارتی ہوئی نہ چلیں کہ اُن کی چھپی ہوئی
زینت معلوم ہو جائے۔ ایمان والو،
(اب تک کی غلطیوں پر) سب مل کر
اللہ سے رجوع کرو تاکہ تم فلاح پاؤ۔"

اِن ہدایات کی وضاحت ذیل میں پیش کی جاتی ہے:

غضِ بصر

'غض' کا مطلب پست یا دھیما کرنا ہے۔ لغت میں اِس کے معنی یہ ہیں:

(غض) خفضه و كفه و كسره و يقال: اغضض من صوتك اى اخفض منه و... بصره: منعه مما لا يحل له رؤيته.
(اقرب الموارد 786/2)

"اُس نے اُسے جھکایا اور روکا اور توڑ دیا۔ کہا جاتا ہے کہ 'اغضض من صوتك'، یعنی اپنی آواز کچھ دھیمی کرو، 'غضّ بصره'، یعنی اُس نے اُسے ایسی چیز سے روک دیا جس کا دیکھنا اُس کے لیے جائز نہیں۔"

قرآن مجید میں 'غضّ' کا لفظ اسی مفہوم میں استعمال ہوا ہے:

اِنَّ الَّذِيْنَ يَغُضُّوْنَ اَصْوَاتَهُمْ عِنْدَ رَسُوْلِ اللّٰهِ اُولٰٓئِكَ الَّذِيْنَ امْتَحَنَ اللّٰهُ قُلُوْبَهُمْ لِلتَّقْوٰى ؕ لَهُمْ مَّغْفِرَةٌ وَّ

"(یاد رکھو)، جو اللہ کے رسول کے آگے اپنی آوازیں پست رکھتے ہیں، وہی ہیں جن کے دلوں کو اللہ نے تقویٰ کی

اَجۡرٌ عَظِیۡمٌ. (الحجرات 3:49)	افزایش کے لیے جانچ کر منتخب کر لیا ہے۔ اُن کے لیے مغفرت بھی ہے اور اجر عظیم بھی۔"
وَ اقۡصِدۡ فِیۡ مَشۡیِکَ وَ اغۡضُضۡ مِنۡ صَوۡتِکَ ؕ اِنَّ اَنۡکَرَ الۡاَصۡوَاتِ لَصَوۡتُ الۡحَمِیۡرِ. (لقمان 19:31)	"اپنی چال میں میانہ روی اختیار کرو اور اپنی آواز کو پست رکھو، حقیقت یہ ہے کہ سب سے بری آواز گدھے کی آواز ہے۔"

'غضّ' کے بارے میں مولانا مودودی کی لغوی تشریح بھی اسی مفہوم کے موافق ہے۔ وہ لکھتے ہیں:

"'غض' کے معنی ہیں کسی چیز کو کم کرنے، گھٹانے اور پست کرنے کے۔ غض بصر کا ترجمہ عام طور پر نگاہ نیچی کرنا یا رکھنا کیا جاتا ہے۔ لیکن دراصل اس حکم کا مطلب ہر وقت نیچے ہی دیکھتے رہنا نہیں ہے۔ بلکہ پوری طرح نگاہ بھر کر نہ دیکھنا، اور نگاہوں کو دیکھنے کے لیے بالکل آزاد نہ چھوڑ دینا ہے۔ یہ مفہوم "نظر بچانے" سے ٹھیک ادا ہوتا ہے، یعنی جس چیز کو دیکھنا مناسب نہ ہو، اس سے نظر ہٹالی جائے، قطع نظر اس سے کہ آدمی نگاہ نیچی کرے یا کسی اور طرف اسے بچالے جائے۔" (تفہیم القرآن 380/3)

اِس سے واضح ہے کہ غض بصر کے مفہوم میں نظریں مسلسل جھکائے رکھنا یا دیکھنے سے مکمل اجتناب جیسا کوئی مفہوم شامل نہیں ہے۔

زیرِ بحث آیت میں 'یغضوا ابصارھم' کے بجائے 'یَغُضُّوۡا مِنۡ اَبۡصَارِھِمۡ' آیا ہے۔ صاحبِ "الکشاف" لکھتے ہیں:

من للتبعیض والمراد غضّ البصر عما یحرم والاقتصار به علی ما	"'من' تبعیض کے لیے ہے۔ اور غض بصر سے مراد نظر کو ممنوع مقام

سے پھیرنا اور جائز محل تک محدود رکھنا ہے۔"   یحل.(229/3)

مولانا مودودی اِس کی وضاحت میں لکھتے ہیں:

"'من ابصارھم' میں 'من' تبعیض کے لیے ہے، یعنی حکم تمام نظروں کو بچانے کا نہیں ہے بلکہ بعض نظروں کو بچانے کا ہے۔ بالفاظ دیگر، اللہ تعالیٰ کا منشا یہ نہیں ہے کہ کسی چیز کو بھی نگاہ بھر کر نہ دیکھا جائے، بلکہ وہ صرف ایک مخصوص دائرے میں نگاہ پر پابندی عائد کرنا چاہتا ہے۔" (تفہیم القرآن 380/3)

غامدی صاحب غضِ بصر کی وضاحت میں لکھتے ہیں:

"دونوں ہی قسم کے مقامات (بیت مسکونہ اور غیر مسکونہ) پر اگر عورتیں موجود ہوں تو اللہ کا حکم ہے کہ مرد بھی اپنی نظریں بچا کر رکھیں اور عورتیں بھی۔ اِس کے لیے اصل میں 'یَغُضُّوْا مِنْ اَبْصَارِهِمْ' کے الفاظ آئے ہیں۔ نگاہوں میں حیا ہو اور مرد و عورت ایک دوسرے کے حسن و جمال سے آنکھیں سینکنے، خط و خال کا جائزہ لینے اور ایک دوسرے کو گھورنے سے پرہیز کریں تو اِس حکم کا منشا یقیناً پورا ہو جاتا ہے، اِس لیے کہ اِس سے مقصود نہ دیکھنا یا ہر وقت نیچے ہی دیکھتے رہنا نہیں ہے، بلکہ نگاہ بھر کر نہ دیکھنا اور نگاہوں کو دیکھنے کے لیے بالکل آزاد نہ چھوڑ دینا ہے۔ اِس طرح کا پہرا اگر نگاہوں پر نہ بٹھایا جائے تو نبی صلی اللہ علیہ وسلم کے الفاظ میں یہ آنکھوں کی زنا ہے۔ اِس سے ابتدا ہو جائے تو شرم گاہ اِسے پورا کر دیتی ہے یا پورا کرنے سے رہ جاتی ہے۔[6] چنانچہ یہی نگاہ ہے جس کے بارے میں رسول اللہ صلی اللہ علیہ وسلم نے لوگوں کو نصیحت فرمائی ہے کہ اِسے فوراً پھیر لینا چاہیے۔

جریر بن عبد اللہ کہتے ہیں کہ میں نے حضور سے پوچھا: اِس طرح کی نگاہ اچانک پڑ جائے

---

[6] بخاری، رقم 6243۔ مسلم، رقم 6754۔

تو کیا کروں ؟ فرمایا: فوراً نگاہ پھیر لو یا نیچی کر لو۔[7]

حجۃ الوداع کا قصہ ہے کہ قبیلۂ خثعم کی ایک عورت حضور صلی اللہ علیہ وسلم کو راستے میں روک کر مسئلہ پوچھنے لگی تو فضل بن عباس نے اُس پر نگاہیں گاڑ دیں۔ آپ نے دیکھا تو اُن کا منہ پکڑ کر دوسری طرف کر دیا۔[8]" (میزان 466)

حفظِ فروج

فروج سے مراد انسانی جسم میں اندیشوں کی وہ سب جگہیں ہیں جہاں سے جنسی میلانات راہ پاتے ہیں۔ اِن میں مرد و عورت کے جنسی اعضا کے علاوہ عورت کے نسوانی اعضا، یعنی اُس کا سینہ بھی شامل ہے۔ اندیشوں کی اِن جگہوں کو چھپانے کی غرض سے ڈھانپ کر رکھنا انسانی تہذیب و معاشرت میں ایک مسلمہ امر ہے۔

قرآنِ مجید نے سترِ فروج، یعنی شرم گاہوں کو محض ڈھانپ کر رکھنے کا حکم نہیں دیا، بلکہ حفظِ فروج، یعنی شرم گاہوں کی حفاظت کا حکم دیا ہے، جو اِنھیں پوشیدہ رکھنے کے اہتمام پر دلالت کرتا ہے۔ یہ ہدایت مرد و عورت، دونوں کے لیے یکساں طور پر دی گئی ہے۔

غامدی صاحب اِس ہدایت کے ضمن میں لکھتے ہیں:

"اس طرح کے موقعوں پر شرم گاہوں کی حفاظت کی جائے۔ مدعا یہ ہے کہ نہ اُن کے اندر دوسروں کے لیے کوئی میلان ہو اور نہ وہ اُن کے سامنے کھولی جائیں، بلکہ عورتیں اور مرد ایک جگہ موجود ہوں تو چھپانے کی جگہوں کو اور بھی زیادہ اہتمام کے ساتھ چھپا کر رکھا

---

7 مسلم، رقم 5644۔

8 بخاری، رقم 1855۔ مسلم، رقم 3251۔

جائے۔ اِس میں ظاہر ہے کہ بڑا دخل اِس چیز کو ہے کہ لباس باقرینہ ہو۔ عورتیں اور مرد، دونوں ایسا لباس پہنیں جو زینت کے ساتھ صنفی اعضا کو بھی پوری طرح چھپانے والا ہو۔ پھر ملاقات کے موقع پر اِس بات کا خیال رکھا جائے کہ اٹھنے بیٹھنے میں کوئی شخص برہنہ نہ ہونے پائے۔ شرم گاہوں کی حفاظت سے یہاں قرآن کا مقصود یہی ہے۔ وہ چاہتا ہے کہ مسلمانوں کی معاشرت میں غضِ بصر کے ساتھ یہ چیز بھی پوری طرح ملحوظ رکھی جائے۔''

(میزان 467)

قرآنِ مجید میں حفظِ فروج کے حکم سے عموماً زنا سے اجتناب مراد ہوتا ہے، مگر سورۂ نور میں حفظِ فروج کی ہدایت چونکہ آدابِ ملاقات کے ذیل میں آئی ہے، اِس لیے یہاں اِس کا مفہوم شرم گاہوں کو نگاہوں سے پوشیدہ رکھنا ہے۔ زنا سے اجتناب یہاں براہِ راست مراد نہیں، تاہم یہ اِس اہتمام کا نتیجہ اور مقصود ہے۔

ابن زید اور ابو العالیہ سے آیتِ بالا میں 'حفظِ فروج' کی یہی تفسیر مروی ہے:

وعن ابن زيد: كل ما في القرآن من حفظ الفرج فهو عن الزنا إلا هذا فإنه أراد به الاستتار.

(الکشاف 229/3)

''ابن زید کہتے ہیں کہ قرآن میں تمام جگہوں پر حفظ فرج سے مراد زنا سے حفاظت ہے، سوائے اِس آیت کے، یہاں اِس سے مراد چھپانا ہے۔''

وقال أبو العالية: كل آية نزلت في القرآن يذكر فيها حفظ الفروج فهو من الزنى إلا هذه الآية: ''وَيَحْفَظْنَ فُرُوجَهُنَّ'' ألا يراها أحد.

(تفسیر ابن کثیر 45/6)

''ابو العالیہ کہتے ہیں کہ قرآن کی ہر وہ آیت جس میں حفظ فروج کا ذکر ہوا، اُس سے مراد زنا سے حفاظت ہے، سوائے اِس آیت کے: 'وَيَحْفَظْنَ فُرُوجَهُنَّ'، مطلب یہ کہ اُنھیں کوئی نہ دیکھے۔''

حفظِ فروج کا تقاضا ہے کہ مخصوص جنسی اعضا کے ملحقہ اطراف کو بھی ڈھانپ لیا جائے۔ اِس کے لیے جنسی اعضا کا ستر ناف سے گھٹنوں تک مقرر کیا گیا ہے۔ شرم گاہ سے ناف تک اوپر کا حصہ اور شرم گاہ سے نیچے گھٹنوں تک کا حصہ حفظِ فروج کی کم سے کم حد مانی جاتی ہے۔ اِس کے ساتھ پشت کا حصہ بھی شامل ہے، کیونکہ شرم گاہ پیچھے بھی ہوتی ہے۔ یہ ستر مرد و عورت، دونوں کے لیے یکساں ہے۔

اِن اعضا کے علاوہ عورت کا سینہ بھی چونکہ شرم گاہ ہے، اِس لیے اُس کا ستر اِس معاملے میں مرد سے زائد ہے۔ حفظِ فروج کے تقاضے سے عورت کے سینے کے ساتھ اُس کے اطراف، یعنی گریبان، کندھے، بغل اور پیٹ سمیت ناف تک کے حصے بھی سینے کے ستر میں شامل ہو جاتے ہیں۔ یوں عورت کا مکمل ستر، بہ شمول اُس کی پشت کے، گریبان سے لے کر اُس کے گھٹنوں تک ہے۔

مردوں اور عورتوں میں شرم گاہوں کے اِس فرق کے سوا، مزید کسی حد واضافہ کی کوئی بنیاد نہیں ہے۔

حفظِ فروج کی کم از کم صورت یہ ہے کہ جنسی اور نسوانی اعضا اور اُن کے ساتھ ملحق اعضا ڈھانپ لیے جائیں۔ اِس سے بہتر صورت یہ ہے کہ پنڈلیوں اور بازوؤں کو بھی اِس میں شامل کر لیا جائے اور بہترین صورت یہ ہو سکتی ہے کہ بیرونی کپڑوں پر ایک چادر بھی اوڑھ لی جائے۔ تہذیب و ثقافت کے حسن کا تقاضا تب پورا ہوتا ہے، جب بہترین صورتوں پر عمل کیا جائے۔ بعض تہذیبی روایات میں نہ صرف عورتوں کے لیے، بلکہ مردوں کے لیے بھی سر ڈھانپنا لباس کے تہذیبی حسن میں شمار ہوتا رہا ہے۔

حفظِ فروج کے اہتمام میں یہ بھی شامل ہے کہ لباس اِتنا تنگ نہ ہو کہ اعضا کو نمایاں کرے اور نہ اِتنا باریک ہو کہ اعضا اُس میں سے جھلکیں، ورنہ ستر اور حفظِ فروج کا مقصد پورا نہیں ہوتا۔

اِس بارے میں نبی صلی اللہ علیہ وسلم کا ارشاد نقل ہوا ہے:

صنفان من أهلِ النار لم أرهما: قوم معهم سياط كأذناب البقرِ يضربون بها الناس ونساء كاسيات عاريات مميلات مائلات رءوسهن كأسنمة البخت المائلة لا يدخلن الجنة ولا يجدن ريحها وإن ريحها ليوجد من مسيرة كذا وكذا. (مسلم، رقم 2131)

”دوزخیوں کی دو قسمیں ہیں، جن کو میں نے نہیں دیکھا: ایک تو وہ لوگ جن کے پاس بیلوں کی دموں کی طرح کے کوڑے ہیں، وہ لوگوں کو اِس سے مارتے ہیں۔ دوسرے وہ عورتیں جو کپڑے پہنتی ہیں، مگر ننگی ہیں، سیدھی راہ سے بہکانے والی، خود بہکنے والی اور اُن کے سر بختی اونٹ[9] کی کوہان کی طرح ایک طرف جھکے ہوئے ہیں۔[10] وہ جنت میں نہ جائیں گی، بلکہ اُس کی خوشبو بھی اُن کو نہ ملے گی، حالاں کہ جنت کی خوشبو اتنی (بہت) دور سے آ رہی ہو گی۔“

قرآنِ مجید کا عمومی اسلوب یہ ہے کہ کوئی حکم یا ہدایت عمومی نوعیت کی ہو تو مذکر کے صیغے کے تحت دی جاتی ہے، جس میں عورتوں کو بھی شامل سمجھا جاتا ہے، اُنھیں الگ سے مخاطب نہیں کیا جاتا، جیسے 'اَقِيۡمُوا الصَّلٰوۃَ'[11] (نماز قائم کرو)، اِس میں فعل امر جمع مذکر ہے اور

---

9 اونٹ کی ایک قسم ہے۔

10 یہ اُس دور کی آبرو باختہ عورتوں کے ایک فیشن کی طرف اشارہ ہے، جس کے ذریعے سے وہ اپنے گاہکوں کو متوجہ کرتی تھیں۔

11 البقرہ 2:43۔

عورتیں اِس میں شامل سمجھی جاتی ہیں، لیکن غضِ بصر اور حفظِ فروج کا حکم ایک جیسے الفاظ میں مردوں اور عورتوں، دونوں کو الگ الگ مخاطب کر کے دیا گیا ہے، جس سے معلوم ہوتا ہے کہ دونوں اصناف سے اِن آداب کی کس قدر رعایت مطلوب ہے۔

سورۂ نور میں اِن آداب کا مقصد بھی ساتھ ہی بیان ہوا ہے اور وہ پاکیزگی کا حصول ہے، 'اَزْکٰی لَھُمْ'۔ یہی دین کا بنیادی مقصد ہے، جس کی وجہ سے دین کے احکام اور ہدایات عام فرد سے متعلق ہو جاتے ہیں، کیونکہ تزکیۂ نفس ہر فرد سے مطلوب ہے۔

حفظِ فروج اسلامی تہذیب کی بنیادی اقدار میں سے ایک قدر ہے۔[12]

اِخفاے زینت کی ہدایت

زیب و زینت اختیار کرنا عورت کی فطرت کا تقاضا ہے۔ اِس سے عورت کے حسن اور کشش میں جو اضافہ ہو جاتا ہے، اُس کا تقاضا تھا کہ تزکیۂ اخلاق کے مقصد کے پیشِ نظر جس طرح حفظِ فروج کی ہدایت سے جنسی میلانات کو ادب و لحاظ کے ایک دائرے میں محدود کر دیا گیا ہے، اُسی طرح زیب و زینت کے حدود بھی واضح کر دیے جائیں۔ انسانی عقل اِس معاملے میں بھی حدِ اعتدال پر قائم نہیں رہ سکی، اِس لیے اِس کا دائرہ بھی اللہ تعالیٰ نے خود متعین کر دیا۔ چنانچہ عورتوں کو زیب و زینت کی اجازت دیتے ہوئے ہدایت کی گئی کہ نامحرم مردوں کے سامنے اپنی زیب و زینت کا اظہار نہ کریں، اُسے چھپا کر رکھیں، لیکن جو اعضا عادتاً آشکار رہتے ہیں، اُنھیں اُن کی آرایش سمیت کھلا رکھنے میں کوئی حرج نہیں۔ ارشاد ہوا ہے:

وَ قُلْ لِّلْمُؤْمِنٰتِ یَغْضُضْنَ مِنْ ''اور ماننے والی عورتوں کو ہدایت

[12] جاوید احمد غامدی، مقامات 193-194۔

اَبۡصَارِهِنَّ وَ يَحۡفَظۡنَ فُرُوۡجَهُنَّ وَ لَا
يُبۡدِيۡنَ زِيۡنَتَهُنَّ اِلَّا مَا ظَهَرَ مِنۡهَا وَ
لۡيَضۡرِبۡنَ بِخُمُرِهِنَّ عَلٰى جُيُوۡبِهِنَّ ۖ وَلَا
يُبۡدِيۡنَ زِيۡنَتَهُنَّ اِلَّا لِبُعُوۡلَتِهِنَّ اَوۡ
اٰبَآئِهِنَّ اَوۡ اٰبَآءِ بُعُوۡلَتِهِنَّ اَوۡ اَبۡنَآئِهِنَّ
اَوۡ اَبۡنَآءِ بُعُوۡلَتِهِنَّ اَوۡ اِخۡوَانِهِنَّ اَوۡ بَنِىۡۤ
اِخۡوَانِهِنَّ اَوۡ بَنِىۡۤ اَخَوٰتِهِنَّ اَوۡ نِسَآئِهِنَّ
اَوۡ مَا مَلَكَتۡ اَيۡمَانُهُنَّ اَوِ التّٰبِعِيۡنَ
غَيۡرِ اُولِى الۡاِرۡبَةِ مِنَ الرِّجَالِ اَوِ الطِّفۡلِ
الَّذِيۡنَ لَمۡ يَظۡهَرُوۡا عَلٰى عَوۡرٰتِ
النِّسَآءِ ۖ وَ لَا يَضۡرِبۡنَ بِاَرۡجُلِهِنَّ
لِيُعۡلَمَ مَا يُخۡفِيۡنَ مِنۡ زِيۡنَتِهِنَّ ؕ وَ
تُوۡبُوۡۤا اِلَى اللّٰهِ جَمِيۡعًا اَيُّهَ الۡمُؤۡمِنُوۡنَ
لَعَلَّكُمۡ تُفۡلِحُوۡنَ.(النور24:31)

کرو کہ وہ بھی اپنی نگاہیں بچا کر رکھیں اور اپنی شرم گاہوں کی حفاظت کریں اور اپنی زینت کی چیزیں نہ کھولیں، سوائے اُن کے جو اُن میں سے کھلی ہوتی ہیں اور اِس کے لیے اپنی اوڑھنیوں کے آنچل اپنے گریبانوں پر ڈالے رہیں۔ اور اپنی زینت کی چیزیں نہ کھولیں، مگر اپنے شوہروں کے سامنے یا اپنے باپ، اپنے شوہروں کے باپ، اپنے بیٹوں، اپنے شوہروں کے بیٹوں، اپنے بھائیوں، اپنے بھائیوں کے بیٹوں، اپنی بہنوں کے بیٹوں، اپنے میل جول کی عورتوں اور اپنے غلاموں کے سامنے یا اُن زیر دست مردوں کے سامنے جو عورتوں کی خواہش نہیں رکھتے یا اُن بچوں کے سامنے جو عورتوں کی پردے کی چیزوں سے ابھی واقف نہیں ہوئے۔ اور اپنے پاؤں زمین پر مارتی ہوئی نہ چلیں کہ اُن کی چھپی ہوئی زینت معلوم ہو جائے۔ ایمان والو، (اب تک کی غلطیوں پر) سب مل کر

اللہ سے رجوع کرو تاکہ تم فلاح پاؤ۔“

سورۂ نور کی مذکورہ بالا آیت کی وضاحت میں غامدی صاحب لکھتے ہیں:

”عورتوں کے لیے خاص طور پر ضروری قرار دیا گیا کہ وہ زیب و زینت کی کوئی چیز اپنے قریبی اعزہ اور متعلقین کے سوا کسی شخص کے سامنے ظاہر نہ ہونے دیں۔ اِس سے زیبایش کی وہ چیزیں، البتہ مستثنیٰ ہیں جو عادتاً کھلی ہوتی ہیں۔ یعنی ہاتھ، پاؤں اور چہرے کا بناؤ سنگھار اور زیورات وغیرہ۔ اِس کے لیے اصل میں 'اِلَّا مَا ظَهَرَ مِنْهَا' کے جو الفاظ آئے ہیں، اُن کا صحیح مفہوم عربیت کی رو سے وہی ہے جسے زمخشری نے 'إلا ما جرت العادة والجبلة على ظهوره والاصل فيه الظهور'[13] کے الفاظ میں بیان کر دیا ہے، یعنی وہ اعضا جنھیں انسان عادتاً اور جبلی طور پر چھپایا نہیں کرتے اور وہ اصلاً کھلے ہی ہوتے ہیں۔ لہٰذا اِن اعضا کے سوا باقی ہر جگہ کی زیبایش عورتوں کو چھپانی چاہیے اور اِس کے لیے اپنی اوڑھنیوں کے آنچل اپنے گریبانوں پر ڈال کر رکھنے چاہییں۔ یہاں تک کہ مردوں کی موجودگی میں اپنے پاؤں زمین پر مار کر چلنے سے بھی پرہیز کرنا چاہیے کہ اُن کی چھپی ہوئی زینت ظاہر نہ ہو جائے۔ نبی صلی اللہ علیہ وسلم نے اِسی بنا پر عورتوں کے تیز خوشبو لگا کر باہر نکلنے کو سخت ناپسند فرمایا ہے۔[14]“ (میزان 467)

اِخفاے زینت سے استثنا میں عورت کے چہرے، ہاتھ اور پاؤں کے علاوہ لباس کا وہ حصہ بھی شامل ہے جو عموماً آشکار رہتا ہے۔ گریبان کو، البتہ اہتمام کے ساتھ ڈھانپنے کا حکم دیا گیا ہے۔ یہ اِس لیے کہ گریبان کا تعلق شرم گاہ، یعنی عورت کے سینے سے ہے۔ اُس پر اگر زینت کی گئی ہو تو اب اِس زینت کو بھی ڈھانپ کر رکھا جائے۔ کپڑوں کا بقیہ حصہ بھی 'اِلَّا مَا ظَهَرَ

---

13 الکشاف 236/3۔

14 ابوداؤد، رقم 4173۔

مِنْھَا‘ کے تحت استثنا میں شامل ہے، کیونکہ یہ حصہ بھی عموماً ظاہر ہی رہتا ہے، اِسے چھپانا غیر معمولی مشقت کا سبب بنتا ہے۔

عورتوں کے معمولاً ظاہر رہنے والے اعضا پر مردوں کی نظر پڑ جانے کی ممانعت نہیں ہے، تاہم غضِ بصر کا تقاضا ہے کہ نگاہیں حدِ ادب کی پابند رہیں۔ اِن میں تاڑنے اور لطف لینے جیسا انداز نہ ہو۔

جلیل القدر تابعی امام ابراہیم نخعی (وفات: 96ھ) ’اِلَّا مَا ظَھَرَ مِنْھَا‘ کی تفسیر میں لکھتے ہیں:

أبيح للناس أن ينظروا إلى ما ليس بمحرم عليهم من النساء إلى وجوههن وأكفهن، وحرم ذالك عليهم من أزواج النبي صلى الله عليه وسلم لما نزلت آية الحجاب ففضلن بذالك على سائر الناس.
(شرح معانی الآثار 332/4)

”عام لوگوں کے لیے اِس کو مباح رکھا گیا ہے کہ وہ غیر محرم خواتین کے چہروں اور ہاتھوں کو دیکھ سکتے ہیں، لیکن جب آیتِ حجاب نازل ہو گئی تو نبی صلی اللہ علیہ وسلم کی ازواج کے باب میں اِس کو لوگوں پر حرام ٹھیرا دیا گیا۔ یوں ازواج مطہرات کو باقی تمام لوگوں پر ایک فضیلت عطا کر دی گئی، (یعنی اُنھیں ممتاز کر دیا گیا)۔“

مختلف تہذیبی روایات میں زینتوں کے اظہار و اخفا کے حدود و قیود میں کچھ فرق ہوتا ہے۔ اِس میں لازم اور مستحب کی رعایت رکھتے ہوئے مختلف صورتوں کی گنجایش دی جاتی ہے۔ عادتاً کھلے رہنے والے اعضا اور کپڑوں سے چھپانے کا استثنا غیر معمولی زحمت سے بچانے کے لیے دیا گیا ہے۔ یہ شریعت کے اصولِ یسر کے تحت دی گئی رخصت ہے۔

اِخفاے زینت سے مستثنیٰ متعلقین

اِخفاے زینت سے دوسرا استثنااُن اعزہ و متعلقین کا ہے، جن کے سامنے پوشیدہ زینتوں کے اظہار کی پابندی بھی نہیں ہے۔ پوشیدہ زینتوں میں گریبان کے زیورات، گریبان پر کپڑے کی آرایش اور بالوں کی زیبایش وغیرہ شامل ہیں۔ جن متعلقین کے سامنے پوشیدہ زینتوں کے اظہار کی اجازت ہے، وہ یہ ہیں:

ا۔ شوہر

ب۔ باپ

ج۔ شوہروں کے باپ

اپنے اور شوہر کے باپ کے لیے اصل میں لفظ 'اٰبآء' استعمال ہوا ہے۔ اِس کے مفہوم میں صرف باپ ہی نہیں، بلکہ اجداد و اعمام، سب شامل ہیں۔ لہٰذا ایک عورت اپنے ددھیال اور ننھیال اور اپنے شوہر کے ددھیال اور ننھیال کے اُن سب بزرگوں کے سامنے زینت کی چیزیں اُسی طرح ظاہر کر سکتی ہے، جس طرح اپنے والد اور خسر (Father in Law) کے سامنے کر سکتی ہے۔

د۔ بیٹے

ہ۔ شوہروں کے بیٹے

و۔ بھائی

ز۔ بھائیوں کے بیٹے

ح۔ بہنوں کے بیٹے

بیٹوں میں پوتے، پڑپوتے اور نواسے، پڑنواسے، سب شامل ہیں اور اِس معاملے میں سگے

اور سوتیلے کا بھی کوئی فرق نہیں ہے۔ یہی حکم بھائیوں اور بھائی بہنوں کی اولاد کا ہے۔ اِن میں بھی سگے، سوتیلے اور رضاعی، تینوں قسم کے بھائی اور بھائی بہنوں کی اولاد شامل سمجھی جائے گی۔

ط۔ اپنے میل جول اور تعلق و خدمت کی عورتیں

اِس سے واضح ہے کہ اجنبی عورتوں کو بھی مردوں کے حکم میں سمجھنا چاہیے اور اُن کے سامنے بھی مسلمان عورتوں کو اپنی چھپی ہوئی زینت کے معاملے میں محتاط رہنا چاہیے۔ اِس کی وجہ یہ ہے کہ عورتوں کے صنفی جذبات بھی بعض اوقات عورتوں سے متعلق ہو جاتے ہیں۔ اِسی طرح یہ بھی ہوتا ہے کہ اُن کے محاسن سے متاثر ہو کر وہ مردوں کو اُن کی طرف اور اُنھیں مردوں کی طرف مائل کرنے کا ذریعہ بن جاتی ہیں۔

جن عورتوں کے سامنے پوشیدہ زینتوں کے اظہار کی اجازت ہے، اُن کے لیے الفاظ 'نِسَآئِهِنَّ'، یعنی ''اُن کی عورتیں'' آئے ہیں۔ اِس سے مراد میل جول اور تعلق و خدمت کی راہ سے متعلق ہو جانے والی عورتیں ہیں۔ یہاں صرف مسلمان عورتیں مراد لینے کا کوئی قرینہ موجود نہیں۔ مسلمان عورت اجنبی ہو تو وہ 'نِسَآئِهِنَّ' کی مصداق نہیں ہے۔ اِخفاے زینت کے باب میں اُس سے ویسی ہی احتیاط کی جائے گی، جیسی نامحرم مردوں سے کی جاتی ہے۔ اِس کے برعکس، غیر مسلم عورت اگر تعلق اور جان پہچان والی ہو تو وہ 'نِسَآئِهِنَّ' کے مصداق میں شامل ہے، اُس کے سامنے پوشیدہ زینتوں کا اظہار کیا جا سکتا ہے۔

ی۔ غلام

یہ اُس زمانے میں موجود تھے۔ 'مَا مَلَكَتْ اَيْمَانُهُنَّ' کے جو الفاظ اُن کے لیے اصل میں آئے ہیں، اُن سے بعض فقہا نے صرف لونڈیاں مراد لی ہیں، لیکن اِس کا کوئی قرینہ اِن الفاظ میں موجود نہیں ہے۔

مولانا امین احسن اصلاحی لکھتے ہیں:

''اگر صرف لونڈیاں ہی مراد ہوتیں تو صحیح اور واضح تعبیر 'اَوْ اِمَآءِھِنَّ' کی ہوتی، ایک عام لفظ، جو لونڈیوں اور غلاموں، دونوں پر مشتمل ہے، اِس کے لیے استعمال نہ ہوتا۔ پھر یہاں اِس سے پہلے 'نِسَآئِھِنَّ' کا لفظ آچکا ہے جو اُن تمام عورتوں پر، جیسا کہ واضح ہو چکا ہے، مشتمل ہے جو میل جول اور خدمت کی نوعیت کی وابستگی رکھتی ہیں۔ اِس کے بعد لونڈیوں کے علیحدہ ذکر کی کوئی ضرورت باقی نہیں رہتی۔'' (تدبر قرآن 398/5)

ك۔ وہ لوگ جو گھر والوں کی سرپرستی میں رہتے ہوں اور زیردستی کے باعث یا کسی اور وجہ سے اُنھیں عورتوں کی طرف رغبت نہ ہو سکتی ہو۔ اِس کے لیے اُن کا نامرد یا مخبوط الحواس ہونا ضروری نہیں۔

ل۔ بچے جو ابھی بلوغ کے تقاضوں سے واقف نہ ہوئے ہوں۔[15]

شریعت کا قاعدہ ہے کہ دین کی ہدایات اپنی حقیقت یا علت پر مبنی ہوتی ہیں۔ جہاں وہ حقیقت پائی جاتی ہے، حکم وہاں متعلق ہو جاتا ہے اور جہاں نہیں پائی جاتی، وہاں حکم بھی متعلق نہیں ہوتا۔ زیب و زینت کے اخفا کے حکم کی حقیقت یا علت اُن سے پیدا ہونے والی غیر معمولی کشش کو حد اعتدال میں رکھنا ہے تاکہ جنس مخالف کو دعوت نگاہ نہ ملے اور گناہ کے لیے خصوصی میلان پیدا نہ ہو۔ مذکورہ متعلقین میں وہ علتِ ممانعت نہیں پائی جاتی، اِس لیے اُنھیں استثنا دیا گیا ہے۔

اس کی تفصیل درج ذیل ہے:

شوہر کا معاملہ واضح ہے۔ زیب و زینت سے عورت کے حسن میں جو کشش پیدا ہوتی ہے،

---

[15] میزان 468-469۔

وہ اُس کے لیے ممنوع نہیں، بلکہ مطلوب ہے۔

محرم رشتوں سے توقع نہیں ہوتی کہ وہ اپنی محارم خواتین کی زینت سے جنسی کشش محسوس کریں۔ یہی معاملہ میل جول اور خدمت گار خواتین کا ہے۔

زیر دستوں کے معاملے میں استثنا کی علت اُن کی زیر دستی ہے۔ اُن کے لیے سلبِ حواس، نامردی یا کہنہ سالی کا ہونا ضروری نہیں۔ زیر دستی اور اپنی ضروریات کے لیے دوسروں پر انحصار خود ایک کافی وجہ ہے کہ ایسا شخص اپنے کفیل گھرانے کی خواتین سے متعلق اپنے اندر جنسی کشش یا میلان نہیں پاتا۔ اُس میں ایسا میلان پیدا ہو جائے تو اِس کے اظہار کی جرأت نہیں کر سکتا۔ البتہ زیر دستی کے باوجود اِس میں یہ میلان ظاہر ہو تو اُسے بھی استثنا نہیں ملے گا، کیونکہ جس علت کی بنا پر یہ استثنا دیا گیا تھا، وہ اِس صورت میں نہیں پائی جاتی۔

غلاموں میں زیر دستی کا عنصر بہت نمایاں ہے، اِسی بنا پر اُنھیں بھی استثنا حاصل ہے۔

نابالغ بچوں میں جنس مخالف کے لیے جنسی کشش کا داعیہ موجود نہیں ہوتا، اِس لیے اُنھیں بھی استثنا دیا گیا ہے۔

عام حالات میں مرد یا عورت کی طرف سے کسی بے اعتدالی یا تجاوز کا اندیشہ فریق مخالف کی سلبِ آزادی کا سبب نہیں بن سکتا۔ چنانچہ جس طرح عورتوں کی وجہ سے مردوں میں کسی فتنے کے پیدا ہونے کے اندیشے کی وجہ سے عورتوں پر بیان کردہ آدابِ اختلاط سے زائد کوئی پابندی عائد نہیں کی جاسکتی، اُسی طرح مردوں کی وجہ سے عورتوں میں کوئی فتنہ پیدا ہونے کے خدشے سے مردوں کی آزادیوں کو محدود نہیں کیا جا سکتا۔ کسی فریق کی بے اعتدالی اور تجاوز کے اقدامات کو وعظ و نصیحت اور، اگر ضروری ہو تو، قانون کی طاقت سے روکا جائے گا۔

اللہ تعالیٰ کی برپا کردہ آزمایش کی اسکیم کا یہ تقاضا ہے کہ نیکی اور بدی کے امکانات بالکل معدوم نہ کر دیے جائیں۔ رہبانیت اِسی رجحان سے پیدا ہوتی ہے۔ آداب کی رعایت کے ساتھ

تزکیے کی تربیت کے لیے بھی ضروری ہے کہ مردوزن کے اختلاط کی صورت میں آزمایش کا ایک میدان میسر رہے۔ نیز اِسی سے سماجی روابط پیدا ہوتے اور اُنھیں حدِ اعتدال میں رکھنے کی تربیت حاصل ہوتی ہے۔

اختلاطِ مردوزن کے آداب: چند توضیحات

نابالغ بچوں اور غلاموں کو اجازت طلبی سے استثنا

اختلاطِ مردوزن کے آداب مقرر ہوئے تو صحابہ کے ہاں کچھ سوالات اور اشکالات پیدا ہوئے، جن کے لیے اللہ تعالیٰ نے توضیحی آیات نازل فرمائیں۔

عورتوں کو بچوں اور غلاموں کے سامنے پوشیدہ زینتوں کے اظہار کی اجازت دی گئی تھی۔ اِس سے سوال پیدا ہوا کہ اجازت طلبی کے معاملے میں بھی کیا اُنھیں استثنا حاصل ہوگا؟

زیب وزینت عمر رسیدہ عورتوں میں وہ کشش پیدا نہیں کرتی، جو جوان عورتوں میں پیدا کر دیتی ہے، اور جس کی وجہ سے اِخفاے زینت کا حکم اُنھیں دیا گیا تھا۔ سوال پیدا ہوا کہ کیا بوڑھی عورتوں کو اِخفاے زینت کے اہتمام میں رعایت مل سکتی ہے؟

کچھ لوگوں نے شاید محسوس کیا کہ اختلاط کے آداب سے اسلام اُن کی سماجی آزادیوں کو محدود کرنا چاہتا ہے، جس سے اُنھیں کچھ مشکلات پیش آسکتی ہیں۔

اِس تناظر میں درج ذیل ہدایات نازل ہوئیں:

يٰٓاَيُّهَا الَّذِيْنَ اٰمَنُوْا لِيَسْتَاْذِنْكُمُ الَّذِيْنَ مَلَكَتْ اَيْمَانُكُمْ وَ الَّذِيْنَ لَمْ

”ایمان والو، (تمھارے قلب و نظر کی پاکیزگی کے لیے جو ہدایات ہم نے

يَبْلُغُوا الْحُلُمَ مِنْكُمْ ثَلٰثَ مَرّٰتٍ ؕ مِنْ قَبْلِ صَلٰوةِ الْفَجْرِ وَ حِيْنَ تَضَعُوْنَ ثِيَابَكُمْ مِّنَ الظَّهِيْرَةِ وَ مِنْۢ بَعْدِ صَلٰوةِ الْعِشَآءِ ؕ۫ ثَلٰثُ عَوْرٰتٍ لَّكُمْ ؕ لَيْسَ عَلَيْكُمْ وَ لَا عَلَيْهِمْ جُنَاحٌۢ بَعْدَهُنَّ ؕ طَوّٰفُوْنَ عَلَيْكُمْ بَعْضُكُمْ عَلٰى بَعْضٍ ؕ كَذٰلِكَ يُبَيِّنُ اللّٰهُ لَكُمُ الْاٰيٰتِ ؕ وَ اللّٰهُ عَلِيْمٌ حَكِيْمٌ وَ اِذَا بَلَغَ الْاَطْفَالُ مِنْكُمُ الْحُلُمَ فَلْيَسْتَاْذِنُوْا كَمَا اسْتَاْذَنَ الَّذِيْنَ مِنْ قَبْلِهِمْ ؕ كَذٰلِكَ يُبَيِّنُ اللّٰهُ لَكُمْ اٰيٰتِهٖ ؕ وَ اللّٰهُ عَلِيْمٌ حَكِيْمٌ.(النور 24:58-59)

دی ہیں، تم اُن کی مزید وضاحت چاہتے ہو تو سنو)، تمھارے غلام اور لونڈیاں اور تم میں جو بلوغ کو نہیں پہنچے، تین وقتوں میں تم سے اجازت لے کر تمھارے پاس آیا کریں: نماز فجر سے پہلے؛ جب دوپہر کو تم کپڑے اتارتے ہو اور نماز عشا کے بعد۔ یہ تین وقت تمھارے لیے پردے کے وقت ہیں۔ اِن کے علاوہ (وہ بلا اجازت آجائیں تو) نہ تم پر کوئی گناہ ہے نہ اُن پر، اِس لیے کہ تم ایک دوسرے کے پاس آنے جانے والے ہی ہو۔ اللہ تمھارے لیے اِسی طرح اپنی آیتوں کی وضاحت کرتا ہے اور اللہ علیم و حکیم ہے۔ تم میں جو بچے ہیں، وہ جب بلوغ کو پہنچ جائیں تو اُسی طرح اجازت لے کر آئیں، جس طرح اُن کے اگلے اجازت لیتے رہے ہیں۔ اللہ تمھارے لیے اِسی طرح اپنی آیتوں کی وضاحت کرتا ہے اور اللہ علیم و حکیم ہے۔‘‘

غامدی صاحب اپنی کتاب ’’میزان‘‘ میں اِس مقام کی وضاحت میں لکھتے ہیں:

''... فرمایا ہے کہ گھروں میں آمد و رفت رکھنے والے غلاموں اور نابالغ بچوں کے لیے ہر موقع پر اجازت لینا ضروری نہیں ہے۔ اُن کے لیے یہی کافی ہے کہ وہ تین اوقات میں اجازت لے کر داخل ہوں: نماز فجر سے پہلے، جب کہ لوگ ابھی بستروں میں ہوتے ہیں؛ ظہر کے وقت جب وہ قیلولہ کے لیے کپڑے اتار کر رکھ دیتے ہیں اور عشا کے بعد جب وہ سونے کے لیے بستروں میں چلے جاتے ہیں۔ یہ تین وقت پردے کے وقت ہیں۔ اِن میں اگر کوئی اچانک آجائے گا تو ممکن ہے کہ گھر والوں کو ایسی حالت میں دیکھ لے جس میں دیکھا جانا پسندیدہ نہ ہو۔ اِن کے سوا دوسرے اوقات میں نابالغ بچے اور گھر کے غلام عورتوں اور مردوں کے پاس، اُن کے تخلیے کی جگہوں میں اور اُن کے کمروں میں اجازت لیے بغیر آ سکتے ہیں۔ اِس میں کسی کے لیے کوئی قباحت نہیں ہے، لیکن اِن تین وقتوں میں ضروری ہے کہ جب وہ خلوت کی جگہ آنے لگیں تو پہلے اجازت لے لیں۔ نابالغ بچوں کے لیے، البتہ بالغ ہو جانے کے بعد یہ رخصت باقی نہ رہے گی۔ اِس دلیل کی بنا پر کہ یہ بچپن سے گھر میں آتے جاتے رہے ہیں، اُنھیں ہمیشہ کے لیے مستثنیٰ نہیں سمجھا جائے گا۔ بلوغ کی عمر کو پہنچ جانے کے بعد اُن کے لیے بھی ضروری ہو گا کہ عام قانون کے مطابق اجازت لے کر گھروں میں داخل ہوں۔''(469)

بچوں کو استیذان، یعنی اجازت طلبی سے استثنا اُن کے عدم بلوغ اور غلاموں کو اُن کی زیردستی کے باعث دیا گیا تھا۔ زیردستی کے سبب سے اُن میں گھر کی عورتوں کی طرف میلان پیدا ہونا متوقع نہیں ہوتا، لیکن اِس آیت میں استیذان سے استثنا کی ایک اور وجہ بیان ہوئی ہے اور وہ یہ ہے کہ گھر میں بچوں اور خاص طور پر غلاموں کا آنا جانا مسلسل لگا رہتا ہے۔ اُن کے لیے ہر بار اجازت طلب کرنا غیر معمولی زحمت کا باعث بن سکتا ہے۔ اِس زحمت سے بچانے کے لیے اُنھیں آرام کے اوقات کے سوا اجازت طلب کرنے کی پابندی سے استثنا دے دیا گیا۔ یہ

استثنا اصول یسر کے تحت دیا گیا ہے۔

عرب میں آرام کے تین مذکورہ اوقات تھے۔ خلوت واستراحت کے جو اوقات بھی کہیں مقرر ہوں، اشتراکِ علت کی بنا پر اجازت طلبی کی یہ ہدایت اُن اوقات سے متعلق ہو جائے گی۔

عمر رسیدہ عورتوں کو گریبان ڈھانپنے سے استثنا

عمر رسیدہ عورتوں میں بناؤ سنگھار کرنے کے باوجود وہ کشش پیدا نہیں ہوتی جس کو حدود کا پابند بنانے کے لیے گریبان کو آنچل سے ڈھانپنے کی ہدایت کی گئی تھی، اِس لیے اِنھیں رخصت دی گئی کہ نامحرم مردوں کی موجودگی میں اُنھیں اپنے سینے اور گریبان کی زینت کو آنچل سے ڈھانپنے کی ضرورت نہیں ہے۔ تاہم، پاکیزگی نفس کے اعلیٰ درجے کا حصول مقصود ہو تو اُن کے لیے بھی بہتر یہی ہے کہ نامحرم مردوں کی موجودگی میں اپنی زیب و زینت ڈھانپ کر رکھیں۔ ارشاد ہوا ہے:

وَالْقَوَاعِدُ مِنَ النِّسَآءِ الّٰتِیْ لَا یَرْجُوْنَ نِکَاحًا فَلَیْسَ عَلَیْهِنَّ جُنَاحٌ اَنْ یَّضَعْنَ ثِیَابَهُنَّ غَیْرَ مُتَبَرِّجٰتٍۭ بِزِیْنَةٍ ؕ وَاَنْ یَّسْتَعْفِفْنَ خَیْرٌ لَّهُنَّ ؕ وَ اللّٰهُ سَمِیْعٌ عَلِیْمٌ. (النور 24:60)

”اور بڑی بوڑھی عورتیں جو اب نکاح کی امید نہیں رکھتی ہیں، وہ اگر اپنے دوپٹے گریبانوں سے اتار دیں تو اُن پر کوئی گناہ نہیں، بشرطیکہ زینت کی نمایش کرنے والی نہ ہوں۔ تاہم وہ بھی احتیاط کریں تو اُن کے لیے بہتر ہے اور اللہ سمیع و علیم ہے۔“

غامدی صاحب لکھتے ہیں:

"...ارشاد ہوا ہے کہ سینے اور گریبان کی زینت کو ڈھانپ کر رکھنے کا حکم اُن بڑی بوڑھیوں کے لیے نہیں ہے جو اب نکاح کی امید نہیں رکھتی ہیں، بشرطیکہ وہ زینتوں کی نمایش کرنے والی نہ ہوں۔ عورت کی خواہشات جس عمر میں مر جاتی ہیں اور اُس کو دیکھ کر مردوں میں بھی کوئی صنفی جذبہ پیدا نہیں ہوتا، اُس میں سینے اور گریبان کی زینت کو چھپانے کے لیے اُن پر آنچل ڈالے رکھنا ضروری نہیں ہے۔ لہٰذا بوڑھی عورتیں اپنا یہ کپڑا مردوں کے سامنے اتار سکتی ہیں، اِس میں کوئی حرج نہیں ہے۔ تاہم، پسندیدہ بات اُن کے لیے بھی یہی ہے کہ وہ احتیاط کریں اور مردوں کی موجودگی میں اُسے نہ اتاریں۔ یہ اُن کے لیے بہتر ہے۔" (میزان 470)

آیتِ بالا میں 'ثِیَاب' سے مراد اوڑھنی یا دوپٹا ہے، جو گریبان پر ڈالا جاتا ہے۔ حضرت عبداللہ بن مسعود، حضرت عبداللہ بن عباس اور حضرت عبداللہ بن عمر رضی اللہ عنہم نے اِس کا مصداق جلباب یا ردا، یعنی بڑی چادر کو قرار دیا ہے۔[16] سعید بن جبیر کے مطابق، بڑی چادر اتارنے کی اجازت ہے، لیکن گریبان پر آنچل بہر حال رہنا چاہیے۔[17] اِس تخصیص کے لیے،

---

16 تفسیر القرآن العظیم، ابن کثیر 6/83-84۔

17 تفسیر القرآن العظیم، ابن کثیر 6/84۔ 'وَقَالَ سَعِيدُ بْنُ جُبَيْرٍ وَغَيْرُهُ فِي قِرَاءَةِ عَبْدِ اللهِ بْنِ مَسْعُودٍ: 'إِنْ يَضَعْنَ مِنْ ثِيَابِهِنَّ'، وَهُوَ الْجِلْبَابُ مِنْ فَوْقِ الْخِمَارِ، فَلَا بَأْسَ أَنْ يَضَعْنَ عِنْدَ غَرِيبٍ أَوْ غَيْرِهِ، بَعْدَ أَنْ يَكُونَ عَلَيْهَا خِمَارٌ صَفِيقٌ' (سعید بن جبیر اور دیگر مفسرین کے مطابق، عبداللہ بن مسعود رضی اللہ عنہ کی قراءت میں یہ الفاظ ہیں: 'إِنْ يَضَعْنَ مِنْ ثِيَابِهِنَّ' (اگر وہ اپنے کچھ کپڑے اتار دیں)۔ اِس سے مراد جلباب ہے، جو کہ خمار کے اوپر پہنا جاتا ہے۔ پس اگر کسی عورت نے موٹا خمار اوڑھا ہو تو کسی اجنبی یا غیر محرم کے سامنے جلباب اتارنے میں کوئی حرج نہیں)۔

لیکن الفاظ میں کوئی گنجایش نہیں ہے۔

عمر رسیدہ خواتین کو آنچل یا چادر اتار دینے کی اجازت اُس صورت میں دی گئی ہے جب اُنھوں نے گریبان پر زینت کر رکھی ہو۔اِس کا تعلق عدم زینت سے نہیں ہے۔ یہ اجازت عدم تبرج کی شرط کے ساتھ بیان ہوئی ہے، عدم زینت کی شرط کے ساتھ نہیں۔ تبرج غیر معمولی اظہارِ زینت کو کہتے ہیں۔

لغت میں 'تبرج' کا مطلب یہ بیان ہوا ہے:

إظهار الزينة وما يستدعى به شهوة الرجال. (تاج العروس 417/5)	''زینت کا اظہار کرنا، جس سے مردوں میں شہوت اجاگر کرنا مقصود ہو۔''

تبرج تبھی ممکن ہے جب زینت موجود ہو۔اِس بنا پر یہ حکم بوڑھی عورتوں کو گریبان پر زینت کی صورت میں آنچل اتارنے کی اجازت دیتا ہے۔اِس کے ساتھ اُنھیں متنبہ بھی کرتا ہے کہ اِس رخصت سے ناجائز فائدہ اٹھاتے ہوئے اپنی زیب و زینت کی غیر معمولی انداز سے نمایش نہ کریں۔ تاہم، اُن کے لیے بھی بہتر یہی ہے کہ نامحرم مردوں کے سامنے اپنی زیب و زینت ڈھانپ کر رکھیں۔

آدابِ اختلاط

آدابِ اختلاط کے تقرر سے کچھ لوگوں نے محسوس کیا کہ اسلام اِن کے ذریعے سے اُن کی سماجی آزادیوں کو محدود کرنا چاہتا ہے۔ اب وہ اپنے رشتہ داروں، عزیزوں اور دوستوں کے گھروں میں آزادی و بے تکلفی کے ساتھ آ جا نہیں سکتے۔ معذور اور مجبور لوگ، جو اپنے عزیزوں اور رشتہ داروں کے گھروں پر انحصار کرتے تھے، اُنھوں نے بھی یہ محسوس کیا کہ اب

اُن کی آزادی محدود ہوگئی ہے۔اِس طرح کے شبہات دور کرنے کے لیے ارشاد ہوا:

لَيْسَ عَلَى الْاَعْمٰى حَرَجٌ وَّ لَا عَلَى
الْاَعْرَجِ حَرَجٌ وَّلَا عَلَى الْمَرِيْضِ حَرَجٌ وَّ
لَا عَلٰٓى اَنْفُسِكُمْ اَنْ تَاْكُلُوْا مِنْۢ بُيُوْتِكُمْ
اَوْ بُيُوْتِ اٰبَآئِكُمْ اَوْ بُيُوْتِ اُمَّهٰتِكُمْ اَوْ
بُيُوْتِ اِخْوَانِكُمْ اَوْ بُيُوْتِ اَخَوٰتِكُمْ اَوْ
بُيُوْتِ اَعْمَامِكُمْ اَوْ بُيُوْتِ عَمّٰتِكُمْ اَوْ
بُيُوْتِ اَخْوَالِكُمْ اَوْ بُيُوْتِ خٰلٰتِكُمْ اَوْ
مَا مَلَكْتُمْ مَّفَاتِحَهٗٓ اَوْ صَدِيْقِكُمْ ؕ
لَيْسَ عَلَيْكُمْ جُنَاحٌ اَنْ تَاْكُلُوْا جَمِيْعًا
اَوْ اَشْتَاتًا ؕ فَاِذَا دَخَلْتُمْ بُيُوْتًا فَسَلِّمُوْا
عَلٰٓى اَنْفُسِكُمْ تَحِيَّةً مِّنْ عِنْدِ اللّٰهِ
مُبٰرَكَةً طَيِّبَةً ؕ كَذٰلِكَ يُبَيِّنُ اللّٰهُ لَكُمُ
الْاٰيٰتِ لَعَلَّكُمْ تَعْقِلُوْنَ.

(النور 24:61)

"(اللہ اِن ہدایات سے تمھارے لیے کوئی تنگی پیدا نہیں کرنا چاہتا، اِس لیے) نہ اندھے کے لیے کوئی حرج ہے، نہ لنگڑے کے لیے اور نہ مریض کے لیے اور نہ خود تمھارے لیے کہ تم اپنے گھروں سے یا اپنے باپ دادا کے گھروں سے یا اپنی ماؤں کے گھروں سے یا اپنے بھائیوں کے گھروں سے یا اپنی بہنوں کے گھروں سے یا اپنے چچاؤں کے گھروں سے یا اپنی پھوپھیوں کے گھروں سے یا اپنے ماموؤں کے گھروں سے یا اپنی خالاؤں کے گھروں سے یا اپنے زیر تولیت کے گھروں سے یا اپنے دوستوں کے گھروں سے کھاؤ پیو۔ تم پر کوئی گناہ نہیں، چاہے (مرد و عورت) اکٹھے بیٹھ کر کھاؤ یا الگ الگ۔ البتہ، جب گھروں میں داخل ہو تو اپنے لوگوں کو سلام کرو، اللہ کی طرف سے مقرر کی ہوئی ایک بابرکت اور پاکیزہ دعا۔ اللہ تمھارے لیے اِسی طرح اپنی

آیتوں کی وضاحت کرتا ہے تاکہ تم
عقل سے کام لو۔''

اِس حوالے سے غامدی صاحب لکھتے ہیں:

''... وضاحت فرمائی ہے کہ لوگ خود ہوں یا اُن کے مجبور و معذور اعزہ اور احباب جو اُنھی کے گھروں پر گزارہ کرتے ہیں، اِس میں کوئی حرج نہیں ہے کہ وہ ایک دوسرے کے گھروں میں آئیں جائیں، ملیں جلیں اور مرد و عورت الگ الگ یا اکٹھے بیٹھ کر کھائیں پئیں، نہ اُن کے اپنے گھروں میں کوئی حرج ہے، نہ باپ دادا کے گھروں میں، نہ ماؤں کے گھروں میں، نہ بھائیوں اور بہنوں کے گھروں میں، نہ چچاؤں، پھوپھیوں، ماموؤں اور خالاؤں کے گھروں میں، نہ زیر تولیت افراد کے گھروں میں اور نہ دوستوں کے گھروں میں۔ اتنی بات، البتہ ضروری ہے کہ گھروں میں داخل ہوں تو اپنے لوگوں کو سلام کریں۔ یہ بڑی بابرکت اور پاکیزہ دعا ہے جس سے باہمی تعلقات میں بہتری پیدا ہوتی ہے۔ ملنے جلنے کے جو آداب اُنھیں بتائے گئے ہیں، اُن سے ربط و تعلق کے لوگوں کو سہارے سے محروم کرنا یا اُن کی سوشل آزادیوں پر پابندی لگانا مقصود نہیں ہے۔ وہ اگر سمجھ بوجھ سے کام لیں تو اِن آداب کی رعایت کے ساتھ یہ سارے تعلقات قائم رکھ سکتے ہیں۔ اِس سے مختلف کوئی بات اگر اُنھوں نے سمجھی ہے تو غلط سمجھی ہے۔ اِن میں سے کسی چیز کو بھی ممنوع قرار دینا پیش نظر نہیں ہے۔'' (میزان 470-471)

یہ رخصتیں بھی دین کے اصول یسر کے تحت دی گئی ہیں۔ اللہ تعالیٰ کی طرف سے یہ توضیحی ہدایات نہ آتیں تو اِن اطلاقی معاملات کو اجتہاد سے طے کیا جاتا، جن میں اختلافِ راے اور افراط و تفریط ممکن تھی، مگر اللہ تعالیٰ نے اپنا فیصلہ دے کر یہ معاملات بھی، از راہ عنایت، خود طے کر دیے۔

خلاصۂ کلام

اختلاطِ مرد و زن کے آداب درج ذیل ہیں:

- گھروں میں داخل ہونے کے لیے سلام اور اپنا تعارف کراتے ہوئے اجازت طلب کی جائے۔ اجازت ملے تو داخل ہوا جائے، نہ ملے تو برا مانے بغیر رخصت ہو جانا چاہیے۔
- پبلک مقامات پر اجازت طلب کرنے کی ضرورت نہیں ہے۔
- مردوں اور عورتوں کا آمنا سامنا ہو تو دونوں کو حکم ہے کہ اپنی نگاہوں کو ادب و حیا کی حد میں اور شرم گاہوں کو اچھی طرح سے ڈھانپ کر رکھیں۔
- عورتوں نے اگر زیب و زینت کر رکھی ہو تو وہ اُنھیں نامحرم مردوں کے سامنے ڈھانپ کر رکھیں، خاص طور پر گریبان کی زینت کو اپنے آنچلوں سے چھپائیں۔ تاہم، جو زینتیں عام طور پر آشکار رہتی ہیں، جیسے چہرے، ہاتھوں اور پاؤں کی زینتیں یا لباس یا چادر کی زینت، اُن کے کھلے رہنے میں کوئی حرج نہیں۔
- محرم رشتوں، جان پہچان کی خواتین، نابالغ بچوں، خادموں اور عورتوں کی طرف میلان نہ رکھنے والے زیر دست مردوں کے سامنے عورتیں اپنی پوشیدہ زینتیں ظاہر کر سکتی ہیں۔
- بوڑھی عورتوں کو سہولت دی گئی ہے کہ وہ نامحرم مردوں کی موجودگی میں اپنی زینتوں کو نہ ڈھانپیں، البتہ اُن کے لیے بھی بہتر یہی ہے کہ اِنھیں ڈھانپ کر رکھیں۔
- اِن آداب کے ساتھ مرد و زن اپنے رشتہ داروں، دوستوں، معاشرے کے غربا اور

محتاج افراد کے ساتھ میل ملاقات رکھ سکتے ہیں۔

خاص حالات میں اختلاطِ مرد و زن کے آداب

نبی کریم صلی اللہ علیہ وسلم اور مسلمانوں کو مدینے میں جہاں کھلے دشمنوں کی طرف سے جنگوں اور سازشوں کا سامنا تھا، وہاں منافقین کی صورت میں چھپے ہوئے دشمنوں کی طرف سے دھوکا دہی اور افواہ سازی اور تہمت طرازی جیسے مسائل بھی درپیش تھے۔ رات کے وقت رفع حاجت کے لیے جاتی خواتین کو حیلوں بہانوں سے ہراساں کیا جاتا تھا۔

درج ذیل آیات منافقین کی اُن ریشہ دوانیوں کو بیان کرتی ہیں:

اِنَّ الَّذِیۡنَ یُؤۡذُوۡنَ اللّٰہَ وَ رَسُوۡلَہٗ لَعَنَہُمُ اللّٰہُ فِی الدُّنۡیَا وَ الۡاٰخِرَۃِ وَ اَعَدَّ لَہُمۡ عَذَابًا مُّہِیۡنًا وَ الَّذِیۡنَ یُؤۡذُوۡنَ الۡمُؤۡمِنِیۡنَ وَ الۡمُؤۡمِنٰتِ بِغَیۡرِ مَا اکۡتَسَبُوۡا فَقَدِ احۡتَمَلُوۡا بُہۡتَانًا وَّ اِثۡمًا مُّبِیۡنًا.(الاحزاب 33:57-58)

”اللہ اور اُس کے رسول کو جو لوگ اذیت پہنچا رہے ہیں، اُن پر اللہ نے دنیا اور آخرت، دونوں میں لعنت کر دی ہے اور اُن کے لیے اُس نے رسوا کر دینے والا عذاب تیار کر رکھا ہے۔ اور جو مسلمان مردوں اور مسلمان عورتوں کو (اسی طرح اُن پر تہمتیں لگا کر)، بغیر اِس کے کہ اُنھوں نے کچھ کیا ہو، اذیت دے رہے ہیں، اُنھیں بھی معلوم ہونا چاہیے کہ اُنھوں نے بڑے بہتان اور صریح گناہ کا بوجھ اپنے سر لے لیا ہے۔“

رات کے وقت گھروں سے باہر رفعِ حاجت کے لیے تمام خواتین نکلتی ہی تھیں۔ مدینے کے اوباش اِس موقع پر اُنھیں بہانے سے ستانے کی کوشش کرتے۔[18]

سدی کا بیان ہے:

كان اناس من فساق أهل المدينة بالليل حين يختلط الظلام يأتون إلى طرق المدينة فيتعرضون للنساء، وكانت مساكن أهل المدينة ضيقة فإذا كان الليل خرج النساء إلى الطرق فيقضين حاجتهن، فكان أولئك الفساق يتبعون ذالك منهن، فإذا رأوا امرأة عليها جلباب قالوا: هذه حرة فكفوا عنها، وإذا رأوا المرأة ليس عليها جلباب قالوا: هذه أمة فوثبوا عليها.

(تفسیر ابن ابی حاتم 3155/10)

"اہل مدینہ میں سے کچھ بدکردار لوگ رات کو اندھیرا پھیل جانے پر مدینہ کے راستوں میں آجاتے تھے اور عورتوں سے چھیڑ چھاڑ کرتے تھے۔ اہل مدینہ کے گھر تنگ ہوتے تھے، اِس لیے رات کے وقت خواتین راستوں کی طرف نکل جاتیں اور قضاے حاجت کرتی تھیں۔ یہ بدکردار لوگ اُن کا پیچھا کرتے تھے۔ اگر وہ کسی عورت کو چادر میں ملبوس دیکھتے تو کہتے کہ یہ آزاد عورت ہے اور اُس سے تعرض نہیں کرتے تھے، لیکن ایسی عورت کو دیکھتے جس پر چادر نہیں تو کہتے کہ یہ باندی ہے اور اُس کے پیچھے پڑ جاتے۔[19]"

---

18 تفسیر القرآن العظیم، ابن کثیر 518/3۔ الکشاف، زمخشری 569/3۔

19 بہ حوالہ "قرآن مجید میں اختلاطِ مرد وزن کے احکام (6)"، ڈاکٹر عمار خان ناصر،

یہ حالات تھے، جن میں اللہ تعالیٰ نے رسول اللہ صلی اللہ علیہ وسلم کی ازواج، آپ کی بیٹیوں اور عام مسلمان خواتین کو ہدایت کی کہ وہ گھروں سے باہر اندیشے کی جگہوں پر جانے کے لیے نکلیں تو اپنی چادروں میں سے ایک چادر اوڑھ لیا کریں تاکہ وہ پہچانی جائیں کہ وہ خاندانی عورتیں ہیں اور کوئی اُن پر تہمت لگانے کا موقع پا کر اُنھیں نہ ستائے۔ یہ منافقین کے قطعِ عذر کی ایک تدبیر تھی۔ اُنھیں خبردار کیا گیا کہ اِس کے بعد بھی وہ اپنی حرکتوں سے باز نہ آئے تو نظم اجتماعی اُن کے خلاف سخت کارروائی کرے گا، اُن کے ساتھ فساد فی الارض کے مجرموں والا سلوک کیا جائے گا اور اُنھیں مدینے سے کھدیڑ دیا جائے گا۔ ارشاد ہوا ہے:

يٰۤاَيُّهَا النَّبِيُّ قُلْ لِّاَزْوَاجِكَ وَ بَنٰتِكَ وَ نِسَآءِ الْمُؤْمِنِيْنَ يُدْنِيْنَ عَلَيْهِنَّ مِنْ جَلَابِيْبِهِنَّ ؕ ذٰلِكَ اَدْنٰۤى اَنْ يُّعْرَفْنَ فَلَا يُؤْذَيْنَ ؕ وَ كَانَ اللّٰهُ غَفُوْرًا رَّحِيْمًا لَئِنْ لَّمْ يَنْتَهِ الْمُنٰفِقُوْنَ وَ الَّذِيْنَ فِيْ قُلُوْبِهِمْ مَّرَضٌ وَّ الْمُرْجِفُوْنَ فِي الْمَدِيْنَةِ لَنُغْرِيَنَّكَ بِهِمْ ثُمَّ لَا يُجَاوِرُوْنَكَ فِيْهَاۤ اِلَّا قَلِيْلًا مَّلْعُوْنِيْنَ اَيْنَمَا ثُقِفُوْۤا اُخِذُوْا وَ قُتِّلُوْا تَقْتِيْلًا. (الاحزاب 33:59–61)

’’(اِن کی شرارتوں سے اپنی حفاظت کے لیے)، اے نبی، تم اپنی بیویوں اور اپنی بیٹیوں اور سب مسلمانوں کی عورتوں کو ہدایت کر دو کہ (اندیشے کی جگہوں پر جائیں تو) اپنی چادروں میں سے کوئی بڑی چادر اپنے اوپر ڈال لیا کریں۔ اِس سے امکان ہے کہ الگ پہچانی جائیں گی تو ستائی نہ جائیں گی۔ اِس کے باوجود (کوئی خطا ہوئی تو) اللہ بخشنے والا ہے، اُس کی شفقت ابدی ہے۔ یہ منافقین اگر (اس کے بعد بھی) اپنی حرکتوں سے باز نہ آئے اور وہ بھی جن

ماہنامہ ’’اشراق‘‘، فروری، 2024ء۔

کے دلوں میں بیماری ہے اور جو مدینہ
میں لوگوں کو بھڑکانے کے لیے
جھوٹ اڑانے والے ہیں تو ہم اُن پر
تمھیں اکسادیں گے، پھر وہ تمھارے
ساتھ اِس شہر میں کم ہی رہنے پائیں
گے۔اُن پر پھٹکار ہو گی، جہاں ملیں
گے، پکڑے جائیں گے اور بے دریغ
قتل کر دیے جائیں گے۔"

غامدی صاحب لکھتے ہیں:

"اللہ تعالیٰ نے نبی صلی اللہ علیہ وسلم کی ازواج مطہرات، آپ کی بیٹیوں اور عام مسلمان خواتین کو مزید یہ ہدایت فرمائی کہ اندیشے کی جگہوں پر جاتے وقت وہ اپنی کوئی چادر اپنے اوپر ڈال لیا کریں تاکہ دوسری عورتوں سے الگ پہچانی جائیں اور اُن کے بہانے سے اُن پر تہمت لگانے کے مواقع پیدا کر کے کوئی اُنھیں اذیت نہ دے۔"

(میزان 471)

منافقین کی اِن شرارتوں کا ہدف چونکہ آزاد خاندانی مسلمان خواتین تھیں،اِس لیے چادر اوڑھ کر باہر نکلنے کی یہ تدبیر بھی اُنھی کے لیے مقرر کی گئی۔خاندانی خواتین کی یہ امتیازی علامت پہلے سے معروف تھی،[20] جسے اب سرکاری اعلامیے کے ساتھ اختیار کرنے کا حکم دیا گیا

---

[20] مولانا امین احسن اصلاحی اپنی تفسیر 'تدبر قرآن'' کی جلد 6 کے صفحہ 269 پر لکھتے ہیں:

"... شعراے جاہلیت کے کلام سے یہ بات ثابت ہے کہ شرفاے عرب میں 'جلباب' کا رواج تھا۔ یہاں بہت سے اشعار نقل کرنے کی گنجایش نہیں ہے۔قبیلۂ ہذیل کی ایک شاعرہ کا ایک شعر

تاکہ اوباشوں کے خلاف نظم اجتماعی کی طرف سے کارروائی سے پہلے اُن کا عذر ختم کر دیا جائے۔[21]

خواتین کے لیے چادر اوڑھنے کا جو مقصد آیت بالا میں لفظاً بیان ہوا ہے، وہ یہ ہے:

ذالك ادنی اَنْ يُّعْرَفْنَ فَلَا يُؤْذَيْنَ. ''اِس سے امکان ہے کہ الگ پہچانی جائیں گی تو ستائی نہ جائیں گی۔''

اِس ہدایت کی علت ستر پوشی، پاکیزہ روی یا تحفظِ عصمت وغیرہ بیان نہیں ہوئی، جو اِس کو ایک عمومی اور مستقل حکم بنا دیتی۔ چادر اوڑھنے کو مسلمان عورت کی پہچان کے طور پر بھی متعارف نہیں کرایا گیا۔ چادر کم حیثیت لونڈیوں کے مقابلے میں خاندانی خواتین کا امتیاز قائم کرنے کے لیے مقرر کی گئی تھی تاکہ کوئی اُنھیں ہلکا نہ لے۔

رسول اللہ صلی اللہ علیہ وسلم نے اِسی نوعیت کی بعض مصلحتوں کے پیشِ نظر عورتوں کو تنہا لمبا سفر کرنے اور راستوں میں مردوں کے ہجوم کا حصہ بن کر چلنے سے منع فرمایا۔[22]

آیت جلباب میں 'يُدۡنِينَ عَلَيۡهِنَّ مِن جَلَابِيبِهِنَّ' (اپنی چادروں میں سے کوئی بڑی چادر

ہمارے دعوے کے ثبوت کے لیے کافی ہے۔ وہ اپنے کسی مقتول کے مرثیہ میں کہتی ہے:

تمشي النسور إليه وهي لاهية

مشي العذارى عليهن الجلابيب''

(گدھ اُس کی طرف بے پروائی سے چل کر آتے ہیں، جیسے باحیا دوشیزائیں چادروں میں ملبوس چلتی ہیں۔) (ترجمہ از مصنف)

21 لونڈیوں کا معاملہ اِس لحاظ سے الگ تھا۔ اُن کی طرف سے کوئی شکایت پیش نہیں ہوئی۔ البتہ، قانونی تحفظ اُنھیں بھی حاصل تھا۔

22 بخاری، رقم 1086۔ مسلم، رقم 3260۔ ابوداؤد، رقم 5272۔

اپنے اوپر ڈال لیا کریں) کے الفاظ کا مفہوم چادر اوڑھ لینا یا اپنے اوپر ڈال لینا یا اپنے قریب کر لینا ہے۔ لیکن چادر کو منہ پر ڈال کر گھونگھٹ نکال لینے کا مفہوم اِن الفاظ سے نہیں نکلتا۔ یہ مفہوم اگر مقصود ہوتا تو الفاظ بھی اُس کے مطابق ہونے چاہییں تھے، جیسے 'یُدْنِیْنَ عَلَیْهِنَّ مِن جَلَابِیْبِهِنَّ'۔

یہ چادر کس انداز سے اوڑھی جائے، اِس کا کوئی طریقہ آیت میں بیان نہیں ہوا۔ اِس کی متعدد صورتیں مختلف روایات میں بیان ہوئی ہیں، جن سے معلوم ہوتا ہے کہ مختلف خواتین اپنے ذوق اور عادت کے مطابق اِسے مختلف انداز میں اوڑھتی تھیں۔ اِن میں سے کوئی بھی طریقہ اِس ہدایت پر عمل کے لیے لازمی حیثیت نہیں رکھتا۔ نیز رات کے وقت چہرہ پہلے ہی اندھیرے میں ہوتا ہے، چادر سے اُسے چھپانے کی کوئی وجہ نہیں تھی۔ چنانچہ الفاظ کی دلالت کی رو سے چہرہ ڈھانپنے کا مفہوم یہاں مراد نہیں لیا جا سکتا۔ کوئی قرینہ یا عقلی تقاضا بھی موجود نہیں جو چہرہ ڈھانپنے کو اِس ہدایت کی مراد باور کرا سکے۔

'یُدْنِیْنَ عَلَیْهِنَّ مِنْ جَلَابِیْبِهِنَّ' میں 'مِنْ' تبعیض کے لیے ہے، جس کے دو مطلب بیان کیے جاتے ہیں: ایک یہ کہ اپنی چادروں کا کچھ حصہ اپنے اوپر لے لیں اور دوسرا یہ کہ اپنی چادروں میں سے کوئی چادر اپنے اوپر لے لیں۔ غامدی صاحب نے دوسرا معنی اختیار کیا ہے۔ وہ لکھتے ہیں:

> "اصل میں 'یُدْنِیْنَ عَلَیْهِنَّ مِنْ جَلَابِیْبِهِنَّ' کے الفاظ آئے ہیں۔ اِن میں تبعیض ہمارے نزدیک 'جِلْبَابًا مِّنْ جَلَابِیْبِهِنَّ' کے مفہوم پر دلالت کے لیے ہے، یعنی اپنے گھروں میں موجود چادروں میں سے کوئی بڑی چادر جو بالعموم اوڑھنی کے اوپر لی جاتی تھی۔"
>
> (البیان 162/4)

خلاصہ یہ ہے کہ منافقین خواتین کے درپے آزار تھے، اُن پر تہمت دھرنے کے لیے

موقع تلاش کرتے کہ انھوں نے لونڈی سمجھ کر اُن سے کوئی بات کرنا چاہی تھی۔ اِس تناظر میں خواتین کو اپنی چادریں اوڑھ کر باہر نکلنے کی تدبیر بتائی گئی تھی تاکہ منافقین پہچان لیں کہ یہ خاندانی عورتیں ہیں، اِن سے چھیڑ چھاڑ مہنگی پڑے گی۔ اِس طرح نظم اجتماعی کی طرف سے اُن کے خلاف کارروائی سے پہلے اُن کا عذر ختم کر دیا گیا۔

یہ ایمرجنسی کی صورت حال تھی، جس میں مذکورہ تدبیر اختیار کی گئی۔ ایمرجنسی کی صورتِ حال میں اختیار کردہ تدابیر کو مستقل اور عام حکم کے طور پر اختیار نہیں کیا جاتا، اِس لیے خواتین کے لیے چادر اوڑھ کر باہر نکلنے کی اِس ہدایت کو دین میں کسی مستقل حکم کی بنیاد نہیں بنایا جا سکتا۔ لباس اور حلیے میں اِس طرح کی امتیازی شناختیں جس طرح خطرات اور اندیشوں کے سدِ باب کے لیے اختیار کی جاتی ہیں، اُسی طرح تدبیر کا تقاضا ہو تو اُنھیں ترک بھی کیا جا سکتا ہے۔

کسی بھی مہذب سماج میں باحیا خواتین کی عزت و وقار کے اظہار کے لیے اُن کے لباس میں جو بھی انداز اور علامات مقرر ہوں، اُنھیں اِس طرح کی صورتِ حال میں اختیار کیا جا سکتا ہے۔

ازواجِ مطہرات کے خصوصی احکام

مدینہ کے اشرار اور منافقین کی ریشہ دوانیوں اور ایذا رسانیوں کا خصوصی ہدف نبی صلی اللہ علیہ وسلم اور آپ کا گھرانا تھا۔ اُن کی پوری کوشش تھی کہ ازواجِ مطہرات سے متعلق کوئی اسکینڈل کھڑا کریں تاکہ عام مسلمان آپ سے برگشتہ اور بدگمان ہو جائیں اور یوں نبوی مشن کو زک پہنچائیں۔ حضرت عائشہ رضی اللہ عنہا پر تہمت کا واقعہ اور نبی کریم صلی اللہ علیہ وسلم کے منہ بولے بیٹے حضرت زید بن حارثہ رضی اللہ عنہ کی مطلقہ، حضرت زینب بنت جحش رضی اللہ عنہا سے آپ کے نکاح کے خلاف پراپیگنڈا اِسی مہم کے شاخسانے تھے۔

مولانا امین احسن اصلاحی اِن حالات پر تبصرہ کرتے ہوئے لکھتے ہیں:

''اِس پوری سورہ پر تدبر کرنے سے معلوم ہوتا ہے کہ اِس دور میں منافقین کی ریشہ دوانیاں جس طرح عام مسلمانوں کو اسلام اور نبی صلی اللہ علیہ وسلم سے بدگمان و برگشتہ کرنے کے لیے بہت بڑھ گئی تھیں، اُسی طرح منافقات کے ذریعے سے اُنھوں نے آں حضرت صلی اللہ علیہ وسلم کی گھریلو زندگی کے سکون کو درہم برہم کرنے کے لیے بھی بڑی خطرناک مہم چلا رکھی تھی۔ منافق عورتیں امہات المومنین رضی اللہ عنہن کے گھروں میں جاتیں اور نہایت ہمدردانہ انداز میں اُن سے کہتیں کہ آپ لوگ شریف اور معزز گھرانوں کی بیٹیاں ہیں، لیکن آپ لوگوں کی زندگی ہر راحت و لذت سے محروم بالکل قیدیوں کی طرح گزر رہی ہے۔ اگر آپ دوسرے گھروں میں ہوتیں تو آپ کی زندگی 'بیگمات' کی طرح نہایت عیش و آرام اور ٹھاٹ باٹ کے ساتھ گزرتی۔ ساتھ ہی وہ یہ وسوسہ اندازی بھی کرتیں کہ اگر یہ (محمد صلی اللہ علیہ وسلم) آپ کو طلاق دے دیں تو بڑے بڑے رئیس اور سردار آپ لوگوں سے نکاح کریں گے اور آپ لوگوں کی زندگیاں قابل رشک ہو جائیں گی۔ آگے کی آیات سے یہ بات بھی سامنے آئے گی کہ منافقین کو بھی جب کبھی نبی صلی اللہ علیہ وسلم کے گھروں میں جانے اور آپ کی ازواج مطہرات رضی اللہ عنہن سے بات کرنے کا موقع ملتا تو وہ اِس موقع سے فائدہ اٹھا کر اُن کے اندر کچھ نہ کچھ وسوسہ اندازی کی ضرور کوشش کرتے۔ اِن کوششوں سے اُن کا اصلی مقصد تو آں حضرت صلی اللہ علیہ وسلم کی گھریلو زندگی کے اندر کوئی اُس طرح کا فتنہ کھڑا کرنا تھا، جس طرح کا فتنہ اُنھوں نے حضرت عائشہ صدیقہ رضی اللہ عنہا کے متعلق کھڑا کر دیا تھا جس کی تفصیلات سورۂ نور میں آپ پڑھ چکے ہیں، ورنہ ادنیٰ درجے میں یہ فائدہ تو اُن کو بدیہی طور پر نظر آتا تھا کہ اِس سے ازواج نبی (رضی اللہ عنہن) کے اندر بے اطمینانی پیدا ہوگی اور کیا عجب کہ اِس طرح کوئی ایسی شکل نکل آئے کہ وہ آپ کی ازواج کے ساتھ نکاح کرنے کا جو مذموم ارادہ رکھتے ہیں، وہ پورا ہو جائے۔''

(تدبر قرآن 216/6)

اللہ تعالیٰ نے منافقین کے اِس فتنے کا سدِ باب کرنے کے لیے ازواجِ مطہرات کے خصوصی پروٹوکولز مقرر کیے، لیکن اِنھیں مقرر کرنے سے پہلے اُن سے اُن کی رضامندی معلوم کی گئی۔ یہ اِس لیے کہ اِنھیں اختیار کرنے کی صورت میں ازواج مطہرات کو اپنے کچھ بنیادی حقوق کا ایثار کرنا پڑتا۔اِس حوالے سے غامدی صاحب لکھتے ہیں:

”...پہلے ازواج مطہرات کو یہ اختیار دے دیا کہ وہ چاہیں تو دنیا کے عیش اور اُس کی زینتوں کی طلب میں حضور سے الگ ہو جائیں اور چاہیں تو اللہ و رسول اور قیامت کے فوز و فلاح کی طلب گار بن کر پورے شعور کے ساتھ ایک مرتبہ پھر یہ فیصلہ کر لیں کہ اُنھیں اب ہمیشہ کے لیے حضور صلی اللہ علیہ وسلم کے ساتھ ہی رہنا ہے۔اِس کے بعد فرمایا کہ وہ اگر حضور کے ساتھ رہنے کا فیصلہ کرتی ہیں تو اُنھیں یہ بات اچھی طرح سمجھ لینی چاہیے کہ آپ کی رفاقت سے جو مرتبہ اُنھیں حاصل ہوا ہے، اُس کے لحاظ سے اُن کی ذمہ داری بھی بہت بڑی ہے۔ وہ پھر عام عورتیں نہیں ہیں۔ اُن کی حیثیت مسلمانوں کی ماؤں کی ہے۔اِس لیے وہ اگر صدق دل سے اللہ و رسول کی فرماں برداری اور عمل صالح کریں گی تو جس طرح اُن کی جزا دہری ہے، اُسی طرح اگر اُن سے کوئی جرم صادر ہوا تو اُس کی سزا بھی دوسروں کی نسبت سے دہری ہو گی۔“(میزان 473)

اِس سلسلے میں ارشاد ہوا ہے:

يٰٓاَيُّهَا النَّبِيُّ قُلْ لِّاَزْوَاجِكَ اِنْ كُنْـتُنَّ تُرِدْنَ الْحَيٰوةَ الدُّنْيَا وَ زِيْنَتَهَا فَتَعَالَيْنَ اُمَتِّعْكُنَّ وَ اُسَرِّحْكُنَّ سَرَاحًا جَمِيْلًا وَاِنْ كُنْـتُنَّ تُرِدْنَ اللّٰهَ وَرَسُوْلَهٗ وَ الدَّارَ الْاٰخِرَةَ فَاِنَّ اللّٰهَ اَعَدَّ

”(اِس طرف سے مایوس ہو کر اب یہ منافقین تمھارے گھروں میں فتنے اٹھانا چاہتے ہیں، اِس لیے)، اے نبی، اپنی بیویوں سے کہہ دو کہ اگر تم دنیا کی زندگی اور اُس کی زینت چاہتی ہو تو آؤ،

لِلْمُحْسِنٰتِ مِنْكُنَّ اَجْرًا عَظِيْمًا يٰنِسَآءَ النَّبِيِّ مَنْ يَّاْتِ مِنْكُنَّ بِفَاحِشَةٍ مُّبَيِّنَةٍ يُّضٰعَفْ لَهَا الْعَذَابُ ضِعْفَيْنِ ؕ وَكَانَ ذٰلِكَ عَلَى اللّٰهِ يَسِيْرًا. (الاحزاب 33:28-30)

میں تمھیں دے دلا کر خوش اسلوبی کے ساتھ رخصت کر دوں۔اور اگر تم اللہ اور اُس کے رسول اور آخرت کے گھر کو چاہتی ہو تو اِن سب چیزوں سے بے نیاز ہو کر اُسی کے لیے سرگرم رہو، اِس لیے کہ اللہ نے تم میں سے خوبی کے ساتھ نباہ کرنے والیوں کے لیے اجر عظیم تیار کر رکھا ہے۔ نبی کی بیویو، تم میں سے جو کسی کھلی بے حیائی کا ارتکاب کرے گی، اُس کے لیے دہرا عذاب ہے اور یہ اللہ کے لیے آسان سی بات ہے۔''

ازواجِ مطہرات کے باطن کی پاکیزگی میں کوئی شبہ نہیں تھا۔ اُن پر عائد ہونے والی زائد پابندیوں کا مقصد یہ بتایا گیا کہ اللہ تعالیٰ اُنھیں لوگوں کی نگاہ میں بھی ہر طرح کی اخلاقی نجاست اور داغِ تہمت سے بالکل پاک دیکھنا چاہتا ہے۔ یہ اُن کے مقام و مرتبہ کا تقاضا ہے۔اِس کے لیے اُنھیں جن باتوں کا پابند کیا گیا، وہ غامدی صاحب کے الفاظ میں درج ذیل ہیں:

''اول یہ کہ وہ اگر خدا سے ڈرنے والی ہیں تو ہر آنے والے سے بات کرنے میں نرمی اور تواضع اختیار نہ کیا کریں۔ عام حالات میں تو گفتگو کا پسندیدہ طریقہ یہی ہے کہ آدمی تواضع اختیار کرے، لیکن جو حالات اُنھیں درپیش ہیں، اُن میں اشرار و منافقین مروت اور شرافت کے لہجے سے دلیر ہوتے اور غلط فائدہ اٹھاتے ہیں۔اِس سے اُنھیں یہ توقع پیدا ہو جاتی ہے کہ جو وسوسہ اندازی وہ اُن کے دلوں میں کرنے کی کوشش کر رہے ہیں، اُس میں

انھیں کامیابی حاصل ہو جائے گی۔ اِس لیے ایسے لوگوں سے اگر بات کرنے کی نوبت آئے تو بالکل صاف اور سادہ انداز میں اور اِس طرح بات کرنی چاہیے کہ اگر وہ اپنے دل میں کوئی برا ارادہ لے کر آئے ہیں تو اُنھیں اچھی طرح اندازہ ہو جائے کہ یہاں اُن کے لیے کامیابی کا کوئی امکان نہیں ہے:

يٰنِسَآءَ النَّبِيِّ لَسْتُنَّ كَاَحَدٍ مِّنَ النِّسَآءِ اِنِ اتَّقَيْتُنَّ فَلَا تَخْضَعْنَ بِالْقَوْلِ فَيَطْمَعَ الَّذِيْ فِيْ قَلْبِهٖ مَرَضٌ وَّ قُلْنَ قَوْلًا مَّعْرُوْفًا. (32: 33)	"نبی کی بیویو، تم عام عورتوں کی طرح نہیں ہو۔ اگر تم خدا سے ڈرو تو (ان لوگوں کے ساتھ) نرمی کا لہجہ اختیار نہ کرو کہ جس کے دل میں بیماری ہے، وہ کسی طمع خام میں مبتلا ہو جائے اور معروف کے مطابق بات کرو۔"

دوم یہ کہ اپنے مقام و مرتبہ کی حفاظت کے لیے وہ گھروں میں ٹک کر رہیں۔ اللہ تعالیٰ نے جس ذمہ داری پر اُنھیں فائز کیا ہے، اُن کے سب انداز اور رویے بھی اُس کے مطابق ہونے چاہییں۔ لٰہذا کسی ضرورت سے باہر نکلنا ناگزیر ہو تو اُس میں بھی زمانۂ جاہلیت کی بیگمات کے طریقے پر اپنی زیب و زینت کی نمایش کرتے ہوئے باہر نکلنا جائز نہیں ہے۔ اُن کی حیثیت اور ذمہ داری، دونوں کا تقاضا ہے کہ اپنے گھروں میں رہ کر شب و روز نماز اور زکوٰۃ کا اہتمام رکھیں اور ہر معاملے میں پوری وفاداری کے ساتھ اللہ اور رسول کی اطاعت میں سرگرم ہوں۔ تاہم، کسی مجبوری سے باہر نکلنا ہی پڑے تو اسلامی تہذیب کا بہترین نمونہ بن کر نکلیں اور کسی منافق کے لیے انگلی رکھنے کا کوئی موقع نہ پیدا ہونے دیں:

وَ قَرْنَ فِيْ بُيُوْتِكُنَّ وَلَا تَبَرَّجْنَ تَبَرُّجَ الْجَاهِلِيَّةِ الْاُوْلٰى وَ اَقِمْنَ الصَّلٰوةَ وَ اٰتِيْنَ الزَّكٰوةَ وَ اَطِعْنَ اللّٰهَ وَ رَسُوْلَهٗ ؕ	"تم اپنے گھروں میں ٹک کر رہو اور اگلی جاہلیت کی سی سج دھج نہ دکھاتی پھرو۔ اور نماز کا اہتمام رکھو اور زکوٰۃ دیتی

اِنَّمَا یُرِیْدُ اللّٰهُ لِیُذْهِبَ عَنْكُمُ الرِّجْسَ اَهْلَ الْبَیْتِ وَ یُطَهِّرَكُمْ تَطْهِیْرًا. (33:33)	رہو اور اللہ اور اُس کے رسول کی اطاعت پر قائم رہو۔ اللہ تو یہی چاہتا ہے، اِس گھر کی بیبیو کہ تم سے (وہ) گندگی دور کرے (جو یہ منافق تم پر تھوپنا چاہتے ہیں) اور تمھیں پوری طرح پاک کر دے۔"

سوم یہ کہ اللہ کی آیات اور ایمان و اخلاق کی جو تعلیم اُن کے گھروں میں دی جا رہی ہے، دوسری باتوں کے بجائے وہ اپنے ملنے والوں سے اُس کا چرچا کریں۔ اللہ تعالیٰ نے اُنھیں جس کام کے لیے منتخب فرمایا ہے، وہ یہی ہے۔ اُن کا مقصد زندگی اب دنیا اور اُس کا عیش و عشرت نہیں، بلکہ اِسی علم و حکمت کا فروغ ہونا چاہیے۔

وَ اذْكُرْنَ مَا یُتْلٰى فِیْ بُیُوْتِكُنَّ مِنْ اٰیٰتِ اللّٰهِ وَ الْحِكْمَةِ ؕ اِنَّ اللّٰهَ كَانَ لَطِیْفًا خَبِیْرًا. (33:34)	"اور تمھارے گھروں میں اللہ کی آیتوں اور اُس کی حکمت کی جو تعلیم دی جاتی ہے، اُس کا چرچا کرو۔ بے شک، اللہ بڑا ہی باریک بین اور خبر رکھنے والا ہے۔""" (میزان 473-474)

ان آیات کے سیاق و سباق سے معلوم ہوتا ہے کہ اِس کے بعد بھی اشرار اپنی حرکتوں سے باز نہیں آئے۔ چنانچہ اللہ تعالیٰ نے اِسی سورہ میں آگے بڑی سخت تنبیہ کے ساتھ چند مزید ہدایات کیں۔

غامدی صاحب لکھتے ہیں:

"فرمایا ہے کہ اب کوئی مسلمان بن بلائے نبی صلی اللہ علیہ وسلم کے گھروں میں داخل نہ ہو سکے گا۔ لوگوں کو کھانے کی دعوت بھی دی جائے گی تو وہ وقت کے وقت آئیں گے اور

کھانا کھانے کے فوراً بعد منتشر ہو جائیں گے، باتوں میں لگے ہوئے وہاں بیٹھے نہ رہیں گے۔

آپ کی ازواج مطہرات لوگوں سے پردے میں ہوں گی اور قریبی اعزہ اور میل جول کی عورتوں کے سوا کوئی اُن کے سامنے نہ آئے گا۔ جس کو کوئی چیز لینا ہو گی، وہ بھی پردے کے پیچھے ہی سے لے گا۔

پیغمبر کی بیویاں مسلمانوں کی مائیں ہیں۔ جو منافقین اُن سے نکاح کے ارمان اپنے دلوں میں رکھتے ہیں، اُن پر واضح ہو جانا چاہیے کہ رسول اللہ صلی اللہ علیہ وسلم کے بعد بھی ازواج مطہرات سے کسی کا نکاح نہیں ہو سکتا۔ اُن کی یہ حرمت ہمیشہ کے لیے قائم کر دی گئی ہے۔ لٰہذا ہر صاحب ایمان کے دل میں احترام و عقیدت کا وہی جذبہ اُن کے لیے ہونا چاہیے جو وہ اپنی ماں کے لیے اپنے دل میں رکھتا ہے۔ نبی صلی اللہ علیہ وسلم کے لیے لوگوں کی یہ باتیں باعث اذیت رہی ہیں۔ اب وہ متنبہ ہو جائیں کہ اللہ کے رسول کو اذیت پہنچانا کوئی بچوں کا کھیل نہیں ہے۔ یہ بڑی ہی سنگین بات ہے۔ یہاں تو ہو سکتا ہے کہ کوئی شخص اپنی کسی نازیبا سے نازیبا حرکت کے لیے بھی کوئی عذر تراش لے، لیکن وہ پروردگار جو دلوں کے بھید تک سے واقف ہے، یہ باتیں اُس کے حضور میں کسی کے کام نہ آسکیں گی۔"

(میزان 474-475)

اِس سے متعلق اصل ہدایات یہ ہیں:

يٰاَيُّهَا الَّذِيْنَ اٰمَنُوْا لَا تَدْخُلُوْا بُيُوْتَ النَّبِيِّ اِلَّآ اَنْ يُّؤْذَنَ لَكُمْ اِلٰى طَعَامٍ غَيْرَ نٰظِرِيْنَ اِنٰىهُ ۙ وَ لٰكِنْ اِذَا دُعِيْتُمْ فَادْخُلُوْا فَاِذَا طَعِمْتُمْ فَانْتَشِرُوْا وَ لَا مُسْتَاْنِسِيْنَ لِحَدِيْثٍ ؕ اِنَّ ذٰلِكُمْ كَانَ يُؤْذِي النَّبِيَّ فَيَسْتَحْيٖ مِنْكُمْ ۫ وَ اللّٰهُ

"(یہ منافقین اپنی شرارتوں سے باز نہیں آرہے، اِس لیے) ایمان والو، تم اب نبی کے گھروں میں نہ جایا کرو، اِلّا یہ کہ تم کو کسی کھانے پر آنے کی اجازت دی جائے، جب بھی اِس طرح کہ اُس کی تیاری کے منتظر نہ رہو۔ ہاں

لَا یَسْتَحْیٖ مِنَ الْحَقِّ ؕ وَ اِذَا سَاَلْتُمُوْهُنَّ مَتَاعًا فَسْـَٔلُوْهُنَّ مِنْ وَّرَآءِ حِجَابٍ ؕ ذٰلِكُمْ اَطْهَرُ لِقُلُوْبِكُمْ وَ قُلُوْبِهِنَّ ؕ وَ مَا كَانَ لَكُمْ اَنْ تُؤْذُوْا رَسُوْلَ اللّٰهِ وَ لَاۤ اَنْ تَنْكِحُوْۤا اَزْوَاجَهٗ مِنْۢ بَعْدِهٖۤ اَبَدًا ؕ اِنَّ ذٰلِكُمْ كَانَ عِنْدَ اللّٰهِ عَظِیْمًا اِنْ تُبْدُوْا شَیْـًٔا اَوْ تُخْفُوْهُ فَاِنَّ اللّٰهَ كَانَ بِكُلِّ شَیْءٍ عَلِیْمًا لَا جُنَاحَ عَلَیْهِنَّ فِیْۤ اٰبَآىِٕهِنَّ وَ لَاۤ اَبْنَآىِٕهِنَّ وَ لَاۤ اِخْوَانِهِنَّ وَ لَاۤ اَبْنَآءِ اِخْوَانِهِنَّ وَ لَاۤ اَبْنَآءِ اَخَوٰتِهِنَّ وَ لَا نِسَآىِٕهِنَّ وَ لَا مَا مَلَكَتْ اَیْمَانُهُنَّ ۚ وَ اتَّقِیْنَ اللّٰهَ ؕ اِنَّ اللّٰهَ كَانَ عَلٰى كُلِّ شَیْءٍ شَهِیْدًا. (الاحزاب 33:53-55)

جب تم کو بلایا جائے تو (وقت کے وقت) داخل ہو، پھر جب کھانا کھالو تو منتشر ہو جاؤ اور باتوں میں لگے ہوئے بیٹھے نہ رہو۔ اِس سے پیغمبر کو اذیت ہوتی ہے، مگر وہ تمھارا لحاظ کرتے ہیں اور اللہ حق بات کہنے میں کسی کا لحاظ نہیں کرتا۔ اور تمھیں جب نبی کی بیویوں سے کوئی چیز مانگنی ہو تو پردے کے پیچھے سے مانگو۔ یہ تمھارے دلوں کے لیے بھی زیادہ پاکیزہ طریقہ ہے اور اُن کے دلوں کے لیے بھی۔ تمھارے لیے جائز نہیں کہ تم اللہ کے رسول کو تکلیف پہنچاؤ اور نہ یہ جائز ہے کہ اُس کے بعد تم اُس کی بیویوں سے کبھی نکاح کرو۔ اللہ کے نزدیک یہ بڑی سنگین بات ہے۔ تم کسی چیز کو ظاہر کرو یا اُس کو چھپاؤ، اللہ کے لیے برابر ہے، اِس لیے کہ اللہ ہر چیز سے واقف ہے۔ نبی کی بیویوں پر اپنے باپوں کے سامنے ہونے میں، البتہ کوئی گناہ نہیں ہے اور نہ اپنے بیٹوں کے، نہ اپنے بھائیوں

کے، نہ اپنے بھتیجوں کے، نہ اپنے بھانجوں کے، نہ اپنے میل جول کی عورتوں کے اور نہ اپنے غلاموں کے سامنے ہونے میں کوئی گناہ ہے۔ تم اللہ سے ڈرتی رہو، (بیبیو)۔ بے شک، اللہ ہر چیز پر نگاہ رکھنے والا ہے۔''

ازواجِ مطہرات اور اُن کے ہاں وارد ہونے والے اجنبی مردوں کے درمیان حجاب قائم کرنے کا حکم، گھروں میں ایک آڑ قائم کر لینے کی ہدایت تھی تاکہ ازواج مطہرات اجنبی ملاقاتیوں سے بالکل اوجھل ہو جائیں۔ اِس کی ضرورت اِس لیے بھی تھی کہ اُس وقت کے سادہ تمدن میں گھروں میں الگ مردانہ بیٹھک کا رواج نہ تھا۔ یہ حجاب محض چہرے یا بدن پر نہیں تھا۔ 'مِنْ وَّرَآءِ حِجَابٍ' کے الفاظ اِسی پر دلالت کرتے ہیں۔

علامہ ابن عثیمین اِس کو یوں واضح کرتے ہیں:

وكلمة 'من' [23] تدل على أن هذا الستر لا بد أن ينفصل، وأنه غير ستر الوجه أو البدن بالثياب، بل هو ستر آخر: حجاب، وحجاب أمهات المؤمنين غير حجاب نساء المؤمنين؛ لان حجاب نساء المؤمنين يصح أن يكون متصلاً

''لفظ 'مِنْ' اِس پر دلالت کرتا ہے کہ یہ پردہ (جسم سے) الگ ہونا چاہیے اور یہ کہ اِس سے مراد چہرے یا بدن کو کپڑے سے ڈھانپنا نہیں ہے، بلکہ یہ ایک زائد پردہ، یعنی حجاب ہے۔ امہات المومنین کا حجاب عام مسلمان خواتین کے حجاب سے مختلف ہے، کیونکہ عام

[23] 'مَنْ وَّرَآءِ حِجَابٍ'۔

بالبدن كالخمار والملحفة، وما اشبههما، اما حجاب امهات المؤمنين فإنه حجاب آخر منفصل يحول بين الرجل وبين رؤية امهات المؤمنين؛ ولهذا قال تعالى: ''مِنْ وَّرَآءِ حِجَابٍ'' فتدل على ان هذا الحجاب منفصل عن المستتر به. (تفسیر العثیمین 430/1)

خواتین کا حجاب اُن کے بدن کے ساتھ متصل بھی ہو سکتا ہے، جیسے اوڑھنی اور بڑی چادر وغیرہ، جب کہ امہات المومنین کا حجاب ایک مستقل اور الگ حجاب ہے جو غیر محرم کے اور امہات المومنین کے مابین حائل ہو، جس سے وہ ان کو دیکھ نہ سکے، اِسی لیے اللہ تعالیٰ نے فرمایا ہے: 'مِنْ وَّرَآءِ حِجَابٍ'۔ یہ اِس پر دلالت کرتا ہے کہ یہ حجاب اُس شخص سے منفصل ہے جو اُس کی اوٹ میں ہے۔''[24]

روایات میں ازواجِ مطہرات کے خصوصی پردے کا بیان

عہدِ نبوی اور عہدِ صحابہ وتابعین میں ازواجِ مطہرات کا حجاب اُن کا اختصاص اور امتیاز سمجھا جاتا تھا۔ عام خواتین اُسے اختیار نہیں کرتی تھیں۔ ازواجِ مطہرات کے حجاب کے احکام آجانے کے بعد رسول اللہ صلی اللہ علیہ وسلم نے جن آزاد خواتین سے نکاح کیا یا اُس کی پیش کش کی، اُن کے لیے حجاب اختیار کرنے کو شرط قرار دیا گیا تھا۔ اِس سے واضح ہے کہ ازواجِ مطہرات کا

24 بہ حوالہ ''قرآن مجید میں اختلاط مردوزن کے احکام (6)''، ڈاکٹر عمار خان ناصر، ماہنامہ ''اشراق''، فروری، 2024ء۔

خصوصی حجاب آزاد خاتون کے لباس کا حصہ نہ تھا، جیسا کہ امام ابنِ تیمیہ نے سمجھا ہے کہ ازواج مطہرات کا حجاب آزاد عورتوں کا حجاب تھا، اِس وجہ سے لونڈیوں کو حجاب کرنے نہیں دیا جاتا تھا۔[25] حقیقت یہ ہے کہ نہ صرف لونڈیوں، بلکہ آزاد عورتوں کو بھی ازواج مطہرات کا خصوصی حجاب اختیار کرنے کی اجازت نہیں تھی، جب کہ لونڈیوں کو آزاد عورتوں کی طرح جلباب اوڑھنے سے منع کیا گیا تھا۔

اِس سلسلے کی روایات کو بیانِ واقعہ کی مختلف نوعیتوں کے اعتبار سے تین اقسام میں تقسیم کیا جاسکتا ہے:[26]

- کچھ روایات حجاب کو کسی خاتون کے ساتھ نبی صلی اللہ علیہ وسلم کے نکاح کی ایک لازمی شرط کے طور پر بیان کرتی ہیں۔
- کچھ روایات بیان کرتی ہیں کہ صحابہ وتابعین نے نبی صلی اللہ علیہ وسلم کے حرم میں موجود مختلف خواتین کے ساتھ آپ کے رشتے کی نوعیت متعین کرنے کے لیے حجاب کی پابندی سے استدلال کیا۔
- کچھ روایات میں بیان ہوا ہے کہ صحابہ نے بعض ایسی خواتین کے شرعی احکام طے کرنے کے لیے جن سے نبی صلی اللہ علیہ وسلم نے نکاح کے بعد رخصتی سے قبل علیحدگی اختیار کرلی تھی، اِس نکتے کو بنیاد بنایا کہ اُن پر حجاب کی پابندی لازم نہیں کی گئی تھی۔

پہلی قسم کی روایات حسب ذیل ہیں:

---

25 حجاب المرأۃ ولباسہا فی الصلوٰۃ 37۔

26 یہ تحقیق جناب ڈاکٹر عمار خان ناصر کے مضمون ''قرآن مجید میں اختلاط مرد و زن کے احکام (3)''، ماہنامہ ''اشراق''، نومبر 2024ء سے مستعار ہے۔

بنو قریظہ کے واقعے کے بعد ریحانہ بنت شمعون رضی اللہ عنہا نے اسلام قبول کر لیا تو نبی صلی اللہ علیہ وسلم نے اُنھیں نکاح کی پیش کش کی۔ روایات اِس باب میں مختلف ہیں کہ اُنھوں نے آپ کی پیش کش کا کیا جواب دیا، تاہم روایات اِس پر متفق ہیں کہ اُن کو نکاح کی پیش کش حجاب کے لازم کیے جانے کے ساتھ مشروط تھی۔

ابن اسحٰق کی روایت ہے:

وعرض عليها ان يعتقها ويتزوجها ويضرب عليها الحجاب، فقالت: يا رسول الله، بل تتركني في ملكي فهو أخف علي وعليك. (الاصابہ 146/8)	”آپ نے اُنھیں آزاد کر کے نکاح کرنے کی پیش کش کی اور یہ کہ اِس صورت میں اُن پر حجاب کا حکم لاگو کیا جائے گا، لیکن ریحانہ نے کہا کہ یا رسول اللہ، آپ بس مجھے اپنی ملکیت میں رہنے دیں، (یعنی نکاح نہ کریں)۔ اِس سے آپ کو بھی آسانی رہے گی اور مجھے بھی، (یعنی میں حجاب کی پابندی سے آزاد رہوں گی)۔“

اِس کے برخلاف، محمد بن کعب کی روایت میں یہ بیان ہوا ہے کہ وہ آپ کی پیش کش کو قبول کرتے ہوئے آپ کی زوجیت میں آ گئیں:

فخيرها رسول اللهِ، فاختارت الإسلام، فأعتقها وتزوجها وضرب عليها الحجاب. (الاصابہ 146/8)	”رسول اللہ (صلی اللہ علیہ وسلم) نے اُن کو اختیار دیا اور اُنھوں نے اسلام قبول کرنے کا فیصلہ کر لیا۔ پھر آپ نے اُن کو آزاد کر کے اُن سے نکاح کر لیا اور اُن پر حجاب لازم کر دیا۔“

ایک روایت کے مطابق خود سیدہ ریحانہ اپنے متعلق یہ بیان کرتی تھیں کہ:

وکان یقسم لی کما کان یقسم لنسائه، وضرب علی الحجاب.
(الطبقات الکبریٰ 130/8)

”آپ نے اپنی دوسری بیویوں کی طرح میرے لیے بھی باری کا دن مقرر کیا اور مجھ پر حجاب لازم کیا گیا۔“

اِسی طرح جب غزوۂ خیبر سے واپسی پر راستے میں نبی صلی اللہ علیہ وسلم نے صفیہ بنت حیی رضی اللہ عنہا کو اپنے لیے چن لیا تو مسلمانوں میں چہ میگوئیاں ہونے لگیں کہ آپ اُنھیں کس حیثیت سے اپنے پاس رکھیں گے؟ انس رضی اللہ عنہ بیان کرتے ہیں:

فقال المسلمون: إحدی امهات المومنین أو ما ملکت یمینه؟ قالوا: فإن حجبها فهی إحدی أمهات المومنین وإن لم یحجبها فهی مما ملکت یمینه، فلما ارتحل وطالها خلفه ومد الحجاب.
(بخاری، رقم 4213)

”مسلمانوں نے کہا کہ یہ امہات المومنین میں سے ایک ہیں یا آپ کی باندی؟ لوگوں نے کہا کہ اگر آپ نے اُن پر حجاب عائد کیا تو وہ امہات المومنین میں سے ہوں گی، اور اگر اُن پر حجاب عائد نہ کیا تو وہ آپ کی باندی ہوں گی۔ جب آپ کوچ کرنے لگے تو آپ نے سیدہ صفیہ کے بیٹھنے کے لیے اپنی سواری کے پیچھے جگہ بنائی اور حجاب لٹکا دیا۔“

نبی صلی اللہ علیہ وسلم کے نکاح کا ایک اور واقعہ بنو کندہ کی خاتون اسماء بنت نعمان کے حوالے سے روایات میں بیان ہوا ہے۔ ابو اسید ساعدی رضی اللہ عنہ رسول اللہ صلی اللہ علیہ وسلم کے نمایندے کے طور پر اسماء بنت نعمان کو، جن سے نبی صلی اللہ علیہ وسلم کا نکاح ہوا تھا،

اُن کے گھر سے لینے کے لیے گئے تو اسماء نے اُنھیں اپنے پاس طلب کیا، لیکن ابو اسید نے اُن سے کہا:

ان نساء رسول الله صلى الله عليه وسلم لا يراهن أحد من الرجال، قال أبو أسيد: وذالك بعد ان نزل الحجاب.	''رسول اللہ صلی اللہ علیہ وسلم کی بیویوں کو کوئی دوسرا مرد نہیں دیکھ سکتا۔ ابو اسید کہتے ہیں کہ یہ واقعہ حجاب کا حکم نازل ہونے کے بعد کا تھا۔''

(الطبقات الکبریٰ 114/8)

دوسری نوعیت کی روایات، جن سے صحابہ و تابعین نے نبی صلی اللہ علیہ وسلم کے حرم میں موجود مختلف خواتین کے ساتھ آپ کے رشتے کی نوعیت متعین کرنے کے لیے حجاب کی پابندی سے استدلال کیا، درج ذیل ہیں:

نبی صلی اللہ علیہ وسلم کی وفات کے بعد بعض ازواج کے متعلق صحابہ میں اِس حوالے سے سوال پیدا ہوا کہ نبی صلی اللہ علیہ وسلم نے اُن کو کس حیثیت میں اپنے پاس رکھا تھا؟ تو اُن کی ازدواجی حیثیت کی تعیین کے لیے بھی اکابر صحابہ نے اُن کے لیے باری کا دن مقرر کیے جانے کے علاوہ حجاب لازم کیے جانے کا حوالہ دیا۔

سیدنا عمر اور سیدنا ابوہریرہ رضی اللہ عنہما نے سیدہ صفیہ کی حیثیت کو واضح کرتے ہوئے فرمایا:

ان رسول الله صلى الله عليه وسلم ضرب عليها الحجاب فكان يقسم لها كما يقسم لنسائه.	''رسول اللہ صلی اللہ علیہ وسلم نے اُن پر حجاب لازم کیا اور اُن کے لیے اُسی طرح باری مقرر کی تھی، جس طرح باقی بیویوں کے لیے کی تھی۔''

(الطبقات الکبریٰ 101/8)

اِسی طرح سیدہ جویریہ کی حیثیت کو واضح کرتے ہوئے سیدنا عمر نے فرمایا:

ان رسول اللّٰه صلى الله عليه وسلم ضرب على جويرية الحجاب، وكان يقسم لها كما يقسم لنسائه. (المستدرک، رقم 6881)	"رسول اللہ صلی اللہ علیہ وسلم نے سیدہ جویریہ پر حجاب لازم کیا اور اُن کے لیے دن گزارنے کی اُسی طرح باری بھی مقرر کی تھی، جس طرح باقی ازواج کے لیے کی تھی۔"

تابعین کے آثار میں بھی حجاب کا ذکر اِسی پہلو سے ملتا ہے۔ چنانچہ عہدِ تابعین میں اربابِ سیرت میں سیدہ جویریہ رضی اللہ عنہا کے متعلق اختلاف ہوا کہ وہ کس حیثیت سے رسول اللہ صلی اللہ علیہ وسلم کے پاس رہیں۔ اِس تناظر میں امام زہری نے کہا:

كانت جويرية من أزواج رسول اللّٰه صلى اللّٰه عليه وسلم وكان قد ضرب عليها الحجاب وكان يقسم لها كما يقسم لنسائه. (الطبقات الکبریٰ 94/8)	"سیدہ جویریہ رسول اللہ صلی اللہ علیہ وسلم کی زوجہ تھیں۔ آپ نے اُن پر حجاب لازم کیا تھا اور دوسری ازواج کی طرح اُن کے لیے بھی باری کا دن مقرر فرمایا تھا۔"

عبدالرزاق کی روایت میں ہے کہ امام زہری نے کہا:

ضرب على صفية وجويرية الحجاب وقسم لهما النبي صلى اللّٰه عليه وسلم كما قسم لنسائه. (مصنف عبدالرزاق، رقم 14149)	"سیدہ صفیہ اور سیدہ جویریہ پر حجاب لازم کیا گیا اور اُن دونوں کے لیے نبی صلی اللہ علیہ وسلم نے باقی ازواج کی طرح باری مقرر کی۔"

مقریزی نے سیدہ جویریہ کی ازدواجی حیثیت سے متعلق روایات کی تنقیح کا نتیجہ یوں بیان کیا ہے:

واثبت الاقوال: ان النبي صلى اللّٰه	"سب سے مستند بات یہ ہے کہ نبی

علیہ وسلم قضی عنہا کتابتہا واعتقہا وتزوجہا، وضرب علیہا الحجاب، وقسم لہا کما یقسم لنسائہ. (امتاع الاسماع 85/6)	صلی اللہ علیہ وسلم نے اُن (جویریہ رضی اللہ عنہا) کی طرف سے مکاتبت کی رقم ادا کی اور اُنھیں آزاد کر دیا، اُن پر حجاب لازم کیا اور اُن کے لیے اپنی باقی ازواج کی طرح باری مقرر کی۔''

اِسی طرح ابو سعید بن وہب اپنے والد سے نقل کرتے ہیں کہ اُنھوں نے سیدہ ریحانہ کی حیثیت واضح کرتے ہوئے کہا:

وکانت من نسائہ یقسم لہا کما یقسم لنسائہ، وضرب رسول اللہ علیہا الحجاب. (الطبقات الکبریٰ 94/8)	''وہ آپ کی ازواج میں سے تھیں۔ آپ دوسری ازواج کی طرح اُنھیں بھی باری کا دن دیا کرتے تھے اور رسول اللہ نے اُن پر حجاب بھی لازم کیا تھا۔''

تیسری نوعیت کی روایات وہ ہیں۔ جن سے واضح ہوتا ہے کہ صحابہ نے بعض ایسی خواتین کے شرعی احکام طے کرنے کے لیے جن سے نبی صلی اللہ علیہ وسلم نے نکاح کے بعد رخصتی سے قبل علیحدگی اختیار کر لی تھی، اِس نکتے کو بنیاد بنایا کہ اُن پر حجاب کی پابندی لازم نہیں کی گئی تھی۔

امام ماوردی رحمہ اللہ کے استقصا کے مطابق یہ حسب ذیل آٹھ خواتین تھیں:

1۔ اسماء بنت النعمان

2۔ لیلیٰ بنت الحطیم

3۔ عمرہ بنت یزید

4۔ عالیہ بنت ظبیان

5۔ فاطمہ بنت ضحاک

6۔ قتیلہ بنت قیس

7۔ ملیکہ بنت کعب

8۔ بنو عفان کی ایک خاتون[27]

ماوردی کے بیان کے مطابق اِن میں سے تین، یعنی عمرہ بنت یزید، عالیہ بنت ظبیان اور فاطمہ بنت ضحاک کی رخصتی ہوئی اور بعد میں آپ نے اُن کو طلاق دے دی، جب کہ باقی پانچ سے آپ نے مختلف اسباب سے رخصتی سے قبل ہی علیحدگی اختیار فرمالی۔[28]

---

[27] سورۂ احزاب (33) کی آیت 50 میں رسول اللہ صلی اللہ علیہ وسلم کے لیے نکاح و طلاق کا خصوصی قانون نازل ہوا تھا۔ اُس کی رو سے آپ فقط تین صورتوں میں مزید نکاح کر سکتے تھے:

"۱۔ اُن خاندانی عورتوں کی عزت افزائی کے لیے جو آپ کے کسی جنگی اقدام کے نتیجے میں قیدی بن کر آپ کے قبضے میں آجائیں۔

۲۔ اپنی اُن چچازاد، ماموں زاد، پھوپھی زاد اور خالہ زاد بہنوں کی تالیف قلب کے لیے جنھوں نے آپ کے ساتھ ہجرت کی اور اِس طرح اپنا گھر بار اور اپنے اعزہ واقربا، سب کو چھوڑ کر آپ کا ساتھ دیا ہے۔

۳۔ اُن خواتین کی دل داری کے لیے جو محض حصول نسبت کی غرض سے آپ کے ساتھ نکاح کی خواہش مند ہوں اور آگے بڑھ کر اپنے آپ کو ہبہ کر دیں۔" (البیان 152/4)

مذکورہ آٹھ خواتین سے آپ صلی اللہ علیہ وسلم کے نکاح غالباً آخری صورت سے متعلق تھے۔

[28] الحاوی الکبیر 28/9۔

عہدِ صحابہ میں جب اِن میں سے بعض خواتین نے نکاح کرنا چاہا تو بعض صحابہ نے اِس بنیاد پر اِس پر اعتراض کیا کہ وہ نبی صلی اللہ علیہ وسلم کی منکوحہ ہونے کی وجہ سے آپ کے بعد کوئی نکاح نہیں کر سکتیں، تاہم یہ معلوم ہونے پر کہ نبی صلی اللہ علیہ وسلم نے اُن پر حجاب کی پابندی لازم نہیں کی تھی، جو امہات المومنین کے لیے ایک خصوصی حکم تھا، اُن کے نکاح کے فیصلے کو جائز تسلیم کر لیا گیا۔

عبد اللہ بن عباس رضی اللہ عنہما کہتے ہیں کہ نبی صلی اللہ علیہ وسلم کا نکاح اسماء بنت نعمان رضی اللہ عنہا سے ہوا، لیکن رخصتی سے قبل علیحد گی ہو گئی۔ آپ کی وفات کے بعد اسماء نے مہاجر بن ابی امیہ سے نکاح کر لیا تو سیدنا عمر نے اِس پر اُنھیں سزا دینا چاہی، (کیونکہ امہات المومنین کے لیے کسی اور سے نکاح کرنا ممنوع تھا)۔ اِس پر اسماء بنت نعمان نے یہ دلیل پیش کی:

و اللہ ما ضرب علی الحجاب ولا سمیت بأم المومنین.
(المستدرک، رقم 6917)

”بخدا، نہ تو مجھ پر حجاب کا حکم نافذ کیا گیا اور نہ مجھے ام المومنین قرار دیا گیا۔“

اسماء نے کہا کہ:

اتق اللہ یا عمر، إن کنت من امھات المؤمنین فأضرب علی الحجاب وأعطنی ما أعطیتھن.
(المعجم الکبیر، رقم 17714)

”اے عمر، اللہ سے ڈرو۔ اگر میں امہات المومنین میں سے ہوں تو مجھ پر حجاب بھی لازم کرو اور (بیت المال سے) جو وظیفہ اُن کو دیتے ہو، مجھے بھی دو۔“

مراد یہ تھی کہ چونکہ رخصتی سے قبل ہی علیحد گی ہو گئی تھی، اِس لیے اُن پر امہات المومنین

کے مخصوص شرعی احکام لاگو نہیں ہوتے۔ چنانچہ سیدنا عمر نے اُنھیں سزا دینے کا فیصلہ واپس لے لیا۔

اِسی طرح قتیلہ بنت قیس رضی اللہ عنہا کا نکاح نبی صلی اللہ علیہ وسلم کے ساتھ بالکل آخری دنوں میں ہوا، لیکن رخصتی سے قبل آپ کا انتقال ہو گیا۔ بعد میں عکرمہ رضی اللہ عنہ نے اُن سے نکاح کر لیا تو ابو بکر رضی اللہ عنہ نے کہا کہ میرا یہ جی چاہتا ہے کہ اُن دونوں کو اُن کے گھر سمیت جلا دوں، لیکن عمر رضی اللہ عنہ نے کہا:

ماهی من امهات المومنین ولا دخل بها النبی صلی الله علیه وسلم ولا ضرب علیها الحجاب.
(المستدرک، رقم 6918)

''وہ امہات المومنین میں سے نہیں ہیں، نہ اُن سے نبی صلی اللہ علیہ وسلم نے ہم بستری کی اور نہ اُن پر حجاب عائد کیا۔''

شعبی کی روایت میں ہے کہ سیدنا عمر نے کہا:

یا خلیفة رسول الله، انها لیست من نسائه انها لم یخیرها رسول الله صلی الله علیه وسلم ولم یحجبها وقد براها منه بالردة التی ارتدت مع قومها فاطمأن ابوبکر وسکن.
(تفسیر الطبری 14/22)

''اے خلیفۂ رسول، یہ نبی صلی اللہ علیہ وسلم کی بیویوں میں شمار نہیں ہوتیں۔ آپ نے نہ تو اُن کو علیحدگی کا اختیار دیا (آیت تخییر کی رو سے) اور نہ اُن پر حجاب کو لازم کیا۔ پھر اپنی قوم کے ساتھ مرتد ہو جانے کی وجہ سے بھی اللہ نے اُس کا تعلق نبی صلی اللہ علیہ وسلم سے بالکل ختم کر دیا ہے (اس لیے اُس پر امہات المومنین کے احکام لاگو

نہیں ہوتے)۔ اِس پر ابو بکر مطمئن ہو گئے اور اُن کا غصہ فرو ہو گیا۔"

سنن ابو داؤد کے شارح شہاب الدین ابن رسلان المقدسی (وفات: 844ھ) اِن واقعات کی روشنی میں فقہی حکم کی وضاحت یوں کرتے ہیں:

واعلم أن التي لم يدخل بها النبي صلى الله عليه وسلم، ولم يضرب عليها الحجاب، لا يكون لها حكم زوجات النبي صلى الله عليه وسلم في تحريم النكاح على الغير، كما روى أنه تزوج بهذه المهاجر بن أبي أمية، فأراد عمر معاقبتها، فقالت: ما ضرب على الحجاب، ولا سميت أم المؤمنين، فكف عنها.

(شرح سنن ابو داؤد 71/8)

"جان لو کہ جن خواتین سے نبی صلی اللہ علیہ وسلم نے ہم بستری نہیں کی اور نہ اُن پر حجاب لازم کیا، اُن کا حکم نبی صلی اللہ علیہ وسلم کی بیوی کا نہیں ہے، جس پر کسی دوسرے مرد سے نکاح حرام ہو۔ چنانچہ روایت ہے کہ اُس خاتون کے ساتھ مہاجر بن ابی امیہ نے نکاح کیا اور سیدنا عمر نے اُس کو سزا دینا چاہی تو خاتون نے کہا کہ نہ مجھ پر حجاب لازم کیا گیا اور نہ مجھے ام المومنین قرار دیا گیا۔ اِس پر سیدنا عمر اُس کو سزا دینے سے رک گئے۔"

مذکورہ تمام شواہد بہت وضاحت کے ساتھ یہ بتا دیتے ہیں کہ عہدِ نبوی اور عہدِ صحابہ و تابعین میں حجاب کی امتیازی و خصوصی حیثیت اہلِ علم پر بالکل واضح تھی اور امہات المومنین کے علاوہ عام مسلمان خواتین کے ساتھ اِس پابندی کے غیر متعلق ہونے کے حوالے سے کوئی ابہام نہیں پایا جاتا تھا۔

ازواجِ مطہرات پر فرضیتِ حجاب سے پہلے کے واقعات کی نشان دہی

حدیث وسیرت کے ذخیرے سے یہ بات بھی سامنے آتی ہے کہ ایسے واقعات بیان کرتے ہوئے جن میں ازواجِ مطہرات کے کسی غیر محرم کے ساتھ گفتگو کرنے یا کسی مخلوط ماحول میں موجود ہونے کا ذکر ہو، صحابۂ کرام رضی اللہ عنہم عموماً یہ واضح کرنے کا اہتمام کرتے تھے کہ یہ واقعہ اُن پر حجاب کی پابندی عائد کیے جانے سے پہلے کا ہے، تاہم عام خواتین کے حوالے سے اِس بات کی وضاحت کی مثالیں نہیں ملتیں۔

اِس نوعیت کی چند مثالیں حسبِ ذیل ہیں:

1۔ ہجرتِ مدینہ کے بعد بہت سے مہاجرین مدینہ کی آب وہوا کی وجہ سے شدید بخار میں مبتلا ہو گئے تھے۔ سیدہ عائشہ بیان کرتی ہیں کہ سیدنا ابو بکر اور اُن کے غلام عامر بن فہیرہ اور حضرت بلال ایک ہی مکان میں ٹھیرے ہوئے تھے۔ کہتی ہیں:

فأصابتهم الحمى، فدخلت عليهم أعودهم. وذالك قبل أن يضرب علينا الحجاب.

(السیرۃ النبویۃ 169/2)

"وہ سب بخار میں مبتلا ہو گئے تو میں اُن کی عیادت کے لیے اُن کے پاس گئی۔ یہ ہم پر حجاب لازم کیے جانے سے پہلے کی بات ہے۔"

2۔ عبد الرحمٰن بن اسعد بن زرارہ جنگ بدر کے قیدیوں کے مدینہ لائے جانے کا ذکر کرتے ہوئے بتاتے ہیں:

قدم بالاسارى حين قدم بهم وسودة بنت زمعة عند آل عفراء في مناحتهم على عوف ومعوذ ابني

"قیدیوں کو مدینہ لایا گیا تو سیدہ سودہ بنت زمعہ اُس وقت آلِ عفراء کے ہاں تھیں جو عوف اور معوذ پر نوحہ کر رہے

عفراء، قال: وذالك قبل أن يضرب عليهن الحجاب. (ابوداؤد، رقم 2680)

تھے۔ عبدالرحمٰن کہتے ہیں کہ یہ حجاب کے لازم کیے جانے سے پہلے کا واقعہ ہے۔“

3۔ غزوۂ احد کے واقعات بیان کرتے ہوئے واقدی نے نقل کیا ہے:

وكانت عائشة زوج النبي صلى الله عليه وسلم خرجت في نسوة تستروح الخبر ولم يضرب الحجاب يومئذ. (المغازي 562/1)

”نبی صلی اللہ علیہ وسلم کی زوجہ سیدہ عائشہ کچھ خواتین کے ساتھ اطلاعات حاصل کرنے کے لیے نکلیں اور اُس وقت تک حجاب لازم نہیں کیا گیا تھا۔“

4۔ غزوۂ خندق کے حالات بیان کرتے ہوئے سیدہ عائشہ اپنے بارے میں فرماتی ہیں:

انها كانت في حصن بني حارثة يوم الخندق فكانت أم سعد بن معاذ معها في الحصن وذالك قبل أن يضرب عليهن الحجاب. (السنن الکبریٰ، رقم 13529)

”وہ اُس موقع پر بنو حارثہ کے قلعے میں تھیں اور سعد بن معاذ کی والدہ بھی اُن کے ساتھ قلعے میں تھیں اور یہ اُن پر حجاب کے لازم کیے جانے سے پہلے کی بات ہے۔“

5۔ بنو قریظہ کے محاصرے کے دوران میں ابولبابہ بن عبد المنذر نے بے احتیاطی سے بنو قریظہ کے متعلق نبی صلی اللہ علیہ وسلم کے ارادے کی اطلاع اُن کو دے دی تھی۔ اِس پر اُنھوں نے خود کو مسجدِ نبوی میں ایک ستون کے ساتھ باندھ لیا اور کہا کہ جب تک اللہ تعالیٰ میری توبہ قبول نہیں کرتے، میں یہیں بندھا رہوں گا۔ پھر جب اُن کی توبہ قبول کیے جانے کی

وحی نبی صلی اللہ علیہ وسلم پر نازل ہوئی تو سیدہ ام سلمہ نے آپ سے اجازت چاہی کہ جا کر خود ابولبابہ کو خوش خبری دیں۔ وہ بیان کرتی ہیں:

فقمت على باب حجرتي فقلت، وذالك قبل أن يضرب علينا الحجاب: يا أبا لبابة، أبشر فقد تاب الله عليك. (السنن الکبریٰ 149/7)	"میں اپنے حجرے کے دروازے پر کھڑی ہوئی اور میں نے پکارا کہ اے ابولبابہ، اللہ تعالیٰ نے تمھاری توبہ قبول کر لی ہے۔ اور یہ ہم پر حجاب لازم کیے جانے سے پہلے کا واقعہ ہے۔"

6۔ واقعۂ افک سے متعلق روایت میں سیدہ عائشہ رضی اللہ عنہا صفوان بن معطل السلمی کے متعلق بیان کرتی ہیں:

فأتاني فعرفني حين رآني. وقد كان يراني قبل أن يضرب الحجاب علي. فاستيقظت باسترجاعه حين عرفني. فخمرت وجهي بجلبابي. (مسلم، رقم 7196)	"وہ آئے اور مجھے دیکھ کر پہچان لیا اور وہ مجھ پر حجاب لازم کیے جانے سے پہلے مجھے دیکھ لیا کرتا تھا۔ جب اُنھوں نے مجھے پہچان لیا تو اُن کے 'إنا لله وإنا إليه راجعون' پڑھنے پر میں جاگ گئی اور میں نے اپنے چہرے کو اپنی چادر سے ڈھانپ لیا۔"

7۔ عیینہ بن حصن کے نبی صلی اللہ علیہ وسلم کے پاس حاضر ہونے کا واقعہ عروہ بن زبیر یوں نقل کرتے ہیں:

دخل عيينة بن حصن على رسول الله صلى الله عليه وسلم وعنده	"عیینہ بن حصن رسول اللہ صلی اللہ علیہ وسلم کے پاس آئے۔ اُس وقت

عائشة وذالك قبل ان يضرب الحجاب.

(انساب الاشراف 414/1)

وہاں سیدہ عائشہ بھی موجود تھیں اور یہ حجاب کے لازم کیے جانے سے پہلے کا واقعہ ہے۔"

8۔ عبد اللہ بن حسن روایت کرتے ہیں کہ ضحاک بن سفیان کلابی نبی صلی اللہ علیہ وسلم کے پاس بیعت اسلام کے لیے آئے:

ثم قال له: إنّي عندي امرأتان أحسن من هذه الحميراء أفلا أنزل لك عن إحداهما وعائشة جالسة تسمع، قبل ان يضرب الحجاب، فقالت: اهي أحسن، أم أنت؟

(الفکاہۃ والمزاح 70)

"پھر ضحاک نے نبی صلی اللہ علیہ وسلم سے کہا کہ میرے نکاح میں دو بیویاں ہیں جو اِس گوری سے (سیدہ عائشہ کی طرف اشارہ کیا) زیادہ خوب صورت ہیں۔ میں اُن میں سے ایک کو چھوڑ دیتا ہوں، آپ اُس سے نکاح کر لیں۔ سیدہ عائشہ بھی پاس بیٹھی ہوئی تھیں اور بات چیت سن رہی تھیں۔ یہ حجاب لازم ہونے سے پہلے کی بات ہے۔ سیدہ نے کہا: یہ بتاؤ کہ وہ زیادہ خوب صورت ہے یا تم؟"

ضحاک خود بہت بد صورت تھے اور سیدہ نے اِسی پر طنز کیا تھا۔ سیدہ کا یہ سوال سن کر نبی صلی اللہ علیہ وسلم ہنس پڑے۔

9۔ ابن شہاب زہری بیان کرتے ہیں:

قدم أصيل الغفاري على رسول

"اصیل غفاری مکہ سے رسول اللہ

الله صلى الله عليه وسلم من مكة قبل ان يضرب الحجاب على ازواج رسول الله صلى الله عليه وسلم، فقالت له عائشة: كيف تركت مكة؟ (الاصابہ 244/1)	صلی اللہ علیہ وسلم کے پاس پہنچے۔ اُس وقت تک رسول اللہ صلی اللہ علیہ وسلم کی ازواج پر حجاب لازم نہیں کیا گیا تھا۔ سیدہ عائشہ نے اُن سے پوچھا کہ آپ مکہ کو کس حالت میں چھوڑ کر آئے ہیں؟"

10۔ قیس بن طغفہ غفاری اپنے والد سے ایک واقعہ نقل کرتے ہیں، جس میں نبی صلی اللہ علیہ وسلم اُن کو اپنے گھر لے گئے۔ کہتے ہیں:

فدخلنا على عائشة، وذالك قبل أن يضرب الحجاب، قال: "أطعمينا يا عائشة". (السنن الکبریٰ، رقم 6585)	"ہم سیدہ عائشہ کے حجرے میں داخل ہوئے اور یہ حجاب کے لازم ہونے سے پہلے کی بات ہے۔ نبی صلی اللہ علیہ وسلم نے فرمایا کہ اے عائشہ، ہمیں کچھ کھلاؤ۔"

مذکورہ تمام مثالوں میں راوی کی طرف سے اِس وضاحت کا اہتمام کہ یہ واقعہ حجاب کے حکم سے پہلے کا ہے، اِسی پہلو سے تھا کہ سننے والے چونکہ امہات المومنین کے لیے حجاب کی پابندی سے واقف تھے، اِس لیے اجنبی مردوں کے ساتھ اُن کے محوِ کلام ہونے یا گھر سے باہر کسی دوسرے مقام پر موجود ہونے سے ممکنہ طور پر جو غلط فہمی یا ذہن میں جو سوال پیدا ہو سکتا ہے، اُس کا جواب دے دیا جائے۔ ہمارے استقرا کی حد تک اِس اہتمام کی کوئی مثال ذخیرۂ حدیث میں کسی عام خاتون کے حوالے سے نہیں ملتی اور اِس فرق سے بھی یہ واضح ہوتا ہے کہ حجاب کا امہات المومنین کے لیے ایک امتیازی اور خصوصی حکم ہونا عہدِ صحابہ میں ایک

معلوم و معروف بات تھی۔[29]

ازواجِ مطہرات کے پردے کے بارے میں جمہور اہل علم کا موقف

سطور بالا میں یہ بات پوری طرح واضح ہو گئی ہے کہ غامدی صاحب کے نزدیک ازواجِ مطہرات کے لیے پردے کا حکم ایک خصوصی حکم تھا۔ تاریخی روایات سے بھی اِسی کی تائید ہوتی ہے۔ جمہور اہلِ علم بھی اِسی موقف کے قائل رہے ہیں۔

اِس ضمن کی چند منتخب تصریحات یہاں نقل کی جا رہی ہیں۔[30]

تیسری صدی کے ممتاز ادیب اور عالم ابو عثمان الجاحظ (وفات: 255ھ) نبی صلی اللہ علیہ وسلم کی ازواج کے اِس خاص معاملے کی وضاحت یوں کرتے ہیں:

فلم یزل الرجال یتحدثون مع النساء فی الجاهلیة والإسلام، حتّٰی ضرب الحجاب علی أزواج النبیؐ صلی اللہ علیہ وسلم خاصّة. (رسائل الجاحظ 149/2)	''مرد زمانۂ جاہلیت اور اسلام، دونوں میں خواتین کے ساتھ بات چیت کرتے رہے ہیں، یہاں تک کہ خاص طور پر صرف نبی صلی اللہ علیہ وسلم کی ازواج پر حجاب کو لازم کر دیا گیا۔''

مالکی فقیہ قاضی بکر بن العلاء (وفات: 344ھ) فرماتے ہیں:

---

[29] ''قرآن مجید میں اختلاط مرد و زن کے احکام (3)''، ڈاکٹر عمار خان ناصر، ماہنامہ ''اشراق''، نومبر، 2023ء۔

[30] یہ اقتباسات ڈاکٹر عمار خان ناصر کے مضمون ''قرآن مجید میں اختلاط مرد و زن کے احکام (4)''، ماہنامہ ''اشراق''، دسمبر 2023ء سے ماخوذ ہیں۔

ولما أنزل الله فی أمهات المؤمنین: ”وَاِذَا سَاَلْتُمُوْهُنَّ مَتَاعًا فَسْـَٔلُوْهُنَّ مِنْ وَّرَآءِ حِجَابٍ“، فكن لا یجوز للناس كلامُهن إلا من وراء حجاب، خصصن بذالك دون سائرَ الناس من النساء، ولا یجوز أن یرَوْنَهن منتقبات ولا مُنتشِرات.

(احکام القرآن 318/2)

”جب اللہ تعالیٰ نے امہات المومنین کے متعلق یہ آیت نازل فرما دی کہ 'وَاِذَا سَاَلْتُمُوْهُنَّ مَتَاعًا فَسْـَٔلُوْهُنَّ مِنْ وَّرَآءِ حِجَابٍ' تو لوگوں کے لیے اُن کے ساتھ کلام کرنا جائز نہ رہا، الاّ یہ کہ وہ پردے کے پیچھے رہ کر بات کریں۔ یہ پابندی باقی تمام خواتین کو چھوڑ کر خاص طور پر صرف ازواجِ مطہرات پر لازم کی گئی اور لوگوں کے لیے جائز نہ رہا کہ وہ اُنھیں دیکھیں، چاہے اُنھوں نے چہرے پر نقاب کی ہو یا اُن کے چہرے کھلے ہوں۔“

مفسر ابن جزی (وفات: 741ھ) اِس نقطۂ نظر کے استدلال کو واضح کرتے ہوئے لکھتے ہیں:

وهذه الآیة نزلت فی احتجاب أزواج النبی صلی الله علیه وسلم ... قال بعضهم لما نزلت فی أمهات المؤمنین ”وَاِذَا سَاَلْتُمُوْهُنَّ مَتَاعًا فَسْـَٔلُوْهُنَّ مِنْ وَّرَآءِ حِجَابٍ“ كن لا یجوز للناس كلامهن إلا من وراء حجاب، ولا یجوز أن یراهن

”یہ آیت نبی صلی اللہ علیہ وسلم کی ازواج کے حجاب کے سلسلے میں نازل ہوئی... بعض اہل علم نے کہا کہ جب امہات المومنین کے متعلق یہ ہدایت نازل ہو گئی کہ ”تمھیں جب اُن سے کوئی چیز مانگنی ہو تو حجاب کے پیچھے سے مانگا کرو“ تو اِس کے بعد لوگوں کے

متنقبات ولا غیر متنقبات، فخصصن بذلك دون سائر النساء.
(تفسیر ابن جزی 157/2)

لیے اُن کے ساتھ حجاب کے بغیر کلام کرنا جائز نہ رہا۔ اِسی طرح اُن کو نقاب کی حالت میں یا بغیر نقاب کے دیکھنا بھی جائز نہ رہا اور باقی تمام خواتین کو چھوڑ کر خاص طور پر ازواجِ مطہرات کے لیے یہ پابندی لازم کر دی گئی۔"

شاہ عبد القادر دہلوی (وفات: 1230ھ) فرماتے ہیں:

"اِس آیت میں حکم ہوا پردے کا کہ مرد، حضرت کے ازواج کے سامنے نہ جاویں۔ سب مسلمانوں کی عورتوں پر یہ حکم واجب نہیں۔ اگر عورت سامنے ہو کسی مرد کے، سب بدن کپڑوں میں ڈھکا ہو تو گناہ نہیں اور اگر نہ سامنے ہو تو بہتر ہے۔"

(موضح القرآن 552)

نواب صدیق حسن خان (وفات: 1307ھ) اِس آیت کی تفسیر میں لکھتے ہیں:

فی (وَاتَّقِيْنَ اللّٰهَ) کل الامور التی من جملتها الحجاب، قال ابن عباس: نزلت هذه فی نساء النبی خاصة یعنی وجوب الاحتجاب علیهن لا علی سائر نساء الامة، فإن الحجاب فی حقهن مستحب لا واجب ولا فرض. (حسن الاسوة 205/1)

"(اللہ تعالٰی نے فرمایا کہ اے نبی کی بیویو)، تمام معاملات میں اللہ سے ڈرو، جن میں سے ایک معاملہ حجاب کا بھی ہے۔ ابنِ عباس نے کہا کہ یہ حکم خاص طور پر نبی صلی اللہ علیہ وسلم کی بیویوں کے متعلق نازل ہوا ہے۔ اُن کی مراد یہ ہے کہ آپ کی ازواج پر حجاب واجب تھا، جب کہ امت کی باقی خواتین کا حکم یہ نہیں، کیونکہ اُن کے حق میں حجاب

صرف پسندیدہ ہے، نہ واجب ہے اور نہ فرض۔"

ازواج مطہرات کے اُن خصوصی پروٹوکول ہی کا مقتضا تھا کہ اُن کو حج بھی عام لوگوں سے علیحدہ کرایا جاتا تھا۔

روایات میں بیان ہوا ہے:

کانت عائشة رضی اللہ عنہا تطوف حجرة من الرجال لا تخالطهم، فقالت امرأة: انطلقي نستلم يا أم المؤمنين، قالت: انطلقي عنك، وأبت. كن يخرجن متنكرات بالليل فيطفن مع الرجال.

(بخاری، رقم 1618)

"حضرت عائشہ رضی اللہ عنہا مردوں سے الگ رہ کر ایک الگ کونے میں طواف کرتی تھیں، اُن کے ساتھ مل کر نہیں کرتی تھیں۔ ایک (وقرہ نامی) عورت نے اُن سے کہا: ام المومنین، چلیے (حجر اسود کو) بوسہ دیں تو آپ نے انکار کر دیا اور کہا: تم جاؤ چوم لو، میں نہیں چومتی۔ ازواجِ مطہرات رات میں پردہ کر کے نکلتی تھیں تا کہ پہچانی نہ جائیں اور مردوں کے ساتھ طواف کرتی تھیں۔"

عن أم سلمة رضی اللہ عنہا زوج النبی صلی اللہ علیہ وسلم، قالت: شكوت إلى رسول الله صلى الله عليه وسلم أني أشتكي، فقال: "طوفي من وراء الناس وأنت

"نبی کریم صلی اللہ علیہ وسلم کی زوجۂ مطہرہ ام سلمہ رضی اللہ عنہا نے بیان کیا کہ میں نے رسول اللہ صلی اللہ علیہ وسلم سے اپنے بیمار ہونے کی شکایت کی (کہ میں پیدل طواف نہیں کر سکتی) تو

راكبة''، فطفت ورسول الله صلى الله عليه وسلم حينئذ يصلي إلى جنب البيت وهو يقرأ: ''وَالطُّوْرِ، وَكِتٰبٍ مَّسْطُوْرٍ''. (بخاری، رقم 1619)

آپ صلی اللہ علیہ وسلم نے فرمایا کہ سواری پر چڑھ کر اور لوگوں سے علیحدہ رہ کر طواف کر لو۔ چنانچہ میں نے عام لوگوں سے الگ رہ کر طواف کیا۔ اُس وقت رسول اللہ صلی اللہ علیہ وسلم کعبہ کے پہلو میں نماز پڑھ رہے تھے اور آپ صلی اللہ علیہ وسلم 'وَالطُّوْرِ، وَكِتٰبٍ مَّسْطُوْرٍ' قراءت کر رہے تھے۔''

اندلس کے مالکی عالم قاضی ابن الفرس (وفات: 599ھ) لکھتے ہیں:

قال بعضهم: لما أنزل الله تعالى في أمهات المؤمنين: ''وَإِذَا سَأَلْتُمُوْهُنَّ مَتَاعًا فَسْئَلُوْهُنَّ مِنْ وَّرَآءِ حِجَابٍ''، خصصن بذالك دون سائر الناس. ولا يجوز أن يرون منتقبات. وكن إذا طفن بالبيت يستترن من الناس فلا يشاركن في الطواف. وأمر عمر أن لا يخرج في جنازة زينب بنت جحش إلا ذو محرم مراعاة للحجاب. (احکام القرآن 439/3)

''بعض اہل علم نے کہا ہے کہ جب اللہ تعالیٰ نے امہات المومنین کے متعلق یہ آیت نازل فرمائی کہ 'وَإِذَا سَأَلْتُمُوْهُنَّ مَتَاعًا فَسْئَلُوْهُنَّ مِنْ وَّرَآءِ حِجَابٍ' تو یہ پابندی باقی تمام خواتین کو چھوڑ کر خاص طور پر صرف ازواج مطہرات پر لازم کی گئی اور لوگوں کے لیے جائز نہ رہا کہ وہ اُنھیں دیکھیں، چاہے اُن کے چہرے پر نقاب ہو۔ چنانچہ ازواج مطہرات جب بیت اللہ کا طواف کرتی تھیں تو لوگوں سے چھپ کر کرتی تھیں اور لوگوں کے

ساتھ طواف میں شریک نہیں ہوتی تھیں۔ سیدنا عمر نے اِسی لیے حجاب کے حکم کی پابندی کرتے ہوئے یہ حکم دیا کہ سیدہ زینب بنت جحش کے جنازے میں صرف اُن کے محرم مرد نکلیں۔‘‘

امام بیہقی نے ایک حدیث کی تشریح امام شافعی (وفات: 204ھ) سے یوں نقل کی ہے:

عظم الله به أزواج النبی صلی الله علیه وسلم امهات المؤمنین رحمهن الله وخصهن به وفرق بینهن وبین النساء إن اتقین ثم تلا الآیات فی اختصاصهن بأن جعل علیهن الحجاب من المومنین وهن امهات المؤمنین ولم یجعل علی امرأة سواهن أن تحتجب ممن یحرم علیه نکاحها.

(السنن الکبریٰ 474/21)

’’اللہ تعالیٰ نے اِس حکم کے ذریعے سے نبی صلی اللہ علیہ وسلم کی ازواج اور امہات المومنین کو تعظیم دی اور اُن میں اور عام خواتین میں فرق کرتے ہوئے خاص طور پر امہات المومنین کے لیے حجاب کا حکم دیا ہے۔ امام شافعی نے امہات المومنین کے خصوصی احکام سے متعلق آیات نقل کی ہیں، جن میں کہا گیا ہے کہ اللہ نے ازواج پر اہلِ ایمان سے حجاب میں رہنے کو لازم کیا ہے، حالاں کہ اُن کا درجہ امہات المومنین کا ہے۔ اُن کے علاوہ کسی اور عورت پر اللہ نے لازم نہیں کیا کہ وہ غیر محرم مردوں سے حجاب میں رہے۔‘‘

امام ابو جعفر الطحاوی (وفات: 321ھ) ایک حدیث کا محل واضح کرتے ہوئے لکھتے ہیں:

قد يجوز أن يكون أراد بذلك حجاب أمهات المؤمنين فإنهن قد كن حجبن عن الناس جميعًا إلا من كان منهم ذو رحم محرم. فكان لا يجوز لأحد أن يراهن أصلًا إلا من كان بينهن وبينه رحم محرم، وغيرهن من النساء لسن كذلك لأنه لا بأس أن ينظر الرجل من المرأة التي لا رحم بينه وبينها وليست عليه بمحرمة إلى وجهها وكفيها.
(شرح معانی الآثار 332/4)

"ممکن ہے کہ اِس سے حجاب کا وہ حکم مراد ہو جو امہات المومنین کے لیے تھا، کیونکہ اُن کو محرم رشتہ داروں کے علاوہ تمام لوگوں سے حجاب میں رہنے کا پابند کیا گیا تھا۔ چنانچہ کسی کے لیے جائز نہیں تھا کہ وہ کسی بھی حالت میں اُن کو دیکھ سکے، سوائے اُن کے جو اُن کے محرم رشتہ دار ہوں، جب کہ اُن کے علاوہ عام خواتین کا معاملہ یہ نہیں ہے، اور اِس میں کوئی حرج نہیں کہ آدمی کسی غیر محرم عورت کے چہرے اور ہاتھوں کو دیکھ لے۔"

قال أبو جعفر: فكن أمهات المؤمنين قد خصصن بالحجاب ما لم يجعل فيه سائر الناس مثلهن.
(شرح معانی الآثار 334/4)

"ابو جعفر کہتے ہیں کہ امہات المومنین پر خاص طور پر حجاب کی پابندی لازم کی گئی، جس میں باقی تمام عورتیں اُن کے مانند نہیں ہیں۔"

صحیح بخاری کے شارح، علامہ ابن بطال (وفات: 449ھ) لکھتے ہیں:

وفيه: أن نساء المؤمنين ليس لزوم الحجاب لهم فرضًا في كل حال

"اِس حدیث سے واضح ہوتا ہے کہ عام مسلمان خواتین پر حجاب ہر حالت

کلزومه لازواج النبی، ولو لزم جمیع النساء فرضًا لامر النبی الخثعمیة بالاستتار، ولما صرف وجه الفضل عن وجهها، بل کان یأمره بصرف بصره، ویعلمه أن ذالك فرضه، فصرف وجهه وقت خوف الفتنة وترکه قبل ذالك الوقت. وهذا الحدیث یدل ان ستر المؤمنات وجوههن عن غیر ذوی محارمهن سنة، لإجماعهم أن المرأة أن تبدی وجهها فی الصلاة، ویراه منها الغرباء، وأن قوله: ''قُلْ لِّلْمُؤْمِنِيْنَ يَغُضُّوْا مِنْ اَبْصَارِهِمْ'' علی الفرض فی غیر الوجه، وأن غض البصر عن جمیع المحرمات وکل ما یخشی منه الفتنة واجب.

(شرح صحیح البخاری 11/9)

میں فرض نہیں ہے، جیسا کہ نبی صلی اللہ علیہ وسلم کی ازواج پر تھا۔ اگر سب خواتین پر حجاب فرض ہوتا تو آپ بنو خشعم کی خاتون کو اپنا چہرہ چھپانے کی ہدایت فرماتے اور صرف فضل بن عباس کے چہرے کو اُس خاتون کے چہرے کی طرف سے نہ پھیرتے۔ آپ نے خاتون کو چہرہ چھپانے کے بجائے فضل سے کہا کہ وہ اپنی نگاہ دوسری طرف کر لیں اور اُن کو بتایا کہ یہ اُن کی ذمہ داری ہے (نہ کہ خاتون کی ذمہ داری)۔ چنانچہ آپ نے فضل کا چہرہ اُسی وقت پھیرا جب فتنے کا خوف محسوس کیا، جب کہ اِس سے پہلے ایسا نہیں کیا۔ یہ حدیث اِس پر بھی دلالت کرتی ہے کہ مومن عورتوں کے لیے غیر محرموں سے اپنے چہرے کو چھپانا (فرض نہیں، بلکہ) سنت ہے[31]۔

[31] یہاں لفظ 'سنت'، 'فرض' کے مقابل میں آیا ہے۔ چنانچہ یہاں سنت کا مفہوم غیر واجب اور مستحب کے معنی میں ہے۔

کیونکہ فقہا کا اِس پر اجماع ہے کہ عورت نماز میں اپنے چہرے کو ننگا رکھے گی اور غیر محرم بھی اُس کو اِس حالت میں دیکھ سکتے ہیں۔ مزید یہ کہ اللہ تعالیٰ کے اِس ارشاد 'قُلْ لِّلْمُؤْمِنِيْنَ يَغُضُّوْا مِنْ اَبْصَارِهِمْ' سے مراد یہ ہے کہ چہرے کے علاوہ باقی جسم سے نگاہوں کو نیچا رکھنا فرض ہے اور یہ کہ تمام حرام چیزوں اور ہر ایسی چیز سے نگاہ کو نیچا رکھنا واجب ہے جس میں فتنے کا خوف ہو۔''

ایک اور حدیث کے ذیل میں ابن بطال لکھتے ہیں:

وفيه: أن الحجاب ليس بفرض على نساء المؤمنين، وإنما هو خاص لازواج النبى، كذالك ذكره الله فى كتابه بقوله:''وَاِذَا سَاَلْتُمُوْهُنَّ مَتَاعًا فَسْئَلُوْهُنَّ مِنْ وَّرَآءِ حِجَابٍ.'' (شرح صحیح البخاری 35/6)

''اِس حدیث سے معلوم ہوتا ہے کہ عام مسلمان خواتین پر حجاب فرض نہیں ہے، بلکہ یہ پابندی صرف نبی صلی اللہ علیہ وسلم کی ازواج کے لیے ہے۔ اللہ تعالیٰ نے اپنی کتاب میں اِس آیت میں یہی بات بیان فرمائی ہے کہ 'وَاِذَا سَاَلْتُمُوْهُنَّ مَتَاعًا فَسْئَلُوْهُنَّ مِنْ وَّرَآءِ حِجَابٍ'۔''

ابن بطال امام طبری سے نقل کرتے ہیں:

قال الطبری: فی حدیث عائشة فرض الحجاب علی أزواج النبی لقول عمر للنبی: أحجب نساءك وقال فی حدیث آخر: یا رسول الله، لو حجبت أمهات المؤمنین فإنه یدخل علیهن البر والفاجر. فنزلت آیه الحجاب. قال غیره: ویدل علی صحة ذالك قول الفقهاء أن إحرام المرأة فی وجهها وکفیها، وإجماعهم أن لها أن تبرز وجهها للإشهاد علیها، ولایجوز ذالك فی أمهات المؤمنین. وقد اختلف السلف فی تأویل قوله تعالیٰ: ''وَلَا یُبْدِیْنَ زِیْنَتَهُنَّ اِلَّا مَا ظَهَرَ مِنْهَا'' ... والظاهر، والله أعلم، یدل علی أنه الوجه والکفان، لأن المرأة یجب علیها أن تستر فی الصلاة کل موضع منها إلا وجهها وکفیها، وفی ذالك دلیل أن الوجه والکفین یجوز للغرباء أن یروه من المرأة.

(شرح صحیح البخاری 20/9)

''طبری کہتے ہیں کہ سیدہ عائشہ کی حدیث سے ثابت ہوتا ہے کہ نبی صلی اللہ علیہ وسلم کی ازواج پر حجاب فرض کیا گیا تھا، کیونکہ سیدنا عمر نے نبی صلی اللہ علیہ وسلم سے کہا کہ اپنی بیویوں کو حجاب میں رکھیے۔ ایک دوسری روایت میں ہے کہ اُنھوں نے کہا کہ یا رسول اللہ، اگر آپ امہات المومنین کو حجاب میں رکھیں تو بہتر ہوگا، کیونکہ آپ کے پاس نیک اور بد ہر طرح کے لوگ آتے ہیں۔ اِس پر حجاب کی آیت نازل ہوئی۔ اِس کی وضاحت فقہا کے اِس قول سے ہوتی ہے کہ عورت کا احرام اُس کے چہرے اور ہاتھوں میں ہے، (یعنی اُن کو ننگا رکھنا حالت احرام میں اُس پر لازم ہے)۔ اِسی طرح فقہا کا اجماع ہے کہ عام خواتین کے لیے گواہی سے متعلق معاملات میں اپنے چہرے کو ننگا کرنا جائز ہے، جب کہ امہات المومنین کے معاملے میں یہ جائز نہیں تھا۔ علماے سلف کا اِس آیت کی تفسیر میں اختلاف

ہے کہ 'وَلَا یُبْدِیْنَ زِیْنَتَھُنَّ اِلَّا مَا ظَھَرَ مِنْھَا'۔ ...آیت اپنے ظاہر کے لحاظ سے دلالت کرتی ہے کہ ظاہری زینت سے مراد چہرہ اور ہاتھ ہیں، کیونکہ عورت کے لیے نماز میں اپنے پورے جسم کو چھپانا فرض ہے، سوائے چہرے اور ہاتھوں کے، واللہ اعلم۔ یہ اِس بات کی دلیل ہے کہ عورت کے چہرے اور ہاتھوں کو غیر محرم دیکھ سکتے ہیں۔"

جلیل القدر مالکی عالم قاضی عیاض (وفات: 544ھ) نے بھی اِس نکتے کی وضاحت متعدد مقامات پر کی ہے۔ چنانچہ ایک حدیث کی شرح میں لکھتے ہیں:

وفيه دليل على إحرام المرأة فى وجهها، قيل: وفيه أن الحجاب مرفوع عن النساء، ثابت على أزواج النبى صلى الله عليه وسلم على نص التلاوة؛ إذ لم يأمرها النبى بستر وجهها، وقد يقال: إن هذا كان قبل نزول الآية بإدناء الجلابيب والستر. قال أبو عبد الله: والاستتار للنساء سنة حسنة

"اِس میں دلیل ہے کہ احرام کی حالت میں عورت کا چہرہ ننگا ہونا چاہیے، کیونکہ آپ نے اُس خاتون کو اپنا چہرہ چھپانے کے لیے نہیں کہا۔ کہا گیا ہے کہ اِس میں اِس بات کی دلیل ہے کہ عام خواتین پر تو حجاب کی پابندی لازم نہیں، لیکن نبی صلی اللہ علیہ وسلم کی بیویوں پر لازم تھی، جیسا کہ قرآن کی آیت میں تصریح ہے۔ اور یہ بھی کہا

والحجاب علی أزواج النبی صلی اللہ علیه وسلم فریضة. (اکمال المعلم 440/4)	جاتا ہے کہ یہ معاملہ اِس آیت کے نزول سے پہلے کا تھا، جس میں بڑی چادر جسم پر ڈالنے اور جسم کو چھپانے کی ہدایت کی گئی ہے۔ ابو عبد اللہ کہتے ہیں کہ عام خواتین کے لیے اپنے جسم کو ڈھانپنا ایک بہت پسندیدہ طریقہ ہے، جب کہ نبی صلی اللہ علیہ وسلم کی ازواج پر حجاب فرض تھا۔"

قاضی عیاض ایک اور حدیث کے تحت بھی قاضی ابو عبد اللہ بن المرابط کا یہی قول نقل کرتے ہیں:

الاستتار للنساء سنة حسنة، والحجاب علی أزواج النبی صلی اللہ علیه وسلم فریضة. (اکمال المعلم 283/4)	"عام خواتین کے لیے اپنے جسم کو ڈھانپنا ایک بہت پسندیدہ طریقہ ہے، جب کہ نبی صلی اللہ علیہ وسلم کی ازواج پر حجاب فرض تھا۔"

ایک اور مقام پر قاضی عیاض نے لکھا ہے:

فرض الحجاب مما اختص به أزواج النبی صلی اللہ علیه وسلم، ولا خلاف فی فرضه علیهن فی الوجه والکفین الذی اختلف فی ندب غیرهن إلی ستره. قالوا: ولا یجوز لهن کشف ذالك لشهادة ولا غیرها،	"حجاب کی فرضیت کا حکم خاص طور پر نبی صلی اللہ علیہ وسلم کی ازواج کے لیے دیا گیا تھا۔ اِس میں کوئی اختلاف نہیں کہ ازواج مطہرات پر چہرے اور ہاتھوں کو چھپا کر رکھنا فرض تھا، جب کہ اُن کے علاوہ عام خواتین کے لیے

ولا ظهور أشخاصهن وإن كن مستترات إلا ما دعت إليه الضرورة من الخروج للبراز كما جاء في الحديث، وقد كن إذا خرجن جلسن للناس من وراء حجاب، وإذا خرجن لضرورة حجبن وسترن أشخاصهن. كما جاء في حديث حفصة يوم موت عمر، ولما ماتت زينب صنع على نعشها قبة تستر جسمها، وقد قال تعالى: ''وَإِذَا سَأَلْتُمُوهُنَّ مَتَاعًا فَسْـَٔلُوهُنَّ مِنْ وَّرَآءِ حِجَابٍ''. (اکمال المعلم 57/7)

اِس کے مستحب ہونے میں اہلِ علم کا اختلاف ہے۔ علما کہتے ہیں کہ ازواجِ مطہرات کے لیے گواہی کے لیے یا کسی بھی دوسرے معاملے کے لیے اپنے چہرے کو ننگا کرنا جائز نہیں تھا۔ اِسی طرح اُن کے لیے گھروں سے باہر نکلنا بھی درست نہیں تھا، چاہے اُنھوں نے اپنے جسم ڈھانپ رکھے ہوں، الّا یہ کہ رفعِ حاجت جیسی ناگزیر ضرورت کے لیے نکلنا پڑے، جیساکہ حدیث میں ہے۔ چنانچہ جب وہ باہر نکلتیں تو لوگوں کے ساتھ بات چیت کے لیے پردے کی اوٹ میں بیٹھتی تھیں اور جب کسی ضرورت کے تحت نکلتیں تو بھی حجاب کا اور اپنے جسم کو چھپا کر رکھنے کا اہتمام کرتی تھیں، جیساکہ سیدنا عمر کی وفات کے موقع پر سیدہ حفصہ کے واقعے میں آیا ہے۔ اور جب سیدہ زینب کی وفات ہوئی تو اُن کے جسم کے اوپر ایک چھتری تان دی گئی، جس سے اُن کا جسم چھپ جائے۔ اللہ تعالیٰ نے

ارشاد فرمایا ہے کہ 'وَاِذَا سَاَلْتُمُوْهُنَّ مَتَاعًا فَسْـَٔلُوْهُنَّ مِنْ وَّرَآءِ حِجَابٍ'۔"

قاضی ابوالعباس القرطبیؒ (وفات: 656ھ) ایک حدیث کے تحت لکھتے ہیں:

وفیه دلیل علی أن المرأة تکشف وجهها فی الإحرام، وأنها لا یجب علیها ستره وإن خیف منها الفتنة، لکنها تندب إلی ذالك، بخلاف أزواج النبی صلی الله علیه وسلم، فإن الحجاب علیهن کان فریضة. (المفہم 441/3)

"اِس میں اِس بات کی دلیل ہے کہ عورت حالت احرام میں اپنے چہرے کو ننگا رکھے گی اور اُس پر اِس کو چھپانا واجب نہیں، چاہے اِس سے فتنے کا خوف ہو، البتہ اِس کے لیے (خوف فتنہ کے وقت) ایسا کرنا مستحب ہے، جب کہ نبی صلی اللہ علیہ وسلم کی ازواج کا حکم اِس سے مختلف ہے، کیونکہ اُن پر (ہر حالت میں) حجاب فرض تھا۔"

قاضی ابوالعباس نزولِ حجاب سے متعلق سیدہ عائشہ کی روایت کے تحت لکھتے ہیں:

وهذا الحجاب الذی أمر به أزواج النبی صلی الله علیه وسلم وخُصِّصن به هو فی الوجه والکفین. قال القاضی عیاض: لا خلاف فی فرضه علیهن فی الوجه والکفین الذی اختلف فی ندب غیرهن إلی ستره، قالوا: ولا یجوز لهن کشف

"یہ حجاب جس کا نبی صلی اللہ علیہ وسلم کی ازواج کو حکم دیا گیا اور خاص طور پر اُنھی کو اِس کا پابند کیا گیا، اِس کا تعلق چہرے اور ہاتھوں سے تھا۔ قاضی عیاض کہتے ہیں کہ اِس میں کوئی اختلاف نہیں کہ ازواجِ مطہرات پر چہرے اور ہاتھوں کو چھپا کر رکھنا فرض

ذالك لشهادة ولا غيرها، ولا ظهور أشخاصهن، وإن كن مستترات إلا ما دعت إليه الضرورة من الخروج إلى البراز، وقد كن إذا خرجن جلسن للناس من وراء حجاب، وإذا خرجن لحاجة حجبن وسترن.
(المفہم 497/5)

تھا، جب کہ اُن کے علاوہ عام خواتین کے لیے اِس کے مستحب ہونے میں اہلِ علم کا اختلاف ہے۔ علما کہتے ہیں کہ ازواجِ مطہرات کے لیے گواہی کے لیے یا کسی بھی دوسرے معاملے کے لیے اپنے چہرے کو ننگا کرنا جائز نہیں تھا۔ اِسی طرح اُن کے لیے گھروں سے باہر نکلنا بھی درست نہیں تھا، چاہے اُنھوں نے اپنے جسم ڈھانپ رکھے ہوں، الّا یہ کہ رفعِ حاجت جیسی ناگزیر ضرورت کے لیے نکلنا پڑے۔ چنانچہ جب وہ باہر نکلتیں تو لوگوں کے ساتھ بات چیت کے لیے پردے کی اوٹ میں بیٹھتی تھیں اور جب کسی ضرورت کے تحت نکلتیں تو بھی اُن کے لیے حجاب اور ستر کا اہتمام کیا جاتا تھا۔“

صحیح بخاری کے شارح علامہ ابن الملقن (وفات: 804ھ) لکھتے ہیں:

وفيه: فرض الحجاب على أمهات المؤمنين؛ لقول عمر: احجب نساءك. وقال في حديث آخر: يا رسول الله، لو حجبت أمهات المؤمنين فإنه

”اِس حدیث سے امہات المومنین پر حجاب کی فرضیت معلوم ہوتی ہے، کیونکہ سیدنا عمر نے کہا کہ یارسول اللہ، اپنی بیویوں کو حجاب میں رکھیے۔ ایک

يدخل عليهن البر والفاجر. فنزلت آية الحجاب، يوضحه قول الفقهاء: إن إحرام المرأة في وجهها وكفيها، وإجماعهم أن لها أن تبرز وجهها للإشهاد عليها، ولا يجوز ذالك في أمهات المؤمنين.

(التوضیح 49/29)

دوسری روایت میں ہے کہ انھوں نے کہا کہ یارسول اللہ، اگر آپ امہات المومنین کو حجاب میں رکھیں تو بہتر ہوگا، کیونکہ آپ کے پاس نیک اور بد ہر طرح کے لوگ آتے ہیں۔ اِس پر حجاب کی آیت نازل ہوئی۔ اِس کی وضاحت فقہا کے اِس قول سے ہوتی ہے کہ عورت کا احرام اُس کے چہرے اور ہاتھوں میں ہے، (یعنی اُن کو ننگا رکھنا حالت احرام میں اُس پر لازم ہے)۔ اِسی طرح فقہا کا اجماع ہے کہ عام خواتین کے لیے گواہی سے متعلق معاملات میں اپنے چہرے کو ظاہر کرنا جائز ہے، جب کہ امہات المومنین کے معاملے میں یہ جائز نہیں تھا۔''

ابن الملقن ایک اور حدیث کی شرح میں لکھتے ہیں:

أن الحجاب إنما فرض على أزواج النبي صلى الله عليه وسلم خاصة، كما نص عليه في كتابه بقوله: ''يَا نِسَآءَ النَّبِي''. (التوضیح 112/25)

''حجاب تو صرف نبی صلی اللہ علیہ وسلم کی ازواج پر فرض کیا گیا تھا، جیسا کہ اللہ تعالیٰ نے اپنی کتاب میں 'یَا نِسَآءَ النَّبِیِ' کہہ کر تصریح کی ہے۔''

امام بدر الدین العینی (وفات: 855ھ) ایک حدیث کی تشریح کرتے ہوئے فرماتے

ہیں:

والاحادیث المذکورة فی هذا الباب کلها دالة علی الحجاب، وحدیث عائشة هذا المذکور وإن لم یذکر فیه الحجاب صریحًا لان ظاهره عدمه ولکن فی أصله مذکور فی موضع آخر، وعن هذا قال عیاض: فرض الحجاب مما اختص به أزواجه صلی الله علیه وسلم فهو فرض علیهن بلا خلاف فی الوجه والکفین.

(عمدة القاری 124/19)

''اِس باب میں مذکورہ تمام احادیث حجاب پر دلالت کرتی ہیں۔ سیدہ عائشہ کی مذکورہ حدیث میں اگرچہ حجاب کا ذکر صراحتاً نہیں ہوا، کیونکہ بہ ظاہر اِس سے حجاب کا لازم نہ ہونا، (یعنی ضرورت کے تحت ازواج کا گھروں سے نکلنا) معلوم ہوتا ہے، لیکن اصل میں دوسرے مقام پر اِس روایت میں حجاب کا ذکر موجود ہے۔ اِسی وجہ سے قاضی عیاض نے کہا ہے کہ حجاب کی فرضیت کا تعلق خاص طور پر نبی صلی اللہ علیہ وسلم کی ازواج سے تھا اور کسی اختلاف کے بغیر اُن پر اپنے چہرے اور ہاتھوں کو پردے میں رکھنا فرض تھا۔''

علامہ عینی دوسرے مقام پر لکھتے ہیں:

إنهن قد کن حجبن عن الناس جمیعًا إلا مَن کان منهم ذو رحم محرم، فکان لا یجوز لاحد أن یراهن أصلًا إلا من کان بینه وبینهن رحم

''ازواج مطہرات کو محرم رشتہ داروں کے علاوہ تمام لوگوں سے پردے میں رہنے کا پابند کر دیا گیا۔ محرم رشتہ دار کے علاوہ کسی کے لیے اُن کو اصل میں

محرم، و غیرهن من النساء لسن كذالك، لانه لابأس أن ينظر الرجل من المرأة التى لا رحم بينه وبينها و ليست عليه بمحرمة إلى وجهها و كفيها و قد قال الله: "وَلَا يُبْدِيْنَ زِيْنَتَهُنَّ اِلَّا مَا ظَهَرَ مِنْهَا".

(نخب الافکار 211/14)

دیکھنا جائز نہیں تھا۔ اور ازواج کا معاملہ عام عورتوں جیسا نہیں ہے، کیونکہ عام خواتین کے معاملے میں مرد کے لیے غیر محرم کے چہرے اور ہاتھوں کو دیکھنا جائز ہے، کیونکہ اللہ تعالیٰ نے فرمایا ہے کہ "خواتین اپنی زینت کی چیزوں کو نہ کھولیں، سوائے اُن کے جو اُن میں سے کھلی ہوتی ہیں"۔"

علامہ قسطلانی (وفات: 923ھ) "المواہب اللدنیہ" میں لکھتے ہیں:

ومنها انه يحرم رؤية أشخاص أزواجه فى الازر وكذا يحرم كشف وجوههن وأكفهن لشهادة أو غيرها، كما صرحه به القاضى عياض، وعبارته: فرض الحجاب مما اختصصن به، فهو فرض عليهن بلا خلاف فى الوجه والكفين، ... وأما حكم نظر غير ازواجه ففى الروضة واصلها عن الاكثرين: جواز النظر إلى وجه حرة كبيرة أجنبية وكفيها إذا لم يخف فتنة، مع الكراهة.

(362/2)

"نبی صلی اللہ علیہ وسلم کی خصوصیات میں سے یہ بھی ہے کہ آپ کی ازواج کو معمول کے لباس میں دیکھنا، (جب کہ اُن کا پورا جسم ڈھانپا نہ گیا ہو) حرام تھا۔ اِسی طرح اُن کے لیے گواہی یا کسی دوسرے مقصد کے لیے بھی اپنے چہرے کو ننگا کرنا حرام تھا، جیسا کہ قاضی عیاض نے تصریح کی ہے۔ اُن کی عبارت یہ ہے کہ حجاب کی فرضیت ازواجِ مطہرات کے لیے خصوصی حکم تھا، چنانچہ کسی اختلاف کے بغیر اُن پر اپنے چہرے اور ہاتھوں کو

> چھپا کر رکھنا فرض تھا۔ ... جہاں تک ازواجِ مطہرات کے علاوہ عام خواتین کی طرف دیکھنے کا معاملہ ہے تو ''روضہ'' اور اُس کے اصل متن میں اکثر علما کا قول یہ نقل کیا گیا ہے کہ آزاد اور بالغ غیر محرم عورت کے چہرے اور ہاتھوں کو دیکھنا جائز ہے، اگرچہ ناپسندیدہ ہے، جب کہ فتنے کا خوف نہ ہو۔''

امام سیوطی نے ''الخصائص الکبریٰ'' میں 'باب اختصاصه صلی الله علیه وسلم بتحریم رؤیة أشخاص أزواجه في الازر وسوالهن مشافهة' کے عنوان سے یہی موقف فقہاے شوافع میں سے رافعی، بغوی اور امام نووی سے بھی نقل کیا ہے۔[32]

ازواجِ مطہرات سے جو مطالبات کیے گئے، وہ غیر معمولی تھے۔ نبی صلی اللہ علیہ وسلم کے گھرانے کی عورتیں ہونے کی وجہ سے وہ ایک نہایت نازک منصب پر فائز تھیں۔ اُن کی معمولی کوتاہی اور بے احتیاطی منافقین کی پراپیگنڈا مشینری کے لیے کافی تھی کہ رسول اللہ کے گھرانے کی اخلاقی ساکھ کو نقصان پہنچاتے اور یوں مسلمانوں کو رسول اللہ صلی اللہ علیہ وسلم سے برگشتہ کر کے اسلام کی بساط لپیٹ دینے کی کوشش کرتے۔ یہ وہ حالات تھے، جن میں اُنھیں اُن کے گھروں تک محدود کر دیا گیا، اُنھیں اجنبی لوگوں سے دوٹوک انداز میں بات کرنے کی تلقین کی

---

[32] 438/2۔

گئی، اُنھیں امت کی مائیں قرار دے دیا گیا، رسول اللہ صلی اللہ علیہ وسلم کے بعد بھی کوئی اُن سے نکاح نہیں کر سکتا تھا، اُنھیں پوری امت کو اپنی اولاد کی طرح سمجھنا تھا اور امت کے مردوں کو بھی اُنھیں اپنی مائیں تسلیم کرنا تھا۔ یہ چونکہ حقیقی ماں بیٹوں کے فطری احساسات سے زائد ایک مطالبہ تھا، اِس لیے یہ غیر معمولی طہارت قلبی اور اِس کے لیے ضروری اقدامات کا متقاضی تھا۔ چنانچہ قریبی رشتہ داروں کے سوا اُنھیں لوگوں کی نظروں سے اب اوجھل رہنا تھا۔ اُن کے اِس ایثار اور خصوصی پابندیاں اختیار کرنے کے صلے میں اُن کے لیے دہرا اجر مقرر کیا گیا تھا اور اس منصب پر رہتے ہوئے اگر خدانخواستہ اُن سے کسی فاحشہ کا ارتکاب ہو جاتا تو اُس کی دہری سزا بتائی گئی تھی۔ نیز رسول اللہ صلی اللہ علیہ وسلم کو پابند کر دیا گیا تھا کہ وہ اُن کو طلاق دے کر علیحدہ نہیں کر سکتے۔[33] یہ سب واضح کرتا ہے کہ ازواجِ مطہرات کو دیے گئے احکام کا عام خواتین سے کوئی تعلق نہیں۔

---

[33] الاحزاب 52:33۔ 'لَا يَحِلُّ لَكَ النِّسَآءُ مِنۢ بَعْدُ وَلَآ اَنْ تَبَدَّلَ بِهِنَّ مِنْ اَزْوَاجٍ وَّلَوْ اَعْجَبَكَ حُسْنُهُنَّ اِلَّا مَا مَلَكَتْ يَمِيْنُكَ وَكَانَ اللّٰهُ عَلٰى كُلِّ شَيْءٍ رَّقِيْبًا' (اِن کے بعد اب دوسری عورتیں تمھارے لیے جائز نہیں ہیں اور نہ یہ جائز ہے کہ اِن کی جگہ اور بیویاں لے آؤ، اگرچہ اُن کا حسن تمھیں کتنا ہی پسند ہو۔ تمھاری لونڈیاں، البتہ مستثنیٰ ہیں۔ اور اللہ ہر چیز پر نگران ہے)۔

باب دوم

خواتین کے پردے سے متعلق علما کا موقف

جمہور متقدمین کے ہاں عورتوں کے پردے کے مستقل احکام کا تصور موجود نہیں ہے۔ ازواجِ مطہرات کے حجاب کے خصوصی احکام کی تعمیم کا رجحان بھی اُن کے ہاں نہیں ملتا۔ یہ موقف پہلی بار متاخرین اہل علم میں سے امام ابو بکر جصاص، امام ابن العربی اور امام قرطبی کے ہاں سامنے آتا ہے۔ دور جدید میں یہ موقف مقبول ہوتا چلا گیا۔ مولانا مودودی نے اِسے ایک منظم استدلال کی صورت میں پیش کیا۔ دیگر اہل علم نے بھی اِس میں اپنے استدلالات کا اضافہ کیا۔

عورتوں کے حجاب کے حدود سے متعلق اختلاف کی بنیاد عہد صحابہ ہی میں موجود تھی۔ یہ بنیاد حضرت عبد اللہ بن عباس اور حضرت عبد اللہ بن مسعود رضی اللہ عنہما کا اختلاف آرا ہے، جو سورۂ نور (24) کی آیت 31 میں 'اِلاَّ مَا ظَهَرَ مِنْهَا' کے مصداق کی تعیین میں پیدا ہوا۔ حضرت عبد اللہ بن عباس رضی اللہ عنہ اِن الفاظ سے عورت کے چہرے اور ہاتھوں پر کی گئی زینت و آرایش مراد لیتے ہیں، جب کہ حضرت عبد اللہ بن مسعود رضی اللہ عنہ اِن کا مصداق عورت کے لباس اور چادر کو قرار دیتے ہیں۔[34] پہلی رائے کی رو سے غیر محرم مردوں کے

---

34 تفسیر القرآن العظیم، ابن کثیر 45/6۔

سامنے عورت کے چہرے اور ہاتھوں کو اُن کی زینت سمیت کھلا رکھنے کی اجازت متبادر ہوتی ہے، جب کہ دوسری رائے کے مطابق عورت کو صرف اُس زینت کے اظہار کی اجازت ہے کہ جو اضطراری طور پر آشکار رہتی ہے، یعنی لباس یا لباس پر اوڑھی گئی چادر۔ جمہور اہل علم نے حضرت عبد اللہ بن عباس کی رائے کو اختیار کیا، جب کہ حضرت عبد اللہ بن مسعود رضی اللہ عنہ کی رائے ماضی میں امام احمد بن حنبل، آٹھویں صدی ہجری میں امام ابن تیمیہ، تیرھویں صدی میں قاضی ثناء اللہ مظہری[35] اور دور حاضر میں مولانا مودودی اور محمد علی صابونی[36] جیسے چند قابل ذکر علمانے اختیار کی۔

نامحرم مردوں سے عورتوں کے مکمل حجاب کے لیے اصل بنائے استدلال سورۂ احزاب کی آیت جلباب ہے۔ اِس آیت میں ازواجِ نبی، آپ کی بیٹیوں اور عام مسلمان عورتوں کو براہ راست مخاطب کرتے ہوئے ہدایت کی گئی تھی کہ گھروں سے باہر نکلتے وقت اپنی چادروں میں سے کوئی بڑی چادر اپنے اوپر اوڑھ لیا کریں تاکہ پہچانی جائیں اور کوئی اُنھیں ستانے کی جرأت نہ کرے۔ اِس چادر کے اوڑھنے کا جو طریقہ حضرت عبد اللہ بن عباس رضی اللہ عنہ ہی سے منقول ہے، اِس میں چہرہ بھی فی الجملہ چھپ جاتا ہے۔ اِس سے چہرے کے گھونگھٹ، نقاب اور جسم کو چادر سے مکمل ڈھانپنے کا استدلال کیا جاتا ہے۔

اب ایک طرف سورۂ نور (24) کی آیت 31 کی رو سے عورتوں کے چہرے اور ہاتھ (پاؤں) کو اُن کی زینت سمیت کھلا رکھنے کی اجازت معلوم ہوتی ہے اور دوسری طرف آیت جلباب سے چہرے سمیت پورے جسم کو ڈھانپنے کا حکم سامنے آتا ہے۔ مسئلے کی اِس نوعیت پر

---

[35] تفسیر المظہری 378/6۔

[36] روائع البیان 157-156/2۔

ڈاکٹر عمار خان ناصر تبصرہ کرتے ہوئے لکھتے ہیں:

"اب اگر سورۂ نور کی آیت کو عبداللہ بن عباس کی تفسیر کے مطابق حکم کا بنیادی ماخذ مانا جائے تو چہرے کے پردے کو شرعاً لازم قرار نہیں دیا جا سکتا، جب کہ سورۂ احزاب کی ہدایات کو بنیادی ماخذ سمجھا جائے تو حجاب لازم قرار پاتا ہے۔ یوں قرآن مجید کی اِن ہدایات کا مفہوم اور اِن کا باہمی ربط و تعلق متعین کرنے کا سوال سامنے آتا ہے۔ فطری طور پر اِس ضمن میں اہلِ علم میں اختلاف پایا جاتا ہے اور مختلف اہل علم نے اِن نصوص کی تعبیر و تشریح سے چہرے کے پردے کے لازم ہونے یا نہ ہونے کے حوالے سے مختلف نتائج اخذ کیے ہیں۔"[37]

اہلِ علم کی نمایندہ تعبیرات، اِن کے استدلالات اور اِن کا تنقیدی جائزہ ذیل میں پیش کیا جاتا ہے۔

'اِلَّا مَا ظَهَرَ مِنْهَا' کا مفہوم اور مصداق

جن اہل علم نے عبداللہ بن مسعود رضی اللہ عنہ کی رائے کو اختیار کرتے ہوئے سورۂ نور میں اِخفاے زینت سے استثنا کا مصداق عورت کے لباس یا چادر کو قرار دیا، اُن کے ہاں آیتِ جلباب کی مراد اور سورۂ نور میں دی گئی اظہارِ زینت کی اجازت کے درمیان کوئی تعارض پیدا نہیں ہوتا۔ ہر دو صورتوں میں عورت کے مکمل حجاب کا مفہوم سامنے آتا ہے۔ اُن کے مطابق اِخفاے زینت سے استثنا صرف اضطراری یا اتفاقی صورتوں کا ہے، جیسے ہوا سے چادر کا اٹھ جانا،

---

[37] "قرآن مجید میں اختلاط مرد و زن کے احکام (1)"، ڈاکٹر عمار خان ناصر، ماہنامہ "اشراق"، لاہور، ستمبر 2023ء۔

جس سے کوئی چھپی ہوئی زینت ظاہر ہو جائے یا کوئی چیز پکڑتے ہوئے ہاتھ یا چلتے ہوئے پاؤں کا ظاہر ہو جانا وغیرہ۔

مولانا مودودی کے ہاں یہ استدلال متعدد پہلوؤں کا احاطہ کرتے ہوئے ایک جامع انداز میں مرتب ہوتا ہے۔ اُن کے مطابق 'اِلاَّ مَا ظَھَرَ' میں لفظ 'ظَھَرَ' کا مطلب 'یُظْھِرُ' نہیں ہو سکتا، یعنی وہ زینت جو خواتین خود ظاہر کریں۔ 'ظَھَرَ' کے لفظ میں ارادتاً ظاہر کرنے کا مفہوم مراد نہیں۔ یہ فقط خود بہ خود ظاہر ہو جانے کے مفہوم پر دلالت کرتا ہے۔ چنانچہ عورت کا تمام بدن اُس کی زینتوں سمیت چھپایا جائے گا، سوائے اُس زینت کے جس کا چھپانا ممکن نہ ہو یا وہ اتفاقاً کھل جائے تو اُس کی اجازت ہے۔ مولانا لکھتے ہیں:

''ہم یہ سمجھنے سے بالکل قاصر ہیں کہ 'مَاظَھَرَ' کے معنی 'مَا یُظْھِرُ' عربی زبان کے کس قاعدے سے ہو سکتے ہیں۔ ''ظاہر ہونے'' اور ''ظاہر کرنے'' میں کھلا فرق ہے، اور ہم دیکھتے ہیں کہ قرآن صریح طور پر ''ظاہر کرنے'' سے روک کر ''ظاہر ہونے'' کے معاملے میں رخصت دے رہا ہے۔ اس رخصت کو ''ظاہر کرنے'' کی حد تک وسیع کرنا قرآن کے بھی خلاف ہے۔'' (تفہیم القرآن 386/3)

اِس تفہیم کے مطابق عورت کے مکمل حجاب کا حکم سورۂ نور (24) کی آیت 31 اور سورۂ احزاب کی آیتِ جلباب، دونوں سے ثابت ہے۔ اِن میں کوئی تعارض نہیں۔

مولانا کا یہ موقف محل نظر ہے۔ 'مَاظَھَرَ' کا معنی ظاہر ہونا ہے اور نہ ظاہر کرنا۔ یہ بہ صیغۂ ماضی ''جو ظاہر ہے'' کا مفہوم دیتا ہے۔ ارادتاً ظاہر کرنے کا مفہوم مراد ہوتا تو الفاظ بھی اِس کے مطابق لائے جاتے، جیسے 'اِلا ان یظھر منھا'۔

علامہ زمخشری نے 'اِلاَّ مَاظَھَرَ' کا مفہوم یوں بیان کیا ہے:

إلا ما جرت العادة والجبلة على ''اِن زینتوں کا استثنا ہے جو عادتاً اور

ظهوره والاصل فيه الظهور.	جبلتاً ظاہر رہتی ہیں، اِس میں اصل چیز
(الکشاف 231/3)	اِن کا ظہور ہے۔"

شاہ عبد القادر نے "موضح القرآن" میں الفاظ کی رعایت کو ملحوظ رکھتے ہوئے ترجمہ یوں کیا ہے:

"اور نہ دکھائیں اپنا سنگار مگر جو کھلی چیز ہے۔"

قرآن مجید کی ایک اور آیت میں 'مَا ظَهَرَ' کا استعمال اِس بات کو مزید واضح کر دیتا ہے:

قُلْ اِنَّمَا حَرَّمَ رَبِّيَ الْفَوَاحِشَ مَا ظَهَرَ مِنْهَا وَ مَا بَطَنَ. (الاعراف 33:7)	"کہہ دو، میرے پروردگار نے تو صرف فواحش کو حرام کیا ہے، خواہ وہ کھلے ہوں یا چھپے۔"

"تفہیم القرآن" میں درج بالا آیت کا ترجمہ یوں ہے:

"اے محمد، ان سے کہو کہ میرے رب نے جو چیزیں حرام کی ہیں وہ تو یہ ہیں: بے شرمی کے کام خواہ کھلے ہوں یا چھپے۔" (23/2)

مولانا تقی عثمانی کا ترجمہ یہ ہے:

"کہہ دو کہ: میرے پروردگار نے تو بے حیائی کے کاموں کو حرام قرار دیا ہے، چاہے وہ بے حیائی کھلی ہوئی ہو یا چھپی ہوئی۔" (آسان ترجمۂ قرآن 452/1)

مترجمین نے اِس آیت میں 'مَا ظَهَرَ' کا وہی مطلب لیا ہے جو الفاظ سے متبادر ہے، یعنی کھلی یا کھلی ہوئی۔ یہاں بھی اگر مفہوم 'جو ظاہر ہو جائیں'، لیا جائے تو مطلب ہوگا کہ صرف وہ فواحش حرام ہیں جو خود بہ خود ظاہر ہو جائیں یا ناگزیر طور پر ظاہر ہو جائیں، یعنی وہ فواحش جو عام طور پر کھلے ہی ہوتے ہیں، وہ اِن میں شامل نہ ہوں گے اور حرام بھی قرار نہ پائیں گے۔ بالبداہت یہ مفہوم درست نہیں۔ چنانچہ سورۂ نور (24) کی آیت 31 میں بھی الفاظ کا وہی

مفہوم لیا جائے گا جو اِن سے متبادر ہے، یعنی ''جو کھلا ہے''، ''جو ظاہر ہے'' یا ''ظاہر رہنے والا ہے''۔ اِسی کو ہم 'الظاهر منها'، یعنی ''ان میں سے ظاہر رہنے والی'' زینتوں کے مفہوم سے ادا کر سکتے ہیں۔

حاصل کلام یہ ہے کہ سورۂ نور کی آیتِ زیر بحث میں 'اِلَّا مَا ظَهَرَ مِنْهَا' سے وہ زینتیں مراد ہیں جو ظاہر رہتی ہیں اور عام طور پر لباس سے ڈھانپی نہیں جاتیں۔ یہ لباس اور چادر کی زینت کے علاوہ ہیں۔ اِن میں چہرے اور ہاتھوں کی زینت شامل ہے، کیونکہ چہرہ اور ہاتھ معمول کے مطابق ملبوس نہیں رکھے جاتے۔ اِنھیں ڈھانپنے کے لیے الگ سے اہتمام کرنا پڑتا ہے، جس سے غیر معمولی مشقت پیش آتی ہے۔ اِس سے بچانے کے لیے اِنھیں کھلا رکھنے کی اجازت دی گئی ہے۔ یہاں شریعت کے اصولِ یُسر کو ملحوظ رکھا گیا ہے۔

قرآن مجید میں اظہارِ زینت کے حدود کی تعیین اِس اصول پر مبنی ہے کہ خواتین کی زینت غیر معمولی طور پر مردوں کے لیے دعوت نگاہ نہ بنے، اِسی لیے معمولاً ظاہر رہنے والے اعضا کی زینت کو چھپانے کی ہدیت نہیں کی گئی۔ گریبان کی زینت کو چھپانے کا اہتمام اور آواز والے زیور کی آواز زور سے پیدا کرنے کی ممانعت کی وجہ بھی یہی ہے کہ اِن سے صنفِ مخالف کی غیر معمولی توجہ حاصل ہوتی ہے۔

خمار اور چہرے کا پردہ

سورۂ نور (24) کی آیت 31 میں اللہ تعالیٰ نے خواتین کو اپنے گریبان کی زینت کو اپنے آنچلوں سے ڈھانپ کر رکھنے کی خاص تاکید فرمائی ہے۔ ارشاد ہوا ہے:

وَ لَا یُبْدِیْنَ زِیْنَتَهُنَّ اِلَّا مَا ظَهَرَ ''اور اپنی زینت کی چیزیں نہ کھولیں،

مِنْهَا وَ لْيَضْرِبْنَ بِخُمُرِهِنَّ عَلٰى جُيُوْبِهِنَّ.

سوائے اُن کے جو اُن میں سے کھلی ہوتی ہیں اور اِس کے لیے اپنی اوڑھنیوں کے آنچل اپنے گریبانوں پر ڈالے رہیں۔"

آیت میں لفظ 'خُمُر' آیا ہے جو 'خِمار' کی جمع ہے۔ خِمار سر پوش کو کہتے ہیں۔ خِمار سے سر ڈھانپنا اِس کا ایک عام استعمال ہے۔ اِس کے اِس استعمال سے یہ استدلال کیا گیا ہے کہ خِمار چونکہ سر پر ہوتا ہی ہے، اِس لیے جب گریبان پر اسے ڈالنے کا حکم دیا گیا ہے تو سر سے گریبان تک آتے ہوئے یہ چہرے کو بھی چھپا لیتا ہے، اِس لیے چہرے کو ڈھانپنا گریبان کو ڈھانپنے کے حکم میں شامل ہے۔

ابن عثیمین لکھتے ہیں:

فإن الخمار ما تخمر به المرأة رأسها وتغطيه به كالغدفة فإذا كانت مأمورة بأن تضرب بالخمار على جيبها كانت مأمورة بستر وجهها، إما لأنه من لازم ذلك، أو بالقياس فإنه إذا وجب ستر النحر والصدر كان وجوب ستر الوجه من باب أولى؛ لأنه موضع الجمال والفتنة.

(رسالۃ الحجاب 11)

"خمار وہ کپڑا ہے جس سے عورت اپنے سر کو ڈھانپتی ہے، جیسے پردہ۔ جب عورت کو حکم دیا گیا کہ وہ خمار کو اپنی گریبان پر ڈالے تو اُسے اپنے چہرے کو ڈھانپنے کا بھی حکم دیا گیا ہے، ایک تو اِس لیے کہ یہ اِس کا لازمی نتیجہ ہے یا یہ قیاسی طور پر واجب ہے، کیونکہ جب گردن اور سینے کو ڈھانپنا واجب ہے تو چہرے کو ڈھانپنے کی ضرورت تو بدرجۂ اولیٰ ہو گی، کیونکہ چہرہ حسن اور فتنہ کا مقام ہے۔"

اِس استدلال کی غلطی یہ ہے کہ چیز کے استعمال کو اُس کے مفہوم میں شامل کر دیا گیا ہے۔ یہ لغوی مفہوم میں استدلالی یا عقلی معنی پیدا کرنے کی ایک مثال ہے، جو درست نہیں۔ چیز کے استعمالات اُس کے مفہوم میں شامل نہیں ہوتے۔ اِس بات کو اِس مثال سے سمجھا جا سکتا ہے کہ اردو میں دوپٹا اُس کپڑے کو کہتے ہیں جو عام طور پر دو (2) پٹّے بنا کر دونوں کاندھوں کے اطراف میں ڈالا جاتا ہے۔ اِس مناسبت سے اِس کا نام دوپٹا پڑا۔ اب اِس وجہ سے کہ اِس کپڑے کا نام دوپٹا ہے، یہ لازم نہیں کہ اِسے جب بھی اوڑھا جائے تو وہ دونوں کاندھوں سے ہوتا ہوا آئے۔ دوپٹا سر پر ہو، کمر پر باندھا ہو، ایک کاندھے پر ڈال لیا گیا ہو یا سارے بدن پر پھیلا کر لیا گیا ہو، ہر صورت میں یہ دوپٹا لینا یا دوپٹا اوڑھنا کے مفہوم میں داخل ہے۔

یہی معاملہ خِمار کا ہے۔ خِمار کے نام یا اُس سے سر پوشی کے عمومی استعمال سے یہ لازم نہیں آتا کہ وہی ایک مخصوص انداز اِس کے مفہوم میں بھی شامل ہے۔ خِمار کو گریبان پر ڈالنے کے لیے ضروری نہیں کہ یہ سر سے گریبان تک آئے۔ گریبان کو ڈھانپنے کا حکم گریبان تک ہی رکھا جائے گا۔

قیاسی طور پر بھی یہ لازم نہیں کہ گریبان کو ڈھانپنے کے حکم سے چہرے کو بدرجۂ اولیٰ ڈھانپنا مراد لیا جائے، کیونکہ چہرہ محلِ جمال و فتنہ ہے، جو گریبان سے زیادہ پرکشش ہے۔ درحقیقت، شرم گاہ محلِ شہوت ہوتی ہے، اِسے آشکار کرنا فتنے کا سبب بن سکتا ہے، اِس لیے شرم گاہوں کو ڈھانپنے کا حکم ہے۔ عورت کا سینہ شرم گاہ ہے اور گریبان اُس سے ملحق ہے، اِس لیے اُس پر زینت کی گئی ہو تو اُسے ڈھانپنے کا حکم دیا گیا ہے۔ اِس کے برعکس، چہرہ محلِ جمال ہے، جو جمالیاتی احساس کو چھوتا ہے، اِس لیے چہرے کو گریبان پر قیاس نہیں کیا جا سکتا۔

اِس بات کو یوں سمجھا جا سکتا ہے کہ عورتوں کے لیے مردوں کا چہرہ بھی محلِ جمال ہے۔ مگر اِس وجہ سے کہ عورتیں مردوں کا چہرہ دیکھ کر کسی فتنے کا شکار ہو سکتی ہیں، مردوں کو چہرے

ڈھانپنے کا حکم نہیں دیا جاتا، بلکہ عورتوں پر لازم ہے کہ اپنی نگاہوں اور جذبات کو قابو میں رکھیں۔ اِسی طرح عورتوں کے چہرے کو اِس وجہ سے ڈھانپنے کا حکم نہیں دیا جا سکتا کہ کچھ مردوں کی اخلاقی تربیت میں کمی کی وجہ سے محل جمال بھی اُن کے لیے شہوت انگیزی کا سبب بن جاتا ہے۔ ایسے مردوں کو بھی غض بصر کی ہدایت یاد دلائی جائے گی۔

آنچل کو گریبان پر ڈالنے کے اِس حکم میں چہرے کو ڈھانپنے کا ذکر نہ ہونا اِس بات کا واضح قرینہ ہے کہ چہرے کو ڈھانپنا آیت کا مقصود نہیں، ورنہ یہی موقع اِس کے ذکر کا تھا، لیکن چہرے کو ڈھانپنے کی ہدایت اگر یہاں دی جاتی تو یہ 'اِلَّا مَا ظَهَرَ مِنْهَا' کے تحت اِخفاے زینت میں دیے گئے استثنا کے خلاف ہو جاتی، جو اُن اعضاے زینت کو کھلا رکھنے کی اجازت دیتا ہے جو عام طور پر کھلے رہتے ہیں اور چہرہ اُن میں شامل ہے۔

عورت کی سر پوشی کا حکم بھی اِس آیت سے نہیں نکلتا۔ سر شرم گاہ میں شامل نہیں ہے اور نہ شرم گاہ سے ملحق حصہ ہے کہ اُسے ڈھانپنے کا حکم دیا جاتا۔ یہ عادتاً کھلے رہنے والے اعضا میں بھی شمار نہیں ہوتا کہ 'اِلَّا مَا ظَهَرَ مِنْهَا' کے استثنا میں اِسے شامل سمجھا جائے۔ اِس بنا پر سر پوشی کا کوئی شرعی حکم تلاش نہیں کیا جا سکتا۔ تاہم، ایک تہذیبی قدر کے طور پر مسلم خواتین ہمیشہ سے سر ڈھانپتی رہی ہیں۔ یہ رویہ بھی قرآن مجید کے اشارات سے پیدا ہوا ہے:

اِس حوالے سے غامدی صاحب اپنی کتاب ''مقامات'' میں لکھتے ہیں:

> ''اللہ تعالیٰ کی ہدایت ہے کہ مسلمان عورتیں اپنے ہاتھ، پاؤں اور چہرے کے سوا جسم کے کسی حصے کی زیبایش، زیورات وغیرہ اجنبی مردوں کے سامنے نہیں کھولیں گی۔ قرآن نے اِسے لازم ٹھیرایا ہے۔ سر پر دوپٹا یا اسکارف اوڑھ کر باہر نکلنے کی روایت اِسی سے قائم ہوئی ہے اور اب اسلامی تہذیب کا حصہ بن چکی ہے۔ عورتوں نے زیورات نہ پہنے ہوں اور بناؤ سنگھار نہ بھی کیا ہو تو وہ اِس کا اہتمام کرتی رہی ہیں۔ یہ رویہ بھی قرآن ہی کے اشارات

سے پیدا ہوا ہے۔ اللہ تعالیٰ نے فرمایا ہے کہ دوپٹے سے سینہ اور گریبان ڈھانپ کر رکھنے کا حکم اُن بوڑھیوں کے لیے نہیں ہے جو نکاح کی امید نہیں رکھتی ہیں، بشرطیکہ وہ زینت کی نمایش کرنے والی نہ ہوں۔ قرآن کا ارشاد ہے کہ وہ اپنا یہ کپڑا مردوں کے سامنے اتار سکتی ہیں، اِس میں کوئی حرج نہیں ہے، مگر ساتھ ہی وضاحت کر دی ہے کہ پسندیدہ بات اُن کے لیے بھی یہی ہے کہ احتیاط کریں اور دوپٹا سینے سے نہ اتاریں۔ اِس سے واضح ہے کہ سر کے معاملے میں بھی پسندیدہ بات یہی ہونی چاہیے اور بناؤ سنگھار نہ بھی کیا ہو تو عورتوں کو دوپٹا سر پر اوڑھ کر رکھنا چاہیے۔ یہ اگرچہ واجب نہیں ہے، لیکن مسلمان عورتیں جب مذہبی احساس کے ساتھ جیتی اور خدا سے زیادہ قریب ہوتی ہیں تو وہ یہ احتیاط لازماً ملحوظ رکھتی ہیں اور کبھی پسند نہیں کرتیں کہ کھلے سر اور کھلے بالوں کے ساتھ اجنبی مردوں کے سامنے ہوں۔" (307-308)

گریبان کو ڈھانپنے کا حکم اُس صورت میں دیا گیا ہے جب گریبان پر زینت کی گئی ہو، اِس کا مفہوم مخالف یہ نکلتا ہے کہ گریبان پر زینت نہ کی گئی ہو تو اُس پر آنچل ڈالنے کا حکم اِس آیت کی مراد نہیں۔

معاصر اہل علم ڈاکٹر عامر گزدر نے حجاب کے موضوع پر اپنے ڈاکٹریٹ کے مقالے ''مواقف العلماء من احکام الحجاب و الاختلاط قدیماً و حدیثاً'' میں اِس موقف پر درج ذیل اعتراضات وارد کیے ہیں:

"'لا یبدین زینتھن' (اور اپنی زینت کی چیزیں نہ کھولیں) کے عموم میں عورت کے سینے سمیت تمام اعضاے زینت شامل ہیں، سواے چہرے، ہاتھ اور پاؤں کے، جنھیں 'الا ما ظھر منھا' (سواے اُن کے جو اُن میں سے کھلی ہوتی ہیں) کے تحت استثنا حاصل ہے۔ سینہ، گردن اور گریبان اِس استثنا میں شامل نہیں۔ اِس کا مطلب یہ ہے کہ اِخفاے زینت کے حکم میں سینے، گریبان اور گردن کی زینت کو ڈھانپنا بھی شامل ہے۔ اب اگر 'ولیضربن

بخمرھن علی جیوبھن' (اور اِس کے لیے اپنی اوڑھنیوں کے آنچل اپنے گریبانوں پر ڈالے رہیں) کو 'لا یبدین زینتھن' (اور اپنی زینت کی چیزیں نہ کھولیں) کی تفسیر مانا جائے تو مطلب یہ ہوگا کہ عورتیں فقط گریبان کی زینت کو ڈھانپیں، دیگر زینتوں کو ڈھانپنا اِس حکم میں شامل نہیں، جیسے کلائیوں، بازوؤں کے بالائی حصے اور پنڈلیوں پر کی گئی زینت۔ یہ مراد لینے سے حکمِ اول اور حکمِ ثانی میں تعارض لازم آتا ہے۔ کیونکہ حکمِ اول کا عموم اِسے تسلیم نہیں کرتا، جس میں چہرے، ہاتھوں اور پاؤں کی زینت کے علاوہ تمام زینتوں کو ڈھانپنا شامل ہے۔

اگر گریبان اور سینے پر زینت ہونے کی صورت ہی میں لازم ہے کہ اُسے ڈھانپا جائے تو اِس کا مطلب یہ ہے کہ سینے پر زینت نہ کی گئی ہو تو اُسے ڈھانپنے کا حکم نہیں ہے۔ اِس صورت میں حفظِ فروج کے حکم کی خلاف ورزی ہوتی ہے۔ گریبان ڈھانپا ہوا نہ ہو تو اُس میں سے سینے کا جھلک جانا ممکن ہے۔

عمر رسیدہ عورتوں کو مردوں کے سامنے اپنا دوپٹا اتارنے کی رخصت عدمِ تزیین اور عدمِ تبرج کی شرط کے ساتھ دی گئی ہے۔ اِس کا مطلب یہ ہے کہ جو عورتیں بوڑھی نہیں ہیں، اُنھیں عدمِ زینت کے باوجود مردوں کی موجودگی میں دوپٹا اتارنے کی اجازت نہیں ہے، اِس لیے گریبان ڈھانپنے کا حکم اخفاے زینت کے حکم کی تفصیل نہیں ہو سکتا۔"

(298-297)

اِس کے جواب میں عرض ہے کہ گریبان کو ڈھانپنے کا حکم 'وَلَا يُبْدِيْنَ زِيْنَتَهُنَّ' (اور اپنی زینت کی چیزیں نہ کھولیں) کی تفسیر مطلق نہیں ہے، بلکہ خصوص کا بیان ہے، یعنی اگر زینت کی گئی ہو تو خاص طور پر گریبان کو ڈھانپا جائے۔ اِس کا یہ مطلب نہیں ہے کہ صرف گریبان ہی کو ڈھانپا جائے۔ اِسی آیت میں آگے دوسرا عطف بھی ہے جو ایک اور خصوص کو بیان کرتا ہے، یعنی 'وَلَا يَضْرِبْنَ بِاَرْجُلِهِنَّ لِيُعْلَمَ مَا يُخْفِيْنَ مِنْ زِيْنَتِهِنَّ' (اور اپنے پاؤں زمین پر مارتی ہوئی نہ

چلیں کہ اُن کی چھپی ہوئی زینت معلوم ہو جائے)۔ یہ دونوں عطف، عطف الخاص علی العام ہیں۔

چہرے اور ہاتھوں کے علاوہ اعضاے زینت میں سے گریبان کی زینت ہی نمایاں ہوتی ہے۔ گردن اور اُس سے متصل گریبان کا اوپری حصہ (نحر اور عنق) عموماً ملبوس نہیں ہوتے۔ اِس لیے اِنھیں 'اِلَّا مَا ظَهَرَ مِنْهَا' کے استثنا میں شامل سمجھ کر اِن پر کی گئی زینت کو بھی ظاہر رکھنے کا استنباط کیا جا سکتا تھا، مگر گریبان سینے سے متصل ہے اور سینہ فروج میں شامل ہے۔ اِس وجہ سے اِسے چھپانے کا حکم بھی سمجھا جا سکتا تھا۔ چنانچہ یہاں ابہام پیدا ہوتا ہے، جسے دور کرنے کے لیے گریبان کی زینت کو ڈھانپنے کا واضح حکم دیا گیا۔

زینت کی صورت میں گریبان کو ڈھانپنے کے خصوصی ذکر سے یہ لازم نہیں آتا کہ بغیر زینت کے گریبان کھلا رہنے دیا جائے۔ یہ معلوم ہے کہ سینہ فروج میں شامل ہے، اِس لیے حفظِ فروج کے حکم کے تحت ایسا اہتمام بہر حال ضروری ہے کہ گریبان سے سینہ نہ جھلکے، بلکہ سینے کے ابھار بھی کپڑے کے اندر سے نمایاں نہ ہوں۔

کلائیاں ہاتھوں سے متصل ہیں، اِس لیے ان پر کی گئی زینت کا شمار ہاتھوں کی زینت کے ساتھ کرنا ہی مناسب ہے، جسے اِخفاے زینت سے استثنا حاصل ہے۔ چنانچہ کلائیوں پر کی گئی زینت ظاہر رکھی جا سکتی ہے۔ البتہ بازوؤں کا بالائی حصہ اور پنڈلیاں حفظِ فروج کے حکم کے تحت ڈھانپ کر رکھی جائیں گی، کیونکہ یہ اعضا فروج کے قریب ہیں۔ اِن پر اگر زینت کی گئی ہو تو بدرجۂ اولیٰ اُنھیں ڈھانپ کر رکھا جائے گا۔ اِن کا حکم حفظِ فروج کے حکم سے برآمد ہوتا ہے۔

سینے کو بہ اہتمام ڈھانپنے کا حکم حفظِ فروج کی ہدایت میں پہلے سے شامل ہے۔ 'وَلْيَضْرِبْنَ بِخُمُرِهِنَّ عَلٰى جُيُوْبِهِنَّ' (اور اِس کے لیے اپنی اوڑھنیوں کے آنچل اپنے گریبانوں پر ڈالے رہیں) کے حکم میں سینے کو ڈھانپ کر رکھنے کے حکم کو دہرایا نہیں گیا اور نہ ہی اِس کی ضرورت

تھی۔ یہاں 'جیوب'، یعنی گریبان کی زینت کو ڈھانپنے کا حکم ہے۔ سینہ یہاں زیرِ بحث ہی نہیں۔ اگر کسی وجہ سے سینے کو ڈھانپنے کا حکم علیحدہ سے بیان کرنے کی ضرورت تھی تو اُس کی جگہ حفظِ فروج کے حکم کے متصل بعد تھی، نہ کہ اِخفاے زینت کے بیان کے ذیل میں، جو 'وَلَا يُبْدِيْنَ زِيْنَتَهُنَّ' (اور اپنی زینت کی چیزیں نہ کھولیں) کے الفاظ سے شروع ہوتا ہے۔

عمر رسیدہ عورتوں کو دوپٹا اتارنے کی اجازت عدمِ زینت کی شرط کے ساتھ نہیں، بلکہ عدمِ تبرج کی شرط کے ساتھ بیان ہوئی ہے۔ ہر اظہارِ زینت تبرج نہیں ہوتا۔ تبرج کا مطلب یہ ہے کہ زینت کی نمایش اِس طرح کی جائے کہ وہ شہوت انگیز ہو جائے۔ تبرج سے بچنے کی ہدایت اُسی صورت میں کی جاسکتی ہے جب زینت کی گئی ہو، اِس لیے بوڑھی عورتوں کے لیے دوپٹا اوڑھنے سے رخصت کا تعلق اُن کے لیے اظہارِ زینت کی اجازت سے متعلق ہے، اور یہ رخصت جوان عورتوں کے لیے نہیں ہے۔ اِس کا پردے کے حکم سے کوئی تعلق نہیں۔ آدابِ اختلاط کے علاوہ عورتوں کے لیے پردہ کا کوئی مستقل حکم موجود نہیں ہے۔

چہرے کا پردہ

آیتِ جلباب میں خواتین کو ہدایت کی گئی تھی کہ گھروں سے اندیشے کی جگہوں کے لیے نکلیں تو اپنی چادروں میں سے کوئی بڑی چادر اوڑھ لیا کریں۔

عبد اللہ بن عباس رضی اللہ عنہ سے جلباب اوڑھنے کا جو طریقہ منقول ہوا ہے، اُس میں چہرہ بھی فی الجملہ چھپ جاتا ہے۔ اِس سے یہ استدلال کیا جاتا ہے کہ چادر اوڑھنے میں چہرے کا پردہ شامل ہے۔

یہ استدلال بھی شے کے استعمال سے اُس کا معنی متعین کرنے کا ہے، یعنی چادر اوڑھنے کے

ایک انداز کو چادر اوڑھنے کے مفہوم میں شامل کر دیا گیا ہے۔ خواتین کپڑوں کے اوپر اوڑھنے کی بڑی چادر مختلف انداز سے لیتی ہیں۔ اِن میں سے کچھ طریقے صحابہ کے آثار میں بیان ہوئے ہیں۔ اِن میں سے ایک طریقہ چادر کو سر اور چہرے پر ڈال لینا بھی ہے، مگر ان میں سے کوئی ایک طریقہ جلباب اوڑھنے کے مفہوم میں داخل نہیں۔ قرآن مجید میں جلباب اوڑھنے کے لیے 'یُدْنِیْنَ عَلَیْهِنَّ' کے الفاظ آئے ہیں۔ اِن کا مطلب ہے: چادر اپنے قریب کر لیں، اپنے اوپر ڈال لیں۔ یہ چادر کسی بھی مناسب اور معروف طریقے سے اوڑھی جا سکتی ہے۔

علامہ طبری جلباب اوڑھنے کے اِن مختلف طریقوں پر تبصرہ کرتے ہوئے لکھتے ہیں:

اختلف اهل التأويلِ في صفة الادناء.(تفسیر الطبری 181/19)

''اہل تاویل نے ادناء (اوڑھنے) کی کیفیت کے بارے میں اختلاف کیا ہے۔''

علامہ ناصر الدین البانی کے نزدیک ادنائے جلباب کا مطلب اپنے اوپر چادر لے لینا ہی ہے۔ اِس میں چہرے کو چھپانے کا مفہوم از خود شامل نہیں۔[38]

مولانا عمار خان ناصر لکھتے ہیں:

''اِس حوالے سے جمہور مفسرین کا زاویۂ نظر دو نکتوں سے واضح ہوتا ہے:

ایک یہ کہ وہ آیت کے الفاظ 'یُدْنِیْنَ عَلَیْهِنَّ مِنْ جَلَابِیْبِهِنَّ' کا مفہوم یا تو صرف یہ بیان کرتے ہیں کہ کوئی چادر لے کر جسم پر ڈال لی جائے اور یا اِس جملے کی دونوں تفسیروں کا بلا ترجیح ذکر کر دیتے ہیں جو عربیت کی رو سے ممکن ہیں: پہلی یہ کہ اِس کا مطلب کوئی چادر لے کر اپنے اوپر ڈال لینا ہے اور دوسری یہ کہ اِس سے مراد اوڑھی ہوئی چادر کو اپنے چہرے پر لٹکا لینا ہے۔ مفسرین کا اِن دونوں احتمالات کو ذکر کر دینا اور کسی ایک کو لازمی طور پر ترجیح

---

[38] حجاب المرأۃ المسلمۃ 84۔

نہ دینا اِسی وجہ سے ہے کہ وہ اِس حکم کو اصلاً چہرے کو چھپانے کا کوئی حکم نہیں سمجھتے۔“[39]

علامہ ابن عثیمین ایک دوسرے زاویے سے ادنائے جلباب سے چہرے کے پردے پر استدلال کرتے ہیں۔ اُن کے مطابق، ازواجِ مطہرات کے حجاب میں اُن کے چہرے کو ڈھانپنے کا مفہوم ایک مسلمہ امر ہے۔ آیتِ جلباب میں ازواجِ مطہرات کو شامل کرتے ہوئے دیگر تمام خواتین کو جلباب اوڑھنے کا حکم دیا گیا ہے، اِس لیے سب خواتین کے چہرے کے پردے کا مفہوم از خود اِس حکم میں شامل ہو جاتا ہے۔[40]

یہ استدلال معکوس ہے۔ ازواجِ مطہرات کے لیے حجاب یہ تھا کہ وہ غیر محرم مردوں کی نگاہوں سے مکمل طور پر اوجھل رہیں گی۔ اِس سبب سے گھر سے باہر مردوں کی موجودگی میں اپنے چہرے کو ڈھانپنا اُن کے لیے ضروری تھا، مگر اِس سے یہ لازم نہیں آتا کہ سبھی خواتین ازواجِ مطہرات کو ملنے والے خصوصی حکم کی وجہ سے اپنے لیے جلباب اوڑھنے کا یہی طریقہ اختیار کر لیں۔

آیتِ جلباب: مولانا امین احسن اصلاحی کا موقف

مولانا امین احسن اصلاحی کے مطابق، آیتِ جلباب میں مسلم عورتوں کو نامحرم مردوں کی موجودگی میں اُن کے پورے جسم کے حجاب کا مستقل حکم دیا گیا ہے۔ اِس حکم کا محرک اگرچہ منافقین کی فتنہ پردازی اور شر انگیزی کی ایک مخصوص صورت حال تھی، مگر محض اِس سبب

---

39 قرآن مجید میں اختلاط مردوزن کے احکام (6)، ماہنامہ ”اشراق“، فروری 2024ء

40 اضواء البیان فی ایضاح القرآن بالقرآن 244/6۔

سے یہ حکم ایک وقتی تدبیر تک محدود نہیں ہو جاتا۔

مولانا لکھتے ہیں:

"...احکام جتنے بھی نازل ہوئے ہیں، سب محرکات کے تحت ہی نازل ہوئے ہیں، لیکن اس کے معنی یہ نہیں ہیں کہ وہ محرکات نہ ہوں تو وہ احکام کالعدم ہو جائیں۔ دوسرے یہ کہ جن حالات میں یہ حکم دیا گیا تھا، کیا کوئی ذی ہوش یہ دعویٰ کر سکتا ہے کہ اس زمانے میں حالات کل کی نسبت ہزار درجہ زیادہ خراب ہیں، البتہ حیا اور عفت کے وہ تصورات معدوم ہو گئے جن کی تعلیم قرآن نے دی تھی۔" (تدبر قرآن 270/6)

مولانا کی یہ بات درست ہے کہ احکام محرکات اور اسباب کی بنا ہی پر وارد ہوتے ہیں، اور محض اپنے محرک یا سبب کی وجہ سے اُن کی تخصیص نہیں کی جاتی۔ تاہم، احکام کی تعمیم کے لیے ضروری ہے کہ وہ جس حقیقت یا علت پر مبنی ہوں، وہ تعمیم قبول کرنے کی صلاحیت رکھتی ہو۔ مثلاً ظہار کی آیات کا محرک ایک عورت کا شکوہ تھا،[41] مگر اُس کے جواب میں ملنے والے حکم کی حقیقت یا علت میاں بیوی کے رشتوں میں خود ساختہ حرمت پیدا کرنے کی نفی ہے۔[42] اِس لیے یہ حکم اِس جیسی دیگر صورتوں کے لیے بھی عام ہو جاتا ہے اور محض اپنے محرک، یعنی ایک عورت کو درپیش مسئلے تک محدود نہیں رہتا۔

لیکن آیتِ جلباب میں چادر اوڑھنے کی ایسی کوئی حقیقت یا علت بیان نہیں ہوئی اور نہ مفہوم ہوتی ہے، جو اِسے عام حالات اور عام خواتین کے لیے عام کرنے کی صلاحیت رکھتی ہو۔ اِس کی علت عورتوں کی پہچان کرانا بیان ہوئی ہے تاکہ اُن کو اوباشوں کی اذیت رسانی کے عمل

---

41 المجادلہ 58:1۔

42 المجادلہ 58:2-4۔

سے محفوظ کرنے کا انتظام کیا جائے۔ یہ پہچان، ظاہر ہے کہ اُن کی خاندانی حیثیت کا اظہار تھا، جو لونڈیوں اور آبرو باختہ عورتوں کو حاصل نہ تھی۔ مدینے کے اوباشوں کا عذر یہ نہیں تھا کہ رات کے اندھیرے میں چادر کے بغیر عورتوں کو دیکھ کر اُن کے جذبات بھڑک اٹھتے ہیں، جس کی روک تھام کے لیے عورتوں کے چادر اوڑھنے کی پابندی عائد کی گئی۔ چادر اوڑھنے کی یہ تدبیر اِس لیے اختیار کی گئی کہ اوباش جان لیں کہ یہ باحیا خاندانی خواتین ہیں، جن کو چھیڑنے اور ستانے کے نتائج بھگتنا ہوں گے۔

عورتوں کے پردے کے حکم کے اثبات میں جتنی علتیں بیان کی جاتی ہیں، اُن میں سے کوئی بھی اِس ہدایت کے موقع پر بیان نہیں ہوئی، جیسے پاکیزگی کا حصول، مردوں کو عورتوں کے حسن و جمال کے فتنے سے بچانا، مسلمان عورت کی پہچان قائم کرنا وغیرہ۔ چادر اوڑھنے کی ہدایت کا مقصد اگر عصمت و عزت کی حفاظت ہوتا تو اِس کے لیے 5 یا 6 ہجری تک کے غیر معمولی حالات درپیش ہونے کا انتظار نہ کیا جاتا، پہلے دن سے اُنھیں بتایا جاتا کہ باہر نکلتے ہوئے لباس کے کیا آداب ملحوظ رکھیں جائیں۔

جلباب اوڑھنے کی ایک عمومی علت جو آیتِ جلباب سے مفہوم ہوتی ہے، وہ یہ ہے کہ خاتون کا لباس ایسا ہونا چاہیے جس سے اوباشوں کو عورت کے حلیے ہی سے یہ پیغام ملے کہ وہ ایک معزز خاتون ہے، اُسے ہلکے کردار کی عورت نہ سمجھا جائے۔ خاتون کا پُر وقار لباس کیا ہو؟ اِس کا فیصلہ عورت اور اُس کا کلچر کر سکتے ہیں، اِس کے لیے کسی ایک طرز کے لباس یا لباس میں کسی خاص ہیئت کے اختیار کر لینے پر اصرار نہیں کیا جا سکتا۔

دورِ رسالت میں مسلمان خواتین پہلے ہی سے باوقار لباس پہنتی تھیں۔ گھروں سے باہر نکلتے وقت چادر لینے کا رواج بھی پہلے سے موجود تھا، یعنی ایسا نہیں تھا کہ عورتیں لباس کے معاملے میں کسی کوتاہی کی مرتکب تھیں اور اُنھیں اِس پر توجہ دلاتے ہوئے چادر اوڑھنے کا حکم

دیا گیا۔ آیتِ جلباب کی مخاطب رسول اللہ صلی اللہ علیہ وسلم کی بیٹیاں اور بیویاں بھی ہیں، جن کے بارے میں تصور نہیں کیا جا سکتا کہ اُن کے لباس میں ایسی کوئی کمی تھی، جس کی طرف اُنھیں بھی متوجہ کیا گیا اور چادر اوڑھنے کی تلقین کی گئی۔ 'جَلَابِيبِهِنَّ'، (اپنی چادروں) کے الفاظ ہی سے واضح ہے کہ اُن خواتین کی چادریں اُن کے پاس پہلے سے موجود تھیں اور وہ گھروں سے باہر نکلتے وقت اُنھیں اوڑھتی بھی تھیں۔ چادر اوڑھنے کے اِسی رواج کو اُن خاص حالات میں مسلمان خواتین کی سماجی حیثیت کے اظہار کی باقاعدہ امتیازی علامت بنا دیا گیا۔ یہ بھی ممکن تھا کہ اِس کے لیے کوئی اور علامت مقرر کر دی جاتی، مگر آسانی سے دستیاب چادر جو پہلے ہی حیا اور وقار کی ایک نشانی سمجھی جاتی تھی، اِسی کو اِس مقصد کے لیے بہ طور خاص مقرر کر دیا گیا۔ چنانچہ جو خواتین رات کے اندھیرے کی وجہ سے چادر اوڑھنے کا لحاظ نہیں کرتی تھیں، وہ بھی اب کرنے لگیں، کیونکہ اب یہ اُن کی امتیازی علامت تھی۔

آیتِ جلباب کے الفاظ سے ظاہر ہے کہ خواتین کے لیے چادر اوڑھنے کا یہ معاملہ شرعی تقاضے کی حیثیت سے نہیں دیا گیا تھا، اِسی لیے اِس ہدایت کے ساتھ تقویٰ کی تلقین اور ثواب اور عذاب کی نوعیت کی چیزیں بھی وابستہ نہیں کی گئیں۔ اِسے ایک تدبیر کے طور پر بیان کرنے پر اکتفا کیا گیا ہے۔

ستر و حجاب کا فرق

حجاب کے قائلین کا ایک موقف قرآن مجید سے ستر اور حجاب کے احکام کو الگ الگ متعین کرنے کا ہے۔ اِس کے مطابق، عورت کا سارا بدن ستر ہے۔ اُس کا سارا بدن مستور رہنا چاہیے۔ یہ موقف درج ذیل روایت پر مبنی ہے۔

رسول اللہ صلی اللہ علیہ وسلم کا ارشاد ہے:

المراۃ عورۃ. (ترمذی، رقم 1173)   ''عورت (سراپا) پردہ ہے۔''

عورت کو چہرہ، ہاتھوں اور پاؤں کو مسلسل ڈھانپ کر رکھنے میں غیر معمولی مشقت پیش آتی ہے۔ اُسے اِس زحمت سے بچانے کے لیے اِن اعضا کو محارم کے سامنے کھولنے کی اجازت ہے۔ رفع حرج کے تحت ہی، اُس کے اِنھی اعضا کو نماز اور احرام میں بھی ڈھانپنے سے مستثنیٰ رکھا گیا ہے، جب کہ حجاب ایک مستقل حکم ہے۔ اِس کا ماخذ آیتِ جلباب ہے۔ اُس کی رو سے عورتیں غیر مردوں کی موجودگی میں مکمل حجاب میں رہیں گی۔ اُن کے چہرے سمیت تمام بدن پردے میں رہے گا۔[43]

عورت کے چہرے، ہاتھ اور پاؤں کو ستر میں شمار کرنے کا یہ موقف دین اور فطرت، دونوں کے لیے اجنبی ہے۔ انسانی تہذیب کی مسلمہ روایت نے عورت کے چہرے، ہاتھوں اور پاؤں کو ستر میں شمار نہیں کیا۔ اِنھیں ستر میں شامل کرنے کا مطلب یہ ہے کہ شرم گاہوں کا کچھ حصہ محارم کے سامنے اور نماز اور احرام کی حالت میں بھی کھول کر رکھنے کی اجازت ہے، یہ عجیب ہے۔ قرآن مجید میں اِس بارے میں کوئی چیز اشارتاً بھی موجود نہیں۔

سورۂ نور (24) کی آیت 31 میں 'اِلَّا مَا ظَهَرَ مِنۡهَا' کے الفاظ میں عام طور پر ظاہر رہنے والی زینتوں کو ظاہر رکھنے کی اجازت دی گئی ہے۔ اِن میں چہرہ، ہاتھ اور پاؤں شامل ہیں۔ یہ اجازت ستر سے متعلق نہیں ہے۔ ستر کو ڈھانپ کر رکھنے کا حکم اِس سے پہلے حفظ فروج کے تحت دیا گیا ہے اور وہاں کوئی استثنا بیان نہیں ہوا، کیونکہ شرم گاہوں کے لیے لازم ہے کہ وہ پوشیدہ ہی رکھی جائیں، اُن میں استثنا نہیں دیا جا سکتا۔

---

43 شرعی پردہ، قاری طیب قاسمی 110۔

عورت کو سراپا ستر قرار دینے کا استدلال مذکورہ بالا روایت کے فہم پر کھڑا ہے۔ اصولی طور پر خبرِ واحد کسی مستقل حکم کا ماخذ نہیں بن سکتی۔ اِس سے کوئی ایسا استدلال نہیں کیا جا سکتا جس کی زد قرآن مجید کے کسی حکم پر پڑتی ہو۔ مزید برآں، یہ روایت سنداً ایسی قوی اور بے غبار نہیں کہ کسی حکم کے لیے بنائے استدلال بن سکے۔ امام ترمذی کے مطابق، یہ روایت حسن غریب ہے۔ محدثین نے اِس کی سند میں ضعف کی نشان دہی کی ہے۔[44] تاہم، غور کیا جائے تو معنوی طور پر اِس میں ایسی کوئی بات نہیں جو دین کے مسلمات کے خلاف ہو۔ روایت کے الفاظ صرف یہ بتاتے ہیں کہ عورت کا بدن ڈھانپا ہوا ہونا چاہیے۔ حیا اور شرافت کا تقاضا یہی ہے کہ عورت کا جسم ڈھانپا ہوا ہو، مگر عرف و عادت میں جن اعضا کو ڈھانپا نہیں جاتا، اُن کا استثنا بہر حال اِس کے مفہوم میں برقرار ہی رہے گا۔

زبان و بیان کا مسلمہ اصول ہے کہ عقلی مستثنیات ہر مطلق اور عام ہدایت میں مقدر (Understood/Implicit) مانے جاتے ہیں۔ مثلاً ایک استاد یہ کہے کہ سب طلبہ کے لیے لازم ہے کہ کل جماعت میں حاضر ہوں، غیر حاضر ہونے والے پر جرمانہ عائد کیا جائے گا۔

---

44 'قتادة: ابن حجر: كان حافظ عصره، وهو مشهور بالتدليس.' "قتادہ کے بارے میں ابن حجر کا کہنا ہے وہ اپنے وقت کے حافظ تھے، تاہم مشہور ہے کہ وہ تدلیس کرتے تھے۔" (تعریف اہل التقدیس 146/1)

'عمرو بن عاصم، الرتبة عند ابن حجر: صدوق في حفظه شيء.' "ابن حجر کے مطابق عمرو بن عاصم صدوق تھے، مگر اُن کی یادداشت میں کچھ مسئلہ تھا۔" (تقریب التہذیب 738/1)

'همام: ابن حجر: ثقة ربما وهم.' "ابن حجر کے مطابق ہمام ثقہ تھے، تاہم کبھی وہم کا شکار ہو جاتے تھے۔" (تقریب التہذیب 1024/1)

اگلے روز کسی طالب علم کو حادثہ پیش آ جائے تو یہ اُس کی غیر حاضری کے لیے ایک معقول عذر ہے، جو اُسے سزا سے استثنا کا جواز فراہم کرتا ہے۔ استاد کے الفاظ اگرچہ مطلق ہیں، مگر عقلی استثنا یہاں مقدر ہے، جو متاثرہ طالب علم کو جرمانے سے مستثنیٰ قرار دیتا ہے۔

یہی معاملہ مذکورہ روایت کا ہے۔ اِس میں بھی چہرے، ہاتھوں اور پاؤں کا استثنا پہلے سے مقدر ہے۔

رسول اللہ صلی اللہ علیہ وسلم نے عورتوں کے چہرے اور ہاتھوں کو حالت احرام میں کھلے رکھنے کی تاکید کی ہے، دراں حالیکہ اس موقع پر مردوں کا ازدحام ہوتا ہے۔

آپ کا ارشاد ہے:

ولا تنتقب المرأة المحرمة، ولا تلبس القفازين.	''احرام کی حالت میں عورت منہ پر نقاب نہ ڈالے اور دستانے بھی نہ پہنے۔'' (بخاری، رقم 1838)

حالتِ احرام میں عورتوں کو نقاب اوڑھنے اور دستانے پہننے کی ممانعت کی وجہ غالباً یہ تھی کہ عورت کے لباس میں یہ چیزیں طبقۂ اشرافیہ میں عام لوگوں سے امتیاز برتنے اور اپنی بڑائی کے اظہار کے لیے رائج تھیں۔ حج کے موقع کے لیے اِسے اختیار کرنے سے منع کیا گیا، کیونکہ یہ احساسِ عبدیت کے خلاف تھا۔ اِن کی ممانعت کی یہ وجہ نہیں تھی کہ عورتیں عموماً نقاب اوڑھتی اور دستانے پہنتی تھیں اور حج کے موقع پر اُنھیں اِن سے منع کرنے کی ضرورت پیش آئی۔ نقاب اوڑھنا اور دستانے پہننا عورتوں کا معمول کبھی نہیں رہا۔ عہدِ رسالت اور عہدِ صحابہ میں خواتین چہرے اور ہاتھوں کے پردے کے بغیر سامنے آیا کرتی تھیں۔ نقاب اوڑھنے والی خواتین کے اکا دکا واقعات ہی نقل ہوئے ہیں۔ چند عورتوں کے نقاب اوڑھنے کا بہ طور خاص ذکر ظاہر کرتا ہے کہ نقاب اوڑھنا معمول نہیں تھا، ورنہ اِس طرح یہ ذکر میں نہ آتا۔ لباس میں

کوئی غیر معمولی بات ہی نوٹس کی جاتی اور بیان میں آتی ہے۔اِن روایات پر تبصرہ الگ ضمیمے میں کیا جائے گا۔

ازواج مطہرات کا معاملہ مختلف تھا۔اُنھیں حجاب کا خصوصی حکم دیگر وجوہات کی بنا پر دیا گیا تھا، جنھیں اِس کتاب میں تفصیل سے بیان کیا گیا ہے۔اُن کا حجاب حج کے موقع پر بھی قائم رکھا جاتا تھا۔اِسی مناسبت سے وہ مناسکِ حج بھی عام لوگوں سے علیحدہ رہ کر ادا کرتی تھیں۔

درست بات یہی ہے کہ عورت کا چہرہ، ہاتھ اور اِسی طرح اُس کی کلائیاں اور پاؤں ستر کے اعضا نہیں ہیں۔اِنھیں عام طور پر ملبوس نہیں رکھا جاتا۔اِنھیں ظاہر رہنے والے اعضا کو اِن پر کی گئی زینت اور سنگھار سمیت ظاہر رکھنے کی اجازت دی گئی ہے۔

عام عورتوں کے حجاب کے استدلال پر اعتراضات

سورۂ احزاب اور سورۂ نور سے عورتوں کے مکمل حجاب کے استدلالات پر درج ذیل اعتراضات وارد ہوتے ہیں:

سورۂ احزاب کی آیت جلباب اور سورۂ نور کی آیت 31، دونوں جگہ اگر عورتوں کے مکمل پردے کا حکم دیا گیا ہے تو ایک ہی حکم کو دہرانے کی ضرورت نہیں تھی۔

سورۂ نور میں اِخفائے زینت سے استثنا اگر صرف چادر یا ظاہری لباس کا ہے تو وہ آیتِ جلباب سے از خود متبادر تھا، اُسے بھی دہرانے کی ضرورت نہیں تھی۔ نیز ایسے بدیہی استثنا بیان کرنے کی ضرورت نہیں ہوتی۔

'اِلَّا مَا ظَھَرَ مِنۡھَا' کا استثنا اظہارِ زینت کے باب میں دیا گیا ہے، یعنی اعضائے زینت اپنی زینتوں سمیت ظاہر رکھے جا سکتے ہیں۔ جسم کے مکمل حجاب میں اِن اعضا کو چھپانے کا استدلال درست نہیں ہو سکتا۔

آیتِ حجاب کی رو سے گھر میں داخل ہونے والے مردوں سے عام عورتوں کو بھی اگر حجاب میں رہنا ہے تو سورۂ نور میں مرد وزن کے اختلاط کے موقع پر غضِ بصر اور حفظِ فروج کا اہتمام اور زینتوں کو ڈھانپنے کی ہدایات دینے کی ضرورت نہیں رہتی۔ اگر یہ کہا جائے کہ سورۂ نور کی ہدایات مرد وزن کی ناگزیر یا اتفاقی ملاقات کے ذیل میں دی گئی ہیں تو آیت کے الفاظ میں ایسی کوئی صراحت یا تقیید نہیں۔ اِس کے برعکس، اجازت طلبی اور تعارف کرانے کی ہدایت سے معلوم ہوتا ہے کہ یہ باقاعدہ اجازت کے بعد معمول کی ملاقات کے لیے بیان کردہ آداب ہیں۔ یہی وجہ ہے کہ امام ابن تیمیہ کو یہ راے اختیار کرنا پڑی کہ سورۂ احزاب میں پردے کے حکم سے سورۂ نور کے آدابِ اختلاط کے احکام منسوخ ہو گئے ہیں،[45] لیکن یہ درست نہیں ہو سکتا، اِس لیے کہ آیتِ جلباب میں مسلمان عورتوں کو گھر سے باہر نکلتے وقت چادریں اوڑھنے کی ہدایت اُن کی سماجی حیثیت کے اظہار کے لیے دی گئی تھی تاکہ اوباش اُن کو ہراساں کرنے کی

---

[45] مجموع الفتاویٰ 110/22۔ ’وکانوا قبل ان تنزل آیة الحجاب كان النساء یخرجن بلا جلباب یری الرجل وجهها ویدیها وكان إذ ذاك یجوز لها ان تظهر الوجه والكفين وكان حينئذ يجوز النظر إليها لانه يجوز لها إظهاره ثم لما أنزل الله عزوجل آية الحجاب بقوله: ”يٰٓاَيُّهَا النَّبِيُّ قُلْ لِّاَزْوَاجِكَ وَبَنٰتِكَ وَنِسَآءِ الْمُؤْمِنِيْنَ يُدْنِيْنَ عَلَيْهِنَّ مِنْ جَلَابِيْبِهِنَّ.“ حجب النساء عن الرجال.‘ (آیتِ حجاب نازل ہونے سے پہلے عورتیں بغیر جلباب کے باہر نکلا کرتی تھیں، مرد اُن کے چہرے اور ہاتھ دیکھ لیتے تھے۔ اُس وقت اُن کے لیے چہرہ اور ہاتھ ظاہر کرنا جائز تھا اور اُس وقت مردوں کے لیے اُن کی طرف دیکھنا بھی جائز تھا، کیونکہ اُن کے لیے اُن کا ظاہر کرنا جائز تھا۔ پھر جب اللہ عزوجل نے آیتِ حجاب ”اے نبی، تم اپنی بیویوں اور بیٹیوں اور سب مسلمانوں کی عورتوں کو ہدایت کر دو کہ (اندیشے کی جگھوں پر جائیں تو) اپنی چادروں میں سے کوئی بڑی چادر اپنے اوپر ڈال لیا کریں“ نازل فرمائی تو عورتوں پر مردوں سے حجاب لاگو کر دیا گیا)۔

جرأت نہ کریں، جب کہ سورۂ نور (24) کی آیت 30 اور 31 مرد و زن کے عام اختلاط کے آداب بیان کرتی ہے۔ نیز سورۂ احزاب پہلے نازل ہوئی ہے، جب کہ سورۂ نور بعد میں۔ پہلے نازل ہونے والا حکم بعد والے حکم کو منسوخ نہیں کر سکتا، دوسرے یہ کہ خود اِن احکام میں ایسی کوئی لسانی دلالت یا قرینہ یا عقلی تقاضا موجود نہیں، جو ایک کو دوسرے کا ناسخ ثابت کر سکے۔

سورۂ نور میں ستر کی حفاظت کی ہدایت (یَحۡفَظۡنَ فُرُوۡجَهُنَّ) حفظِ فروج کی ہدایت کے تحت آچکی تھی۔ اِس میں عورت کا سینہ بھی شامل ہے۔ اِس کے بعد عورتوں کو اپنے گریبانوں پر آنچل ڈالنے کی ہدایت کی گئی ہے۔ یہ ہدایت اِخفاے زینت کے ذیل میں آئی ہے (وَ لَا یُبۡدِیۡنَ زِیۡنَتَهُنَّ اِلَّا مَا ظَهَرَ مِنۡهَا وَ لۡیَضۡرِبۡنَ بِخُمُرِهِنَّ عَلٰی جُیُوۡبِهِنَّ)۔ یہاں گریبان کی زینت کو خصوصیت سے ڈھانپنے کا مفہوم متبادر ہے۔ تاہم، اگر اِس سے گریبان ڈھانپنے کا مطلق حکم مراد لیا جائے، یعنی گریبان پر زینت کی گئی ہو یا نہ کی گئی ہو، ہر دو صورتوں میں اِسے ڈھانپا جائے تو یہ دوبارہ حفظِ فروج کی ہدایت قرار پاتی ہے، جو پہلے دی جا چکی ہے۔ یوں تکرار لازم آتی ہے۔ کسی وجہ سے اگر بغیر زینت کے بھی گریبان کو ڈھانپنے کا حکم مستقل طور پر بیان کرنے کی ضرورت تھی تو اُسے حفظِ فروج کی ہدایت کے متصل بعد آنا چاہیے تھا، نہ کہ اِخفاے زینت کی ہدایت کے ذیل میں۔

سورۂ نور میں عورتوں کو اپنی چھپی ہوئی زینتیں اپنے جن متعلقین کے سامنے ظاہر کرنے کی اجازت دی گئی ہے اُن میں شوہر بھی شامل ہے۔ چھپی ہوئی زینت سے اگر ستر کے اعضا مراد لیے جائیں تو شوہر کے لیے بھی عورت کا اُتنا ستر دیکھنا ہی جائز قرار پاتا ہے، جتنا دیگر محرم مردوں کے لیے روا ہے۔ یہ بداہتاً غلط مفہوم ہے۔ چنانچہ زینت کے معاملے کو ستر کے معاملے پر قیاس کرنا درست نہیں ہے۔

نماز اور حالت احرام میں مردوں کی موجودگی کے باوجود عورت کے چہرے اور ہاتھوں کو کھلا رکھنے کی تاکید کی گئی ہے، مگر عام حالات میں مردوں کی موجودگی میں اُنھیں ڈھانپ کر رکھنے کو شریعت کا حکم قرار دیا گیا ہے۔ یہ ایک تضاد ہے، لہٰذا درست بات یہی ہے کہ عورت کے چہرے اور ہاتھوں کے لیے پردے کا کوئی حکم نہیں دیا گیا۔ سورۂ نور (24) کی آیت 31 میں 'اِلاَّ مَا ظَهَرَ' کے تحت اِن اعضا کو اپنی زینتوں سمیت کھلا رکھنے کی اجازت دی گئی ہے۔

آواز کا پردہ

ترمذی کی مذکورہ بالا روایت ''عورت (سراپا) پردہ ہے'' کی رو سے بعض اہلِ علم عورت کی آواز کو بھی اُس کے سراپا میں شمار کرتے ہوئے[46] نامحرم مردوں سے عورت کی آواز کے پردے پر استدلال کرتے ہیں۔ عورت کی آواز کے پردے کے اثبات میں سورۂ نور (24) کی آیت 31 میں پاؤں کے زیور کی آواز کو پوشیدہ رکھنے کی ہدایت سے بھی استدلال کیا جاتا ہے۔ یہ استدلال امام ابو بکر جصاص کے مطابق یوں ہے کہ عورتوں کو ہدایت کی گئی ہے کہ اُنھوں نے جھنکار والی پازیب پہن رکھی ہو تو اپنے پاؤں زور سے مار کر نہ چلیں تاکہ اُس کی آواز زیادہ پیدا نہ ہو۔ عورت کی آواز میں زیور کی آواز سے زیادہ کشش ہوتی ہے، اِس لیے غیر محرم مردوں تک وہ بھی نہیں پہنچنی چاہیے۔[47]

اِس استدلال میں کئی مسائل ہیں۔ جھنکار والی پازیب پہن کر چلنے سے اُس کی معمول کی آواز لامحالہ پیدا ہوتی ہے۔ مقصود اگر یہ ہوتا ہے کہ اُس کی آواز پیدا ہی نہ ہو، جو مردوں کے

---

[46] زاد المسیر، ابن جوزی 290/3۔ المغنی 327/2-328۔

[47] احکام القرآن 229/5۔

کانوں تک پہنچ سکے تو ایسے زیور پہننے کی ممانعت کی جاتی، مگر ایسا نہیں کیا گیا۔ ممانعت صرف زور سے پاؤں مار کر اُن سے غیر معمولی آواز پیدا کرنے کی ہے۔ قیاس ہو سکتا ہے تو یہ کہ عورت کی معمول کی آواز مردوں کے کانوں تک پہنچنے کی ممانعت نہیں، البتہ خلافِ معمول بلند آواز نہیں نکالنی چاہیے، جو مردوں کو غیر معمولی طور پر متوجہ کرنے کا باعث بنے۔ اِس صورت میں یہ آدابِ محفل کی نوعیت کی ایک ہدایت ہے۔ اِس سے آواز کے پردے کا استدلال قائم نہیں ہوتا۔

عورت کی آواز کو زیور کی آواز پر قیاس کرنا بھی درست نہیں۔ زیور عورت کے وجود کا حصہ نہیں، زینت کی ایک چیز ہے اور زیور کی آواز بھی زینت ہے۔ عورت کی آواز زینت نہیں ہے، اُس کے وجود کا حصہ ہے۔ زینت وجود سے الگ اور اُس پر اضافی چیز ہوتی ہے، اِس لیے ایک کو دوسرے پر قیاس کرنے کے لیے کوئی قدرِ مشترک نہیں ہے۔ رہی یہ بات کہ عورت کی آواز میں مردوں کے لیے کشش ہوتی ہے تو یہ معمول کی کشش اُس کے چہرے، بلکہ اُس کے پورے وجود میں ہوتی ہے۔ یہ ایسے ہی ہے، جیسے عورت کے لیے مرد کے چہرے، اُس کی آواز، بلکہ اُس کے پورے وجود میں کشش ہوتی ہے، لیکن مردوں کو اپنی اِن چیزوں میں سے کسی چیز کو عورتوں سے چھپانے کی ہدایت نہیں کی گئی۔ معمول کی اِس باہمی کشش کو حد ادب میں رکھنے کے لیے غض بصر اور حفظِ فروج کی ہدایات دی گئی ہیں۔ اِس کشش کو کسی فتنے کا پیش خیمہ سمجھ کر شریعت میں اضافہ نہیں کیا جا سکتا۔ کسی فتنے کا اندیشہ اگر قوی ہو تو معاشرے کا فرض ہے کہ اپنا کردار ادا کرے۔ وعظ و نصیحت سے تربیت کی جائے، ورنہ قانون اور نظم اجتماعی کی طاقت سے فسادِ طبیعت کو حدود کا پابند بنایا جائے، مگر ایسے خدشات کے پیشِ نظر عورتوں پر کوئی اضافی پابندیاں عائد نہیں کی جا سکتیں۔

رسول اللہ صلی اللہ علیہ وسلم کی سیرت اور صحابہ رضون اللہ علیہم اجمعین کی سوانح میں

عورت کی آواز کے پردے کا تصور یا اُس کی کوئی مثال، بلکہ کوئی شائبہ بھی نہیں پایا جاتا۔ عہدِ رسالت کی خواتین اجتماعی عبادات، جہاد اور روز مرہ کی سماجی اور معاشی سرگرمیوں میں حصہ لیتی تھیں، مردوں سے معاملات طے کرتی تھیں۔ رسول اللہ صلی اللہ علیہ وسلم کے تشریف لانے کے بعد مدینہ کے طرزِ معاشرت میں کوئی تبدیلی نہیں آئی تھی۔

اِس کی تفصیل ایک مستقل ضمیمے میں بیان کی گئی ہے۔

عورت کے مکمل حجاب اور اُس کی آواز کا پردہ، البتہ بعض عجمی معاشروں کے طبقۂ اشرافیہ میں رائج رہا ہے۔ غالباً، اُسی کے زیرِ اثر عورت کی آواز کا پردہ تجویز کر دیا گیا۔

فتنے کا اندیشہ

حجاب کے قائلین کا ایک موقف اُس تعارض کو حل کرنے کی کوشش کرتا ہے جو سورۂ نور (24) کی آیت 31 میں 'اِلَّا مَا ظَهَرَ' کے مصداق کی تعیین میں حضرت عبداللہ بن عباس رضی اللہ عنہ اور حضرت عبداللہ بن مسعود رضی اللہ عنہ کی دو مختلف آرا کو بہ یک وقت اختیار کر لینے سے پیدا ہوتا ہے۔ موقف یہ ہے کہ زینت اور اعضاے زینت کی اجازت اُسی صورت میں ہے، جب فتنے کا اندیشہ نہ ہو۔ اگر یہ اندیشہ ہو تو نا محرم مردوں کے سامنے عورت کے چہرے اور ہاتھوں کو ظاہر کرنے کی اجازت نہیں دی جا سکتی۔ یہ موقف سدِ ذریعہ کے اصول پر مبنی ہے۔ اِس کے مطابق، کسی حرمت میں پڑ جانے کا قوی اندیشہ ہو تو اُس کی طرف لے جانے والے جائز وسائل اور صورتوں پر بھی پابندی عائد کی جا سکتی ہے۔

مفتی شفیع عثمانی اپنی تفسیر قرآن ''معارف القرآن'' میں لکھتے ہیں:

''اس پر سب کا اتفاق ہے کہ اگر چہرہ اور ہتھیلیوں پر نظر ڈالنے سے فتنہ کا اندیشہ ہو تو ان

کا دیکھنا بھی جائز نہیں اور عورت کو ان کا کھولنا بھی جائز نہیں۔"(402/6)

یعنی غیر مردوں کی موجودگی میں عورتوں کو اپنا چہرہ، ہاتھ اور پاؤں بغیر زینت کے بھی ظاہر کرنے کی اجازت نہیں، چہ جائیکہ اُن پر زینت بھی کی گئی ہو۔ زینت کی صورت میں یہ ممانعت بدرجۂ اتم ہوگی۔ اُن کے مطابق فتنے کے اندیشے کا اصل محل عورت کا حسن ہے اور عورت کا چہرہ ہی اُس کے حسن کا اصل مرکز ہوتا ہے، اِس لیے عام حالات میں بھی اُس کو چھپایا جائے گا، البتہ صرف ضرورت کے مواقع پر اُسے کھولنے کی اجازت ہے۔[48]

اِن علما کے خیال میں حالات پہلے کی نسبت زیادہ فتنہ انگیز ہیں، اِس لیے 'اِلَّا مَا ظَهَرَ' کے تحت جن اعضا اور اُن کی زینتوں کو آشکار رکھنے کی اجازت تھی، وہ اب نہیں دی جاسکتی۔ جدید دور کے علما میں یہی راے مقبول ہے۔

فتنے کے اندیشے کے اِس موقف کا تجزیہ کیا جائے تو معلوم ہوتا ہے کہ یہ حقیقت سے زیادہ تاثر پر مبنی ہے۔ اِس کا ہدف یک طرفہ طور پر عورت کو بنایا گیا ہے، اِس لیے یہ مبنی بر انصاف بھی نہیں ہے۔

فتنے سے مراد اگر مردوں میں عورتوں کو دیکھ کر معمول کی فطری کشش کا پیدا ہونا ہے تو یہ معاملہ ہمیشہ سے رہا ہے۔ یہ اُس وقت بھی تھا جب قرآن مجید میں مرد و زن کے اختلاط کے آداب بیان ہو رہے تھے۔ اِس اندیشے کے باوجود اُن کے درمیان اختلاط ممنوع نہیں کیا گیا اور نہ خواتین کو زیب و زینت اختیار کرنے ہی سے منع کیا گیا، بلکہ آداب کی رعایت کے ساتھ اختلاط اور اظہار زینت، دونوں کی اجازت دی گئی۔

مرد کے لیے عورت کے چہرے اور وجود میں اُتنی ہی کشش ہے، جتنی عورت کے لیے

---

[48] آسان ترجمۂ قرآن، مولانا تقی عثمانی 1074۔

مرد کے چہرے اور اُس کے وجود میں۔ قرآن مجید نے سورۂ نور میں دونوں کے درمیان جذبات واحساسات کی برابری کی اِسی نسبت سے دونوں اصناف کو ایک جیسے الفاظ میں غضِ بصر اور حفظِ فروج کی ہدایت کی ہے۔ دونوں اصناف کے لیے اِس حکم میں کسی امتیاز اور کوئی اضافہ کرنے کی گنجایش نہیں ہے، لیکن ایسا کیا گیا ہے۔ مفتی شفیع ''معارف القرآن'' میں فقہا کا موقف بیان کرتے ہیں کہ بغیر نیت کے مرد کا عورت کو دیکھنا مکروہ ہے، جب کہ عورت کے لیے محارم کے علاوہ کسی کو دیکھنا سرے سے حرام ہے۔[49] اِس کے برعکس، مولانا مودودی مردوزن کے اختلاط کی مختلف روایات کی بنیاد پر امام غزالی اور حافظ ابن حجر عسقلانی کے حوالے سے لکھتے ہیں:

''...ان روایات کو جمع کرنے سے معلوم ہوتا ہے کہ عورتوں کے مردوں کو دیکھنے کے معاملے میں اتنی سختی نہیں ہے، جتنی مردوں کے عورتوں کو دیکھنے کے معاملے میں ہے۔ ایک مجلس میں آمنے سامنے بیٹھ کر دیکھنا ممنوع ہے۔ راستہ چلتے ہوئے یا دور سے کوئی جائز قسم کا کھیل تماشا دیکھتے ہوئے مردوں پر نگاہ پڑنا ممنوع نہیں ہے۔ اور کوئی حقیقی ضرورت پیش آجائے تو ایک گھر میں رہتے ہوئے بھی دیکھنے میں مضائقہ نہیں ہے۔ امام غزالی اور ابن حجر عسقلانی نے بھی روایات سے قریب قریب یہی نتیجہ اخذ کیا ہے۔ شوکانی نیل الاوطار میں ابن حجر کا یہ قول نقل کرتے ہیں کہ جواز کی تائید اس بات سے بھی ہوتی ہے کہ عورتوں کے باہر نکلنے کے معاملے میں ہمیشہ جواز ہی پر عمل رہا ہے۔ مسجدوں میں، بازاروں میں، اور سفر میں عورتیں تو نقاب منہ پر ڈال کر جاتی تھیں کہ مردان کو نہ دیکھیں، مگر مردوں کو کبھی یہ حکم نہیں دیا گیا کہ وہ بھی نقاب اوڑھیں تاکہ عورتیں ان کو نہ دیکھیں۔ اس سے معلوم ہوتا ہے کہ دونوں کے معاملے میں حکم مختلف ہے۔ (ج6، ص101)''

---

[49] معارف القرآن 6/399-400۔

(تفہیم القرآن 384/3)

یہ دو متضاد مواقف ہیں، مگر دونوں ہی درست نہیں ہیں۔ قرآنِ مجید کے الفاظ میں اِن مجوزہ تخصیصات کے لیے کوئی گنجایش نہیں ہے۔

روایات سے پیدا ہونے والا مذکورہ بالا تاثر بھی درست نہیں ہے۔ نقاب اوڑھنا عرب ثقافت میں بھی معمول سے ہٹ کر ایک چیز تھی۔ اِسی وجہ سے اکا دکا واقعات میں یہ چند عورتوں کے انفرادی عمل کی حیثیت سے راویوں کے بیان میں آیا ہے۔ یہ اگر معمول ہوتا تو معمول کے ایک عمل کی صورت میں بیان کیا جاتا۔

عورتوں کے نقاب اوڑھنے سے متعلق درج ذیل روایت دیکھیے:

عن عبد الخبير بنِ ثابت بنِ قيسِ بنِ شماس، عن أبيه، عن جده، قال: جاءت امرأة إلى النبي صلى الله عليه وسلم يقال لها أم خلاد وهي منتقبة تسأل عن ابنها وهو مقتول، فقال لها بعض أصحاب النبي صلى الله عليه وسلم: جئت تسألين عن ابنك وانت منتقبة، فقالت: إن أرزأ ابني فلن أرزأ حيائي. (ابوداؤد، رقم 2488)

”عبد الخبیر بن ثابت بن قیس بن شماس اپنے والد سے اور وہ اُن کے دادا سے روایت کرتے ہیں کہ نبی صلی اللہ علیہ وسلم کے پاس ایک عورت آئی جس کو ام خلاد کہا جاتا تھا۔ وہ نقاب پوش تھی، وہ اپنے شہید بیٹے کے بارے میں پوچھ رہی تھی، نبی صلی اللہ علیہ وسلم کے ایک صحابی نے اُس سے کہا: تو اپنے بیٹے کو پوچھنے چلی ہے اور نقاب پہنے ہوئے ہے؟ اُس نے کہا: اگرچہ میں اپنے لڑکے کی جانب سے پریشان ہوں، مگر میری حیا کو کوئی پریشانی لاحق نہیں۔“

اِس روایت کی سند اگرچہ ضعیف ہے، تاہم اِس سے کوئی استدلال ہو سکتا ہے تو یہ کہ اُس موقع پر خاتون کے چہرے پر نقاب دیکھ کر حیرت کا اظہار کیا گیا۔ یہ ظاہر کرتا ہے کہ نقاب اوڑھنا عمومی عمل نہ تھا، ورنہ صحابی مذکورہ سوال نہ کرتے۔

فتنے سے مراد اگر مردوں یا عورتوں کے جذبات کا ایک دوسرے کو دیکھ کر بے قابو ہو جانا ہے تو یہ ہمہ وقت اور ہمہ گیر مسئلہ نہیں۔ کسی غیر تربیت یافتہ فرد کو یہ مسئلہ، البتہ پیش آ سکتا ہے۔ ایسا ہو تو اُس فرد کی اصلاح کی جائے گی، مگر اُس کی وجہ سے مقابل فریق کی آزادیوں کو سلب نہیں کیا جائے گا۔ کسی کی اخلاقی تربیت کی کمی کی کوئی ذمہ داری دوسرے فریق پر عائد نہیں ہوتی۔ ہم جانتے ہیں کہ مصر کی عورتوں کے تجاوز کی بنا پر حضرت یوسف علیہ السلام پر یہ لازم نہیں تھا کہ وہ اب گھر سے نکلنا چھوڑ دیں یا اپنے حسین چہرے کو ڈھانپ کر رکھیں۔ اِسی طرح یہ عورتوں کی ذمہ داری نہیں کہ بعض مردوں کی عدم تربیت کا جرمانہ خود پر پابندیاں عائد کر کے ادا کریں۔ مردوں ہی سے کہا جائے گا کہ اپنے حدود میں رہیں اور اگر کوئی اپنے حدود سے تجاوز کرتا ہے تو ضرورت پڑنے پر قانون کی طاقت سے اُسے روکنے کی کوشش کی جائے گی۔ قانون اور ریاست کی طرف سے تحفظ بھی اگر میسر نہ ہو تو یہ اب غیر معمولی صورت حال ہو گی۔ اِس صورت میں افراد کی آزادیاں سلب ہو جاتی ہیں، مگر ایمرجنسی کی صورتِ حال میں اختیار کردہ اقدامات کا اطلاق عام حالات پر نہیں کیا جا سکتا۔

غیر حقیقی اندیشوں یا استثنائی واقعات کی وجہ سے غیر معمولی پابندیاں عائد کرنے کا جواز بھی پیدا نہیں کیا جا سکتا۔ حادثات کی بنا پر معمولات متاثر نہیں کیے جاتے۔ مثلاً ٹریفک کے حادثات غیر معمولی واقعات ہوتے ہیں، لیکن اِن کی بنا پر لوگوں کے سفر کرنے پر پابندی عائد نہیں کی جاتی، بلکہ معمول کے قواعد اور آداب کی پابندی کی طرف ہی توجہ دلائی جاتی ہے۔ یہی اصول مرد و زن کے تعلقات میں تجاوز کے معاملے میں برتا جائے گا۔ ایسا نہیں ہوتا کہ سبھی افراد یا اُن

کی اکثریت آبرو باختہ یا دوسروں کی عصمت پر حملہ آور ہو جایا کرتی ہے۔ ایسا تجاوز کرنے والے افراد ہی کو توجہ دلائی جائے گی کہ اختلاط کے آداب کی پابندی کریں، خدا کا تقویٰ اختیار کریں اور اگر وہ پھر بھی دوسروں کی عزت و آبرو کے لیے خطرہ بننے کی کوشش کریں تو قانون کو اپنا کردار ادا کرنا چاہیے۔

یہ تاثر بھی درست نہیں کہ عہدِ رسالت میں فتنے کا اندیشہ کم تھا اور اب زیادہ ہو گیا ہے۔ رسول اللہ صلی اللہ علیہ وسلم کے دور میں جنسی ہراسانی کی صورتِ حال فساد فی الارض کی حد کو پہنچ گئی تھی۔ رسول اللہ صلی اللہ علیہ وسلم کا گھرانا منافقین کی ریشہ دوانیوں کا خصوصی ہدف تھا۔ حضرت عائشہ پر تہمت کا واقعہ اسی کا شاخسانہ تھا۔ عام مسلمان مردوں اور عورتوں کی عزت و عصمت بھی اُن منافقین سے محفوظ نہ تھی۔ اِس کا اندازہ اُس تہدید سے ہوتا ہے جو قرآن مجید میں اُن منافقین کو دی گئی۔ ارشاد ہوا ہے:

لَئِنۡ لَّمۡ یَنۡتَہِ الۡمُنٰفِقُوۡنَ وَ الَّذِیۡنَ فِیۡ قُلُوۡبِہِمۡ مَّرَضٌ وَّ الۡمُرۡجِفُوۡنَ فِی الۡمَدِیۡنَۃِ لَنُغۡرِیَنَّکَ بِہِمۡ ثُمَّ لَا یُجَاوِرُوۡنَکَ فِیۡہَاۤ اِلَّا قَلِیۡلًا مَّلۡعُوۡنِیۡنَ اَیۡنَمَا ثُقِفُوۡۤا اُخِذُوۡا وَ قُتِّلُوۡا تَقۡتِیۡلًا سُنَّۃَ اللّٰہِ فِی الَّذِیۡنَ خَلَوۡا مِنۡ قَبۡلُ وَ لَنۡ تَجِدَ لِسُنَّۃِ اللّٰہِ تَبۡدِیۡلًا۔

(الاحزاب 33:60-62)

”یہ منافقین اگر (اِس کے بعد بھی) اپنی حرکتوں سے باز نہ آئے اور وہ بھی جن کے دلوں میں بیماری ہے اور جو مدینہ میں لوگوں کو بھڑکانے کے لیے جھوٹ اڑانے والے ہیں تو ہم اُن پر تمھیں اکسا دیں گے، پھر وہ تمھارے ساتھ اِس شہر میں کم ہی رہنے پائیں گے۔ اُن پر پھٹکار ہو گی، جہاں ملیں گے، پکڑے جائیں گے اور بے دریغ قتل کر دیے جائیں گے۔ یہی اُن لوگوں

کے بارے میں اللہ کی سنت ہے جو پہلے
گزر چکے ہیں اور اللہ کی اِس سنت میں تم
ہر گز کوئی تبدیلی نہ پاؤ گے۔"

اِن حالات میں بھی خواتین پر ایسی کوئی پابندی عائد نہیں کی گئی تھی کہ وہ گھروں میں ٹک کر بیٹھ جائیں یا مردوں کی موجودگی میں مکمل طور پر پردہ میں رہیں۔

مولانا مودودی کی ایک منفرد راے

مولانا مودودی کی ایک منفرد راے یہ ہے کہ مردوں کے لیے اپنی بیوی کے سوا محرم عورتوں کا تمام بدن، سواے اُن کے چہرے، ہاتھ اور پاؤں کے، ستر ہے۔ اِن اعضا کے سوا وہ اُن کے بدن کے کسی حصے کو دیکھ سکتے ہیں اور نہ چھو سکتے ہیں۔ مولانا کے الفاظ یہ ہیں:

"اُنھیں (عورتوں کو) حکم دیا گیا ہے کہ اپنے چہرے اور ہاتھوں کے سوا تمام جسم کو لوگوں سے چھپائیں۔ اِس حکم میں باپ، بھائی، اور تمام رشتہ دار مرد شامل ہیں اور شوہر کے سوا کوئی مرد اِس سے مستثنیٰ نہیں ہے۔" (پردہ 225)

مولانا استدلال میں دو روایات پیش کرتے ہیں:

ایک یہ کہ حضرت عائشہ رضی اللہ عنہا اپنے بھتیجے عبد اللہ بن الطفیل کے سامنے بہ حالت زینت سامنے آئیں۔ رسول اللہ صلی اللہ علیہ وسلم نے اِسے پسند نہیں کیا اور فرمایا کہ عورت جب بالغ ہو جائے تو اُس کے لیے جائز نہیں کہ اپنے جسم میں سے کچھ ظاہر کرے، سواے چہرے اور ہاتھوں کے۔ یہ کہہ کر آپ نے اپنی کلائی پر ہاتھ رکھ کر دکھایا کہ گرفت کے مقام اور ہتھیلی کے مقام کے درمیان ایک مٹھی کی جگہ باقی تھی۔

دوسری روایت حضرت اسماء بنت ابی بکر رضی اللہ عنہا سے متعلق ہے۔ وہ باریک لباس

میں آپ کے سامنے آئیں تو اُنھیں بھی آپ نے مذکورہ ہدایت فرمائی۔[50]

اصولی طور پر، خبرِ واحد کسی نئے اور مستقل حکم کا ماخذ نہیں بن سکتی۔ نیز مولانا کا استدلال جن روایات پر مبنی ہے، وہ صحت کے معیار پر بھی پوری نہیں اتر تیں۔[51]

اس کے برعکس، قرآن مجید میں سورۂ نور (24) کی آیت 31 میں واضح طور پر بتایا گیا ہے کہ نامحرم مردوں کی موجودگی میں آشکار زینتوں کو چھپانے کی ضرورت نہیں ہے۔ اِن میں چہرہ، ہاتھ اور پاؤں کی زینت شامل ہے۔ پھر یہ بھی بتایا گیا ہے کہ قریبی متعلقین کے سامنے چھپی ہوئی زینتیں ظاہر کی جاسکتی ہیں۔ یہ زینتیں آشکار زینتوں (چہرہ، ہاتھ اور پاؤں) سے زائد ہیں،[52] جیسے گریبان اور سر کی زینت، جب کہ ستر کا معاملہ الگ ہے۔ ستر کے اعضا شوہر کے سوا کسی کے سامنے بغیر کسی ناگزیر ضرورت کے کھولنا جائز نہیں، اِس لیے مولانا کا استدلال درست قرار نہیں پاتا۔

غیر محرم کی دو اقسام — مولانا مودودی کا منفرد استدلال

حضرت اسماء رضی اللہ عنہا سے متعلق مذکورہ بالا روایت سے ظاہر ہوتا ہے کہ نامحرم مرد سے عورت کے چہرے اور ہاتھوں کا پردہ نہیں ہے۔ نیز اِسی قبیل کی متعدد روایات میں صحابیات نامحرم مردوں سے مکمل حجاب کرتی نظر نہیں آتیں۔ یہ روایات مولانا مودودی کے

---

[50] پردہ 226-227۔

[51] پہلی روایت حدیث کی کسی مستند کتاب میں نقل نہیں ہوئی۔ دوسری روایت صرف ابوداؤد میں پائی جاتی ہے۔ اِس کے راوی سعید بن بشیر ضعیف ہیں (تہذیب التہذیب 10/4)۔

[52] النور 24:31۔

عورتوں کے پردے کے موقف کے خلاف پڑتی ہیں۔ اِس تعارض کو دور کرنے کے لیے مولانا نامحرموں کی دو اقسام بیان کرتے ہیں: ایک وہ جان پہچان اور اعتماد کے لوگ جن کے سامنے چہرے، ہاتھ اور پاؤں کو چھپانے کی ضرورت نہیں اور دوسرے وہ اجنبی مرد جن کے سامنے مکمل حجاب اختیار کیا جائے گا، یعنی وہ حجاب جس کا حکم آیتِ جلباب سے اخذ کیا جاتا ہے۔[53]

قرآن مجید میں نامحرموں کی کوئی اقسام بیان نہیں ہوئیں۔ کوئی عقلی تقاضا بھی ایسا نہیں، جو قرآن مجید میں کسی جگہ نامحرموں کے اِس فرق کو لازم کرے۔ روایات کی بنا پر قرآن مجید کے کسی حکم میں ایسی تخصیص پیدا نہیں کی جاسکتی، جس کی اجازت اُس کے الفاظ نہ دیتے ہوں۔ درست بات یہی ہے کہ نامحرم مردوں سے عورت کے چہرے اور ہاتھوں کے پردے کا کوئی حکم دین نے نہیں دیا۔ سورۂ نور (24) کی آیت 31 میں نامحرم مردوں کی موجودگی میں معمولاً آشکار رہنے والی زینتوں کو ظاہر رکھنے کی اجازت دی گئی تھی، جن میں چہرہ اور ہاتھ شامل ہیں۔ یہ اعضا اگر اپنی زینت سمیت ظاہر رہ سکتے ہیں تو بغیر زینت کے اُن کا ظاہر رہنا بہ درجۂ اولیٰ واضح ہے۔ اِسی وجہ سے رسول اللہ صلی اللہ علیہ وسلم کے سامنے خواتین، چاہے رشتہ دار ہوں یا غیر رشتہ دار، اپنے چہرے کو ڈھانپے بغیر سامنے آتی تھیں، بلکہ پورے معاشرے کا یہی معمول تھا۔ عورتیں مردوں سے پردہ نہیں کرتی تھیں۔ یہ تصور نہیں کیا جا سکتا کہ قرآن مجید نامحرموں سے مکمل پردے کا حکم دے اور رسول اللہ صلی اللہ علیہ وسلم، آپ کے صحابہ اور صحابیات اِس میں کوئی استثنا پیدا کر لیں۔

---

53 تفہیم القرآن 3/338۔

مولانا اصلاحی بھی یہی موقف رکھتے ہیں۔ دیکھیے: اسلامی معاشرے میں عورت کا مقام 139۔

زینت کے مفہوم کا جسمانی حسن پر اطلاق

لغت اور قرآن مجید کے استعمالات سے واضح ہے کہ 'زینت' سے مراد وہ آرایش ہے جو اصل شے یا فرد پر خارج سے کی جاتی ہے۔ اِس کا اطلاق جسمانی حسن پر نہیں ہوتا۔ جسمانی حسن کے لیے لفظ 'حسن' اور 'جمال' بولا جاتا ہے۔

''اقرب الموارد'' میں ہے:

الزینة: ما یتزین به. (485/1)

''وہ چیز جس سے آراستگی حاصل کی جائے، وہ زینت ہے۔''

''تاج العروس'' میں اِس کی تعریف یوں کی گئی ہے:

الزینة بالکسر: ما یتزین به کما فی الصحاح. وفی التهذیب: وقال الحرالی: الزینة: تحسین الشیء بغیره من لبسة أو حلیة أو هیئة. (161/35)

''زینت کا مطلب وہ چیزیں ہیں جن سے آراستگی حاصل کی جاتی ہے، جیسا کہ ''صحاح'' میں بیان ہوا ہے۔ ''التہذیب'' میں الحرالی نے کہا ہے کہ زینت شے سے الگ اور اُس کی خوب صورتی ہے جو لباس، زیور یا ہیئت سے پیدا ہوتی ہے۔''[54]

---

54 مولانا مودودی نے بھی 'زینت' کا یہی مفہوم بیان کیا ہے۔ وہ لکھتے ہیں:

'''''بناؤ سنگھار'' ہم نے ''زینت'' کا ترجمہ کیا ہے، جس کے لیے دوسرا لفظ آرایش بھی ہے۔ اس کا اطلاق تین چیزوں پر ہوتا ہے: خوش نما کپڑے، زیور، اور سر، منہ، ہاتھ، پاؤں وغیرہ کی مختلف آرایشیں جو بالعموم عورتیں دنیا میں کرتی ہیں، جن کے لیے موجودہ زمانے

قرآن مجید میں 'زینت' کا لفظ لباس،[55] زیورات،[56] مال و اولاد،[57] سواری کے جانوروں[58] اور آسمان کے تاروں کے خوش کن مناظر[59] کے لیے استعمال ہوا ہے، جب کہ جسمانی خوب صورتی کے لیے لفظ 'حسن' استعمال کیا گیا ہے۔ ارشاد ہوتا ہے:

لَا یَحِلُّ لَکَ النِّسَآءُ مِنۢ بَعۡدُ وَلَآ اَنۡ تَبَدَّلَ بِهِنَّ مِنۡ اَزۡوَاجٍ وَّلَوۡ اَعۡجَبَکَ حُسۡنُهُنَّ. (الاحزاب 52:33)

''اِن کے بعد اب دوسری عورتیں تمھارے لیے جائز نہیں ہیں اور نہ یہ جائز ہے کہ اُن کی جگہ اور بیویاں لے آؤ، اگرچہ اُن کا حسن تمھیں کتنا ہی پسند ہو۔''

اِس سے واضح ہے کہ 'زینت' کے مفہوم میں جسمانی حسن کے مفہوم کا اضافہ کرنے کی کوئی گنجایش نہیں ہے۔ تاہم، امام رازی نے زینت کے مفہوم میں جسمانی حسن کو شامل کیا ہے۔ اُن کی دلیل یہ ہے کہ بعض خواتین دوسری خواتین سے زیادہ حسین ہوتی ہیں۔ دوسرے یہ کہ گریبان کو ڈھانپنے کا حکم اِس بات پر دلالت کرتا ہے کہ عورت اپنے سینے کو ہر صورت میں ڈھانپ کر رکھے گی، چاہے اُس پر زینت کی گئی ہو یا نہ کی گئی ہو۔ دونوں صورتوں میں عورت کے

میں MAKE UP کا لفظ بولا جاتا ہے۔'' (تفہیم القرآن 385/3)

55 الاعراف 31:7۔

56 طٰہٰ 87:20۔

57 الکہف 46:18۔

58 النحل 8:16۔

59 الصافات 6:37۔

صنفی اعضا زینت میں شامل ہیں۔[60]

---

60 تفسیر الکبیر 363/23۔ 'واعلم أن الزينة اسم يقع على محاسن الخلق التي خلقها الله تعالى وعلى سائر ما يتزين به الإنسان من فضل لباس أو حلي وغير ذلك، وأنكر بعضهم وقوع اسم الزينة على الخلقة، لأنه لا يكاد يقال في الخلقة إنها من زينتها. وإنما يقال ذلك فيما تكتسبه من كحل وخضاب وغيره، والأقرب أن الخلقة داخلة في الزينة، ويدل عليها وجهان: الأول: أن الكثير من النساء ينفردن بخلقتهن عن سائر ما يعد زينة، فإذا حملناه على الخلقة وفَّينا العموم حقه، ولا يمنع دخول ما عدا الخلقة فيه أيضًا. الثاني: أن قوله: ''وَلْيَضْرِبْنَ بِخُمُرِهِنَّ عَلَىٰ جُيُوبِهِنَّ'' يدل على أن المراد بالزينة ما يعم الخلقة وغيرها فكأنه تعالى منعهن من إظهار محاسن خلقتهن بأن أوجب سترها بالخمار' (اور جان لو کہ زینت ایک ایسا لفظ ہے جو اللہ تعالیٰ کی پیدا کردہ مخلوق کی خوب صورتیوں پر اور انسان کے اُن تمام امور پر بولا جاتا ہے جن سے وہ اپنی زیبائش کرتا ہے، چاہے وہ عمدہ لباس ہو، زیور ہو یا اِس کے علاوہ کچھ اور۔ تاہم، بعض لوگوں نے خلقت پر 'زینت' کا اطلاق قبول نہیں کیا، کیونکہ عام طور پر خلقت کے بارے میں یہ نہیں کہا جاتا کہ یہ زینت کا حصہ ہے۔ یہ لفظ اُن چیزوں پر استعمال ہوتا ہے جو انسان خود حاصل کرتا ہے، جیسے سرمہ، مہندی اور دیگر اشیا۔ لیکن زیادہ قرین قیاس یہ ہے کہ خلقت بھی زینت میں شامل ہے، اور اِس کے دو دلائل ہیں:

اول یہ کہ بہت سی عورتیں اپنی خِلقی ساخت کی بنا پر دیگر زینت کی اشیا سے بے نیاز ہوتی ہیں۔ اگر زینت کو خِلقت پر محمول کریں تو اِس عمومی دائرے کا حق ادا ہو گا، اور تخلیق کے علاوہ دیگر چیزوں کے زینت میں شامل ہونے کی بھی نفی نہیں ہو گی۔

دوم یہ کہ اللہ تعالیٰ کا فرمان ''اور اپنے دوپٹوں کے پلو اپنے گریبانوں پر ڈال لیں'' یہ اِس بات کی دلیل ہے کہ زینت سے مراد وہ چیز ہے جو خِلقت اور دیگر امور کو شامل کرتی ہے۔ گویا اللہ تعالیٰ نے عورتوں

جسمانی اعضا کو زینت میں شمار کرنے کی رائے مولانا شبیر احمد عثمانی[61] اور مولانا تقی عثمانی[62] نے بھی اختیار کی ہے۔ اُن کے مطابق زینت سے مراد عورت کے سجاوٹ کے اعضا ہیں۔

امام رازی کا پہلا استدلال، در حقیقت کوئی استدلال ہی نہیں ہے۔ جسمانی حسن عورتوں میں کم و بیش ہوتا ہی ہے۔

اُن کا دوسرا استدلال، البتہ قابل اعتنا ہے۔ اِس کا جواب یہ ہے کہ سورۂ نور (24) کی آیت 31 میں گریبان کو ڈھانپنے کی ہدایت اِخفاے زینت کے ذیل میں دی گئی ہے۔ یعنی یہ ہدایت اُس صورت میں ہے جب گریبان پر زینت کی گئی ہے۔ یہاں بھی زینت ہی کو ڈھانپنا مقصود ہے، نہ کہ سینے کو۔ سینے کو ڈھانپنے کی ہدایت حفظِ فروج کے حکم میں پہلے دی جا چکی تھی اور وہ معاملہ شرم گاہوں کے ڈھانپنے سے متعلق ہے، اِس لیے امام صاحب کا یہ استدلال بھی درست نہیں۔

امام رازی نے زینت کے مفہوم میں جسمانی حسن کا جو اضافہ کیا ہے، وہ ایک استدلالی معنی ہے۔ عقلی استدلال سے لغوی مفاہیم پیدا نہیں کیے جا سکتے۔ لغوی استعمالات سماعی ہوتے ہیں۔

عبد اللہ بن عباس رضی اللہ عنہ کے موقف کی توجیہات کا جائزہ

سورۂ نور (24) کی آیت 31 کے الفاظ 'اِلَّا مَا ظَهَرَ' کے بارے میں عبد اللہ بن عباس رضی اللہ عنہ کی راے کی متعدد توجیہات کی گئی ہیں۔ اُن میں ایک یہ ہے کہ عبد اللہ بن عباس رضی اللہ عنہ نے چہرے اور ہاتھوں کا ذکر 'وَلَا يُبْدِيْنَ زِيْنَتَهُنَّ' کی وضاحت میں بیان کیا تھا، نہ

کو اپنی خلقی خوب صورتی ظاہر کرنے سے منع فرمایا اور اُسے دوپٹے سے ڈھانپنے کا حکم دیا ہے)۔

[61] تفسیر عثمانی 1074۔

[62] آسان ترجمۂ قرآن 1073۔

کہ 'اِلَّا مَا ظَهَرَ مِنۡهَا' کے استثنا کی وضاحت میں، یعنی اُن کا مطلب تھا کہ اِن اعضا کی زینت کو چھپایا جائے، یہ مطلب نہیں تھا کہ اِنھیں کھلا رکھا جا سکتا ہے۔ابن کثیر اِسے نقل کرتے ہیں:

وَهٰذَا يُحۡتَمَلُ اَنۡ يَكُونَ تَفۡسِيرًا لِلزِّينَةِ الَّتِي نُهِينَ عَنۡ إِبۡدَائِهَا، كَمَا قَالَ أَبُو إِسۡحَاقَ السَّبِيعِي، عَنۡ أَبِي الأحوص، عَنۡ عَبۡدِ اللّٰهِ قَالَ فِي قَوۡلِهِ: ''وَلا يُبۡدِينَ زِينَتَهُنَّ'': الزِّينَةُ القُرۡط والدُّمۡلُج وَالۡخَلۡخَالُ وَالۡقِلَادَةُ.
(تفسیر القرآن العظیم 45/6)

''ایک احتمال یہ بھی ہے کہ یہ اُس زینت کی وضاحت ہو جس کے ظاہر کرنے سے اُنھیں منع کیا گیا ہے، جیسا کہ ابواسحاق سبیعی نے ابوالاحوص سے روایت کی ہے کہ عبد اللہ بن عباس نے اللہ کے اِس فرمان 'وَلَا يُبۡدِينَ زِينَتَهُنَّ' کے بارے میں کہا: زینت سے مراد کانوں کی بالیاں، بازوؤں کے کنگن، پازیب اور ہار ہیں۔''

یہ توجیہ ایک احتمال کے طور پر بیان کی گئی ہے۔اہلِ علم نے اِسے قبول نہیں کیا۔

عبد اللہ بن عباس رضی اللہ عنہ کے موقف کی ایک دوسری توجیہ یہ ہے کہ اُن کی راے سورۂ احزاب کی آیتِ حجاب سے پہلے خواتین کے حالات کے تناظر میں پیش کی گئی تھی۔[63]

یہ راے کسی طرح درست نہیں ہو سکتی، اِس لیے کہ اُن کی راے سورۂ نور کی آیت کی وضاحت میں نقل ہوئی ہے اور سورۂ نور سورۂ احزاب کے بعد نازل ہوئی تھی۔[64] اُن کی راے

---

63 مجموعہ رسائل فی الحجاب والسفور، عبد العزیز بن باز 57۔

64 سورۂ نور میں واقعۂ افک بیان ہوا ہے جو 6 ہجری میں پیش آیا تھا، جب کہ سورۂ احزاب میں جنگ احزاب کا ذکر ہے جو 5 ہجری میں ہوئی تھی۔

سورۂ احزاب کے بعد کے دور میں سورۂ نور کی مذکورہ آیت کی وضاحت کرتی ہے۔

'نِسَآىِٕهِنَّ' کا مصداق

سورۂ نور (24) کی آیت 31 میں عورتوں کی پوشیدہ زینتوں کے اظہار کی اجازت جن متعلقین کے لیے بتائی گئی ہے، اُن میں 'نِسَآىِٕهِنَّ'، (اُن کی عورتیں) بھی شامل ہیں۔ یہ عورتیں کون ہیں؟ تفسیری روایت میں اِن سے مسلمان عورتیں مراد لی گئی ہیں۔ یہ موقف ایک روایت کے مطابق ابن عباس رضی اللہ عنہ سے منقول ہے۔[65] مجاہد کی راے بھی اِس کے موافق ہے۔[66]

---

65 تفسیر القرآن العظیم، ابن کثیر 47/6۔ 'وَرَوَى عَبد فِي تَفْسِيرِهِ عَنِ الْكَلْبِيِّ، عَنْ أَبِي صَالِحٍ، عَنِ ابْنِ عَبَّاسٍ: "أَوْ نِسَائِهِنَّ." قَالَ: هُنَّ الْمُسْلِمَاتُ لَا تُبْدِيهِ لِيَهُودِيَّةٍ وَلَا نَصْرَانِيَّةٍ، وَهُوَ النَّحْرُ وَالْقُرْطُ وَالْوِشَاحُ، وَمَا لَا يَحِلُّ أَنْ يَرَاهُ إِلَّا مَحْرَمٌ.' (عبد بن حمید نے اپنی تفسیر میں کلبی سے، کلبی نے ابو صالح کے واسطے سے ابن عباس رضی اللہ عنہما سے روایت کیا ہے کہ "یا اپنی عورتوں" کا مطلب مسلمان عورتیں ہیں، یعنی (مسلمان عورت کو) یہ زینت کسی یہودی یا عیسائی عورت کے سامنے ظاہر نہیں کرنی چاہیے۔ اِس زینت میں گلا، کان کی بالیاں اور چادر شامل ہیں، اور وہ تمام چیزیں بھی جو کسی غیر محرم کے لیے دیکھنا جائز نہیں ہیں)۔

66 تفسیر القرآن العظیم 48/6۔ 'وَرَوَى سَعِيدٌ: حَدَّثَنَا جَرِيرٌ، عَنْ لَيْثٍ، عَنْ مُجَاهِدٍ قَالَ: لَا تَضَعُ الْمُسْلِمَةُ خِمَارَهَا عِنْدَ مُشْرِكَةٍ؛ لِأَنَّ اللهَ تَعَالَى يَقُولُ: "أَوْ نِسَائِهِنَّ" فَلَيْسَتْ مِنْ نِسَائِهِنَّ.' (سعید نے روایت کیا: ہمیں جریر نے لیث کے واسطے سے، اور لیث نے مجاہد سے نقل کیا کہ انھوں نے فرمایا: مسلمان عورت کسی مشرکہ عورت کے سامنے اپنا دوپٹا نہ اتارے، کیونکہ

آیت میں اصل الفاظ 'نِسَآئِهِنَّ' آئے ہیں، جن میں بلا تخصیص مذہب وہ تمام عورتیں شامل ہیں جنھیں ''اُن کی عورتیں'' یا ''اپنی عورتیں'' کہا جا سکتا ہے، یہ ایسی عورتیں ہی ہو سکتی ہیں جو جان پہچان اور تعلق و خدمت کی راہ سے متعلق ہوتی ہیں۔ اِن میں مسلمان عورتوں کی تخصیص پیدا کرنے کی کوئی گنجایش نہیں ہے۔

اِسی آیت میں مذکور الفاظ 'مَا مَلَكَتْ اَيْمَانُهُنَّ' میں لونڈیوں کے سامنے پوشیدہ زینتوں کے اظہار کی اجازت دی گئی ہے۔ لونڈی چاہے مسلم ہو یا غیر مسلم، اُس کے سامنے اظہارِ زینت کی اجازت میں مفسرین کا اختلاف نہیں ہے۔[67] اب اگر 'نِسَآئِهِنَّ' سے صرف مسلمان عورتیں مراد لی جائیں تو غیر مسلم لونڈیوں کے سامنے اظہار زینت کی اجازت نہیں ہونی چاہیے۔ اگر لونڈیوں کے معاملے میں 'مَامَلَكَتْ' کی عمومیت کو برقرار رکھتے ہوئے مسلم اور غیر مسلم کی تقسیم نہیں کی گئی ہے تو 'نِسَآئِهِنَّ' کے عموم میں بھی مسلم عورتوں کا اختصاص پیدا نہیں کیا جا سکتا۔ قرآن مجید کا مقصود اگر مسلمان عورتیں ہی ہوتا تو الفاظ بھی اُسی مناسبت سے آتے۔ چنانچہ 'نِسَآئِهِنَّ' سے وہی مفہوم مراد لیا جا سکتا ہے جو الفاظ سے متبادر ہے، یعنی اُن کی عورتیں، یعنی جو رشتہ داری، جان پہچان اور تعلق و خدمت کے واسطے سے متعلق ہو جاتی ہیں، جن کی عادات سے واقفیت ہوتی ہے، اِن میں مسلم اور غیر مسلم تمام عورتیں شامل ہیں، جب کہ اجنبی عورت، چاہے مسلم ہو یا غیر مسلم، اُس کے سامنے مسلمان عورتیں چھپی ہوئی زینتوں کے

اللہ تعالیٰ کا فرمان ہے: ''یا اپنی عورتوں کے سامنے''۔ اور مشرکہ عورت اُن کی عورتوں میں سے نہیں ہے)۔

67 تفسیر الطبری 266/17۔ 'اَوْ مَا مَلَكَتْ اَيْمَانُهُنَّ مِنْ إِمَاءِ الْمُشْرِكِينَ، كَمَا قَدْ ذَكَرْنَا عَنِ ابْنِ جُرَيْجٍ قَبْلُ.'

اظہار سے اجتناب برتیں گی۔ اجنبی عورتیں بھی نامحرم مردوں کے حکم میں داخل ہیں۔

'مَامَلَكَتْ' کا مصداق

قرآن مجید میں خواتین کو جن افراد کے سامنے اظہارِ زینت کی اجازت دی گئی ہے، اُن میں مملوک بھی شامل ہیں۔ اُن کے لیے قرآن مجید نے وہی جامع تعبیر استعمال کی ہے جس میں غلام اور لونڈی، دونوں شامل ہوتے ہیں، یعنی 'مَا مَلَكَتْ اَيْمَانُهُنَّ'، اُن کے داہنے ہاتھ جن کے مالک ہیں۔ چنانچہ مفسرین کی اکثریت اِسی کی قائل ہے کہ اِس میں غلام اور لونڈی، دونوں شامل ہیں۔[68] تاہم، مفسرین کا ایک گروہ اِس سے صرف لونڈیاں مراد لیتا ہے۔ اِن میں عبد اللہ

---

68 ابن کثیر جمہور مفسرین کا موقف نقل کرتے ہیں:

بل يجوز لها ان تظهر على رقيقها من الرجال والنساء، واستدلوا بالحديث الذى رواه ابو داود: حدثنا محمد بن عيسى، حدثنا ابو جميع سالم بن دينار، عن ثابت، عن انس، ان النبى صلى الله عليه وسلم اتى فاطمة بعبد قد وهبه لها. قال: وعلى فاطمة ثوب إذا قنعت به راسها لم يبلغ رجليها، وإذا غطت به رجليها لم يبلغ راسها، فلما راى النبى صلى الله عليه وسلم ما تلقى قال: إنه ليس عليك بأس، إنما هو ابوك وغلامك.

(تفسیر القرآن العظیم 48/6)

"بلکہ اُس کے لیے اپنے غلام اور لونڈی کے سامنے اظہارِ زینت کرنا جائز ہے۔ جمہور اُس حدیث سے استدلال کرتے ہیں جسے ابوداؤد نے محمد بن عیسیٰ، ابو جمیع سالم بن دینار، ثابت، حضرت انس رضی اللہ عنہ سے روایت کیا ہے کہ نبی کریم صلی اللہ علیہ وسلم حضرت فاطمہ رضی اللہ عنہا کے پاس تشریف لائے اور اُن کے لیے ایک غلام لائے، جو آپ نے

بن مسعود، مجاہد، حسن بصری، ابن سیرین، سعید ابن مسیب، طاؤس اور امام ابو حنیفہ شامل ہیں۔ لیکن یہ موقف الفاظ کی دلالت کے خلاف ہے۔ 'مَا مَلَكَتْ' کے الفاظ عام ہیں، جس طرح اِس میں مسلم اور غیر مسلم کی تخصیص داخل نہیں کی جاسکتی، اُسی طرح مرد اور عورت کی تخصیص بھی داخل نہیں کی جاسکتی۔

یہاں صرف لونڈیاں مراد ہوتیں تو اُن کے ذکر کی ضرورت ہی نہیں تھی، کیونکہ 'نِسَآئِهِنَّ' میں وہ پہلے ہی شامل سمجھی جاسکتی تھیں۔

لونڈی کا ستر

فقہا کے مطابق، لونڈی کا ستر مرد کے ستر کے برابر، یعنی ناف سے گھٹنے تک ہے۔[69]

اُنھیں تحفے میں دیا تھا۔ حضرت انس کہتے ہیں کہ حضرت فاطمہ کے جسم پر ایک ایسی چادر تھی کہ اگر وہ اُس سے اپنا سر ڈھانپتیں تو اُن کے پاؤں کھل جاتے، اور اگر وہ اپنے پاؤں ڈھانپتیں تو اُن کا سر کھل جاتا۔ جب نبی کریم صلی اللہ علیہ وسلم نے اُن کی یہ حالت دیکھی تو فرمایا: تم پر کوئی حرج نہیں، یہ تمھارے والد اور وہ تمھارا غلام ہے۔''

عن ام سلمة، ذكرت ان رسول الله صلى الله عليه وسلم قال: ''إذا كان لاحداكن مكاتب، وكان له ما يؤدى، فلتحتجب منه''. (تفسیر القرآن العظیم 48/6)

''حضرت ام سلمہ نے بیان کیا ہے کہ رسول اللہ صلی اللہ علیہ وسلم نے اُن سے فرمایا: جب تم میں سے کسی عورت کا مکاتب (وہ غلام جو اپنی آزادی کی قیمت ادا کر رہا ہو) ہو، اور اُس کے پاس وہ مال موجود ہو جو وہ ادا کر سکے تو وہ اُس سے پردہ کرے۔''

اِس کا مطلب ہے کہ غلام جب مکاتب نہ ہو تو اُس سے پردہ نہیں کیا جائے گا۔

69 الهدایہ فی شرح بدایۃ المبتدی 46/1۔ 'وما كان عورة من الرجل فهو عورة من الامة وبطنها

یہ موقف کسی نص پر مبنی نہیں ہے۔ یہ اُس دور سے متعلق ہے جب غلام لونڈیوں کا رواج تھا اور لونڈیاں اپنی اخلاقی تربیت کی کمی کی وجہ سے اپنا بدن ڈھانپنے میں زیادہ احتیاط نہیں برتتی تھیں۔ اُنھیں سر ڈھانپ کر رکھنے کی اجازت بھی نہیں تھی۔[70] نیز اُن کی خرید و فروخت کے دوران میں اُن کے خد و خال کا جائزہ لینے کا بھی معمول تھا۔ اِس کلچر کو تبدیل ہونے میں وقت لگا۔ شریعت سے اِس کا تعلق نہیں ہے۔ ابن تیمیہ لکھتے ہیں:

فان الفقهاء يسمون ذلك: باب ستر العورة وليس هذا من الفاظ الرسول ولا في الكتاب والسنة ان ما يستره المصلي فهو عورة.

(حجاب المرأة ولباسها في الصلاة 27)

”ان (احکام) کو فقہا نے ستر کا موضوع بنایا ہے، دراں حالیکہ اِن معنوں میں یہ الفاظ نہ رسول اللہ صلی اللہ علیہ وسلم نے استعمال فرمائے، نہ قرآن میں آئے، نہ سنت میں کہ نمازی کے لیے جن اعضا کو ڈھانپ کر رکھنا ضروری ہے، وہی ستر ہے۔“

اسلام جس قسم کی معاشرت پیدا کرتا ہے، اُس میں مرد و عورت، دونوں کے جنسی اور

وظهرها عورة وما سوى ذلك من بدنها ليس بعورة“ (جو چیز مرد کے لیے ستر ہے، وہی لونڈی کے لیے بھی ستر ہے، اُس کا پیٹ اور پیٹھ ستر ہیں۔ اِس کے علاوہ اُس کے جسم کا کوئی حصہ ستر نہیں)۔

[70] حضرت عمر لونڈیوں کو چادر اوڑھنے سے منع کرتے تھے۔ (مصنف ابن ابی شیبہ، رقم 6295) اس کی وجہ یہ تھی کہ اوباشوں کی طرف سے ستانے کا مسئلہ آزاد خواتین کو درپیش تھا۔ اِس لیے جلباب یا چادر اوڑھنے کی تدبیر بھی اُنھی کے لیے بتائی گئی تھی۔ چادر سے آزاد عورت کا امتیاز قائم کیا گیا تھا۔ لونڈیوں کے چادریں اوڑھنے سے یہ امتیاز نہ رہتا اور اوباشوں کو پھر سے آزاد خواتین کو چھیڑنے کا بہانہ ہاتھ آ جاتا۔ البتہ ہراسانی کے خلاف قانونی تحفظ لونڈیوں کو بھی حاصل ہی تھا۔

صنفی اعضا کو ڈھانپ کر رکھنا مطلوب ہے، چاہے وہ لونڈی ہی کیوں نہ ہو۔

اصول یسر اور اصولِ اضطرار کا اطلاق

سورۂ نور (24) کی آیت 31 میں اِخفاے زینت سے استثنا بتانے کے لیے لائے گئے الفاظ 'اِلَّا مَا ظَھَرَ مِنۡھَا' کے مصداق کے تعین میں حضرت عبد اللہ بن عباس اور حضرت عبد اللہ بن مسعود کی آرا کا اختلاف معلوم ہے۔

حضرت عبد اللہ بن مسعود کی راے اِس اصول پر مبنی ہے کہ دینی اعمال میں رخصت اور استثنا کی بنیاد اضطرار ہے، اِس لیے اظہارِ زینت میں اجازت فقط اُس زینت کی ہونی چاہیے جو اضطراراً ظاہر ہو جائے، لیکن یہ اصول 'اِلَّا مَا ظَھَرَ مِنۡھَا' کے استثنا پر لاگو نہیں ہوتا۔ یہ حرمتوں سے متعلق ہے، جہاں حالتِ اضطرار میں حرام اشیا کے استعمال کی بہ قدرِ ضرورت اجازت دی جاتی ہے، جیسے جان پر بن آئے تو لقمۂ حرام کھا کر یا کلمۂ کفر کہہ کر زندگی بچائی جا سکتی ہے۔ اِس کے برعکس، حرمتوں کی خلاف ورزی سے بچنے کے لیے سدذریعہ کی پابندیاں بہ قدرِ ضرورت عائد کی جاتی ہیں اور غیر معمولی زحمت پیش آنے پر حالتِ اضطرار کا انتظار کیے بغیر رخصت دے دی جاتی ہے۔ ایسا اصول یسر کے تحت کیا جاتا ہے۔ مثلاً گھروں میں داخل ہونے سے پہلے اجازت طلب کرنے کی پابندی فواحش کے سدّباب کے لیے لگائی گئی ہے، مگر بچوں اور خادموں کو اجازت طلب کرنے سے مستثنیٰ کر دیا گیا، کیونکہ اُنھیں بار بار آنا جانا ہوتا ہے اور بار بار اجازت طلب کرنا زحمت کا باعث بنتا ہے۔

اللہ تعالیٰ نے اِس اصول کو یوں بیان فرمایا ہے:

یُرِیۡدُ اللّٰہُ بِکُمُ الۡیُسۡرَ وَلَا یُرِیۡدُ بِکُمُ   ''اللہ تمھارے لیے آسانی چاہتا ہے

الْعُسْرَ. (البقرہ2:185) اور نہیں چاہتا کہ تمھارے ساتھ سختی کرے۔‘‘

یہی معاملہ زینتوں کو پوشیدہ رکھنے کی ہدایت کا ہے۔ یہ سد ذریعہ کی ہدایت ہے۔ اصل ممانعت زنا کی ہے، جس سے بچانا مقصود ہے۔ چنانچہ یہاں بھی بہ قدرِ ضرورت زینتوں کو چھپانے کی ہدایت کی گئی ہے اور جن زینتوں کو پوشیدہ رکھنے میں زحمت ہوتی ہے، اُنھیں کھلا رکھنے کی اجازت دی گئی ہے۔ ’اِلَّا مَاظَھَرَ مِنۡھَا‘ کا یہ وہ مفہوم ہے جسے حضرت عبداللہ بن عباس بیان کرتے ہیں، یہ اصول یسر پر مبنی ہے۔

ازواجِ مطہرات کے خصوصی احکام کی تعمیم کے استدلال کا جائزہ

ازواجِ مطہرات کو دیے گئے خصوصی احکام کی تعمیم کا موقف صحابہ، تابعین اور متقدمین علما کے ہاں نہیں پایا جاتا۔ یہ متاخرین اہل علم کی طرف سے سامنے آیا۔ سب سے پہلے چوتھی صدی ہجری میں امام ابو بکر الجصاص (متوفی: 370ھ) نے اِسے بیان کیا۔ امام ابن العربی (متوفی: 543ھ) اور اُن کے بعد امام قرطبیؒ (متوفی: 671ھ) نے اِسے اپنایا۔ دورِ حاضر میں مولانا مودودی نے ازواجِ مطہرات کے خصوصی احکام کی تعمیم کا موقف ایک منظم استدلال کے ساتھ پیش کیا۔ دورِ جدید اہلِ علم کی اکثریت کے ہاں اب یہی موقف مقبول ہے۔

جصاص سورۂ احزاب (33) کی آیت 32 کے تحت لکھتے ہیں کہ فتنے کے جس اندیشے سے ازواجِ مطہرات کو اجنبی مردوں سے نرم لہجے میں بات کرنے کی ممانعت کی گئی تھی، شہوت انگیزی کا وہ فتنہ عام مردوں اور عورتوں کے درمیان مکالمے میں بھی موجود ہوتا ہے۔ اِس بنا پر ازواجِ مطہرات کو نامحرم مردوں سے اجتناب سے متعلق دیے گئے احکام تمام مسلم

عورتوں پر بھی لاگو ہوتے ہیں۔ اُن کے لیے بھی مردوں سے نرم لہجے میں گفتگو کرنا جائز نہیں۔ وہ لکھتے ہیں:

وفیه الدلالة علی ان ذلك حکم سائر النساء فی نهیهن عن إلانة القول للرجال علی وجه یوجب الطمع فیهن ویستدل به علی رغبتهن فیهم.

(احکام القرآن 229/5)

"اِس میں اِس بات کی دلیل ہے کہ یہ حکم تمام عورتوں کے لیے ہے کہ وہ مردوں سے اِس انداز میں نرم لہجے میں بات نہ کریں جو اُن کے دل میں اُن کی طرف رغبت پیدا کرے اور جس سے اُن پر مردوں کی طرف مائل ہونے کا گمان کیا جائے۔"

سورۂ احزاب کی آیتِ حجاب میں اللہ تعالیٰ نے مسلمان مردوں پر پابندی عائد کی تھی کہ اُنھیں ازواجِ مطہرات سے کوئی چیز طلب کرنی ہو تو حجاب کے پیچھے سے طلب کریں۔ رسول اللہ صلی اللہ علیہ وسلم کی بیویاں اُن کے سامنے نہیں آئیں گی اور نہ وہ اُن کے حرم میں داخل ہو سکتے ہیں۔

ابن العربی اِس آیت کی رو سے استدلال کرتے ہیں کہ عورتوں کا تمام بدن ستر ہے۔ اُن کے جسم کا کوئی حصہ بھی بغیر ضرورت کے کسی پر ظاہر نہیں ہونا چاہیے۔ وہ لکھتے ہیں:

وهذا یدل علی ان الله أذن فی مساءلتهن من وراء حجاب فی حاجة تعرض او مسألة یستفتی فیها والمرأة کلها عورة بدنها وصوتها فلا یجوز لها کشف ذالك إلا لضرورة او لحاجة کالشهادة علیها او

"یہ اِس بات پر دلیل ہے کہ اللہ تعالیٰ نے کوئی ضرورت پیش آنے پر یا کسی مسئلے میں عورتوں کی راے لینے کے لیے پردے کے پیچھے رہتے ہوئے اُن سے کوئی بات پوچھنے کی اجازت دی ہے۔ عورت کا پورا جسم اور اُس کی آواز

داء یکون ببدنها أو سؤالها عما یعن ویعرض عندها.

(احکام القرآن 616/3)

پوشیدہ ہونی چاہیے اور اُس کے لیے جسم کو کھولنا جائز نہیں، سوائے اِس کے کہ کوئی ضرورت پیش آجائے، جیسا کہ اُسے اپنے متعلق گواہی دینی ہو یا اُس کے جسم میں کوئی بیماری ہو یا عورت کے سامنے پیش آنے والے کسی واقعے کے متعلق اُس سے استفسار کرنا ہو۔"

امام قرطبیؒ اِسی استدلال کو قدرے تفصیل سے دہراتے ہیں:

فی هذه الآیة دلیل علی أن الله أذن فی مساءلتهن من وراء حجاب فی حاجة تعرض أو مسألة یستفتین فیها ویدخل فی ذالك جمیع النساء بالمعنی وبما تضمنته أصول الشریعة من أن المرأة كلها عورة بدنها وصوتها كما تقدم فلا یجوز كشف ذالك إلا لحاجة كالشهادة علیها أو داء یكون ببدنها أو سؤالها عما یعرض وتعن عندها.

(الجامع لاحکام القرآن 208/17)

"یہ آیت اِس بات کی دلیل ہے کہ اللہ تعالیٰ نے کوئی ضرورت پیش آنے پر یا کسی مسئلے میں امہات المومنین کی راے لینے کے لیے پردے کے پیچھے رہتے ہوئے اُن سے کوئی بات پوچھنے کی اجازت دی ہے۔ علت کی رو سے اِس حکم میں باقی تمام عورتیں بھی داخل ہیں۔ نیز، جیسا کہ گزر چکا، شریعت کے اصولوں کا مقتضا بھی یہی ہے کہ عورت کا پورا جسم اور اُس کی آواز پوشیدہ ہونی چاہیے۔ چنانچہ عورت کے لیے جسم کو کھولنا جائز نہیں، سوائے اِس کے کہ کوئی ضرورت ہو،

جیسا کہ اسے اپنے متعلق گواہی دینی ہو
یا اُس کے جسم میں کوئی بیماری ہو یا
عورت کے سامنے پیش آنے والے
کسی واقعے کے متعلق اُس سے استفسار
کرنا ہو۔''

ازواجِ مطہرات کے پردے کی تعمیم ایک فقہی قاعدے کی رو سے بھی کی گئی ہے۔اِس کے مطابق مخاطب کی تخصیص سے حکم کی تخصیص لازم نہیں آتی۔ حکم کا تقاضا ہو تو اُسے عام سمجھا جا سکتا ہے۔ سورۂ احزاب میں ازواجِ مطہرات کو پردے کے جو احکام دیے گئے ہیں، وہ محض اِس وجہ سے ازواجِ مطہرات کے ساتھ خاص نہیں ہو جاتے کہ وہ اُن کی مخاطب تھیں۔

اِس حوالے سے ابنِ کثیر لکھتے ہیں کہ عام مسلمان خواتین تبعاً اُن احکام کی مخاطب اور مکلف ہیں جو ازواجِ مطہرات کو دیے گئے ہیں۔[71]

یہی موقف مولانا مودودی کے ہاں زیادہ وضاحت سے پیش کیا گیا ہے۔ وہ لکھتے ہیں:

''ازواج مطہرات رضی اللہ عنہن کو مخاطب کرنے کی غرض صرف یہ ہے کہ جب نبی (صلی اللہ علیہ وآلہ وسلم) کے گھر سے اس پاکیزہ طرز زندگی کی ابتدا ہو گی تو باقی سارے مسلمان گھرانوں کی خواتین خود اس کی تقلید کریں گی، کیونکہ یہی گھر ان کے لیے نمونہ کی حیثیت رکھتا تھا۔''(تفہیم القرآن 88/4)

اِسی نکتے کو محور بنا کر مولانا امین احسن اصلاحی ازواجِ مطہرات کے پردے کے معاملے میں کی جانے والی غیر معمولی سختی کا جواز پیش کرتے ہیں۔ وہ لکھتے ہیں:

71 تفسیر القرآن العظیم 408/6۔

''خطاب میں نبی صلی اللہ علیہ وسلم کی بیویوں کو خاص طور پر پیش نظر رکھنے کی ایک وجہ تو یہ ہے کہ شروع شروع میں معاشرتی اصلاح کا یہ مشکل قدم آں حضور صلی اللہ علیہ وسلم کے گھروں ہی سے اٹھایا گیا۔ دوسری وجہ یہ ہے کہ تمام امت کی خواتین کے لیے نمونہ ہونے کی وجہ سے نبی صلی اللہ علیہ وسلم کی ازواج اور آپ کے اہل بیت پر ان ہدایات واحکام کی ذمہ داری زیادہ قوت اور شدت کے ساتھ عائد ہوتی تھی۔''

(قرآن میں پردے کے احکام 7)

اِس موقف پر اعتراض یہ ہے کہ بات اِتنی نہیں کہ متعلقہ آیات میں نبی صلی اللہ علیہ وسلم کی بیویوں کو مخاطب کیا گیا ہے، بلکہ دیگر عورتوں کو خارج کرتے ہوئے مخاطب کیا گیا ہے، یعنی یوں کہا گیا ہے کہ اے نبی کی بیویو، تم عام عورتوں کی طرح نہیں ہو، اِس لیے یہ احکام تمھیں دیے جا رہے ہیں۔ اِس کا واضح مطلب ہے کہ یہ احکام دیگر خواتین کے لیے نہیں ہیں۔

مولانا مودودی آیت کے اِس طرز تخاطب کا وزن محسوس کرتے ہیں۔ چنانچہ اِس نکتے کو حل کرنے کی کوشش کرتے ہوئے لکھتے ہیں:

''لَسْتُنَّ كَاَحَدٍ مِّنَ النِّسَآءِ' (تم عام عورتوں کی طرح نہیں ہو) کا اندازِ بیان بالکل اس طرح کا ہے جیسے کسی شریف بچے سے کہا جائے کہ تم کوئی عام بچوں کی طرح تو ہو نہیں کہ بازاروں میں پھرو اور بے ہودہ حرکات کرو، تمھیں تمیز سے رہنا چاہیے۔'' (پردہ 193)

مولانا کی یہ توجیہ درست نہیں، اِس لیے کہ آیت میں لفظ 'النِسَآء' آیا ہے، جو دیگر عورتوں کو بیان کر رہا ہے، نہ کہ صرف آبرو باختہ یا آوارہ عورتوں کو۔ یہی وجہ ہے کہ اہلِ علم میں یہ بحث بھی پیدا ہوئی کہ اِس آیت کی رو سے ازواجِ مطہرات تمام خواتین سے افضل ہیں تو کیا اُن میں حضرت مریم علیہا السلام بھی شامل ہیں۔

آیت میں مذکور 'النِسَآء' سے غیر پارسا یا آوارہ عورتیں مراد لینے کی یہ غلط فہمی، غالباً اِسی

آیت کے اُس ٹکڑے سے پیدا ہوئی ہے کہ 'لَا تَبَرَّجۡنَ تَبَرُّجَ الۡجَاهِلِيَّةِ الۡاُوۡلٰى' (اور اگلی جاہلیت کی سی سج دھج نہ دکھاتی پھرو)۔ آیت میں 'تبرُّج'، 'النساء' سے متعلق نہیں ہے، اِس لیے یہ ٹکڑا 'لَسۡتُنَّ كَاَحَدٍ مِّنَ النِّسَآءِ' (تم عام عورتوں کی طرح نہیں ہو) کی تفسیر یا توضیح نہیں ہے، بلکہ الگ تبصرہ ہے، یعنی ازواجِ مطہرات کی طرف سے اُس قسم کے رویے کا مظاہرہ بھی نہیں ہونا چاہیے جو نمایش کی شوقین عورتوں کا طریقہ ہے۔

یہاں یہ بھی واضح رہنا چاہیے کہ 'لَا تَبَرَّجۡنَ تَبَرُّجَ الۡجَاهِلِيَّةِ الۡاُوۡلٰى' (اور اگلی جاہلیت کی سی سج دھج نہ دکھاتی پھرو) کی مخاطب ازواجِ مطہرات ہیں، مگر خطاب کا رخ بد خصلت منافق مردوں اور عورتوں کی طرف ہے، جو ازواجِ مطہرات کو ٹھاٹ کی زندگی گزارنے کا لالچ دیتے اور اِس کے لیے امرا کی طرف سے نکاح کے پیغام پہنچاتے تھے۔ اِس طرح وہ رسول اللہ صلی اللہ علیہ وسلم کے گھرانے میں رخنہ اندازی کی کوشش کرتے تھے۔

قرآن مجید کا یہ معروف اسلوب ہے کہ بعض اوقات براہِ راست مخاطب، در حقیقت مخاطب نہیں ہوتا، خطاب کا رخ کسی اور کی طرف ہوتا ہے، یعنی کہا کسی کو جاتا ہے اور سنانا کسی کو مقصود ہوتا ہے۔ قرآن مجید میں اِس کی بیسیوں مثالیں موجود ہیں۔ رسول اللہ صلی اللہ علیہ وسلم کو مخاطب کر کے کہا گیا ہے کہ آپ قرآن مجید کے بارے میں کسی شک کا شکار نہ ہوں، آپ مشرک نہ بن جائیں، مگر ظاہر ہے کہ خطاب کا رخ منکرین اور مشرکین کی طرف ہے۔

درج ذیل آیات ملاحظہ کیجیے:

اَلۡحَقُّ مِنۡ رَّبِّكَ فَلَا تَكُنۡ مِّنَ الۡمُمۡتَرِيۡنَ. (آل عمران 3:60)	"تمھارے پروردگار کی طرف سے یہی حق ہے، لہٰذا تم کسی شبہے میں نہ رہو۔"
وَاَنۡ اَقِمۡ وَجۡهَكَ لِلدِّيۡنِ حَنِيۡفًا وَلَا	"اور (مجھے) حکم دیا گیا ہے کہ اپنا رخ

تَكُونَنَّ مِنَ الْمُشْرِكِيْنَ. (یونس10:105)	یک سوئی کے ساتھ سیدھا اِسی دین کی طرف کر لو اور ہرگز مشرکوں میں سے نہ ہو۔“

ازواجِ مطہرات سے یہ کسی طرح متوقع نہیں تھا کہ وہ ایسی طرزِ بود و باش کی خواہش مند رہی ہوں، جس پر تنبیہ کی ضرورت پیش آگئی ہو۔

سورۂ احزاب میں ازواجِ مطہرات کو پردے کے احکام کے ساتھ کچھ عام احکام بھی دیے گئے ہیں۔ مولانا مودودی اور مولانا اصلاحی، دونوں یہ استدلال کرتے ہیں کہ اِس بات کی کوئی معقول وجہ نہیں کہ اِس مجموعۂ احکام میں سے نماز، تلاوت قرآن اور ذکر اللہ جیسے احکام کو تو عام مان لیا جائے اور اُن کے ساتھ حجاب کے احکام کو ازواجِ مطہرات کے ساتھ خاص تصور کیا جائے۔

دوسرے یہ کہ اِس مجموعۂ احکام کا مقصد ازواجِ مطہرات کی طہارتِ نفس بیان ہوا ہے۔ یہ عام مسلمان خواتین سے بھی مطلوب ہے۔ اِس بنا پر یہ احکام عام خواتین پر بھی لاگو ہوتے ہیں۔ مولانا مودودی لکھتے ہیں:

> ”...آگے ان آیات میں جو کچھ فرمایا گیا ہے اسے پڑھ کر دیکھ لیجیے۔ کون سی بات ایسی ہے جو حضور کی ازواج کے لیے خاص ہو اور باقی مسلمان عورتوں کے لیے مطلوب نہ ہو؟ کیا اللہ تعالیٰ کا منشا یہی ہو سکتا تھا کہ صرف ازواج مطہرات ہی گندگی سے پاک ہوں، اور وہی اللہ ورسول کی اطاعت کریں، اور وہی نمازیں پڑھیں اور زکوٰۃ دیں؟ اگر یہ منشا نہیں ہو سکتا تو پھر گھروں میں چین سے بیٹھنے اور تبرج جاہلیت سے پرہیز کرنے اور غیر مردوں کے ساتھ دبی زبان سے بات نہ کرنے کا حکم ان کے لیے کیسے خاص ہو سکتا ہے اور باقی مسلمان عورتیں اس سے مستثنیٰ کیسے ہو سکتی ہیں؟ کیا کوئی معقول دلیل ایسی ہے جس کی بنا پر ایک ہی سلسلۂ

کلام کے مجموعی احکام میں سے بعض کو عام اور بعض کو خاص قرار دیا جائے؟“

(تفہیم القرآن 88/4)

عام اور خاص احکام کے ایک مجموعہ کے خاص احکام کو عام قرار دینے کے لیے یہ استدلال قوی نہیں کہ اِس میں عام احکام بھی موجود ہیں، اِس لیے اِس کے خاص احکام بھی عام ہیں یا عام ہونے چاہییں۔ اِسی مجموعۂ احکام میں ایسے خاص احکام بھی ہیں جن کی تعمیم ممکن ہی نہیں۔ وہ یہ ہیں:

ا۔ ازواجِ مطہرات امت کی مائیں ہیں۔

ب۔ رسول اللہ صلی اللہ علیہ وسلم کے بعد بھی اُن سے نکاح کرنا جائز نہیں۔

ج۔ اُن کے لیے دہرے اجر اور دہری سزا کا قانون ہے۔

د۔ رسول اللہ صلی اللہ علیہ وسلم کے لیے ازدواجی معاملات میں اُن کے درمیان عدل قائم کرنا لازم نہیں۔

ہ۔ رسول اللہ صلی اللہ علیہ وسلم اُن سے رشتۂ نکاح ختم کرنے کا اختیار نہیں رکھتے۔

غرض یہ کہ خاص اور عام احکام کا مجموعہ سب احکام کو عام کر سکتا ہے، یہ استدلال درست نہیں۔

یہ احکام نبی کی بیویوں کے منصبی احکام ہیں۔ دوسرے لفظوں میں اُن کے خصوصی پروٹوکولز ہیں کہ وہ عام لوگوں سے بات کرنے میں عام عورتوں کی نسبت زیادہ محتاط رویہ اختیار کریں اور نامحرم مردوں سے اوجھل اپنے گھروں میں محدود رہیں۔ اِسی رو میں اُنھیں اللہ کا تقویٰ اختیار کرنے، نماز، تلاوت قرآن اور اللہ اور رسول کی اطاعت کرنے کی تلقین کی گئی ہے۔ یہ تلقین دین کی اصل روح کے ساتھ متعلق رہنے کی یاد دہانی ہے، جو اُن سے بھی مطلوب ہے۔

یہ ایسے ہی ہے، جیسے کسی صاحبِ منصب کو اُس کے منصبی تقاضوں کے خاص احکام دیتے ہوئے، اُسے امانت و دیانت برتنے کی تلقین بھی کی جائے۔ اِس بنا پر کہ امانت و دیانت کی رعایت ہر شخص سے مطلوب ہے، یہ نہیں سمجھا جا سکتا کہ اب اُس کی منصبی ذمہ داریوں کے احکام میں دوسرے لوگ بھی شریک ہیں۔

ازواجِ نبی کو دی گئی اِن خصوصی ہدایات کو عام خواتین کے لیے لائق پیروی سمجھنے کا یہ نتیجہ ہے کہ اِن ہدایات کی نوعیت سمجھنے میں متعدد سنگین قسم کی غلط فہمیاں لاحق ہو گئیں۔ اِن کے ایسے مفاہیم باور کیے گئے جو عام خواتین کے لیے حسن عمل کی بنا تو بن سکتے ہیں، مگر اُن سے ازواجِ مطہرات کی تنقیص لازم آتی ہے۔

اِن میں سے پہلی غلط فہمی یہ ہے کہ 'لَا تَخْضَعْنَ بِالْقَوْلِ' (نرمی کا لہجہ اختیار نہ کرو) سے مردوں کو لبھانے والا نسوانی لہجہ مراد لے لیا گیا، جب کہ یہاں اِس سے مراد وہ نرم لہجہ ہے جو شرفا اور بھلے مانس لوگوں کا بات کرنے کا طریقہ ہوتا ہے۔ یہی وجہ ہے کہ اِس ہدایت کے مقابل معروف طریقے سے بات کرنے کا حکم دیا گیا ہے: 'وَ قُلْنَ قَوْلًا مَّعْرُوْفًا' (اور معروف کے مطابق بات کرو) نہ کہ باحیا طریقے سے بات کرنے کا۔

شاہ عبد القادر دہلوی اِس حوالے سے لکھتے ہیں:

"یہ ایک ادب سکھایا کہ کسی مرد سے بات کہو تو اس طرح کہو جیسے ماں کہے بیٹے کو۔"

(موضح القرآن 739)

رسول اللہ صلی اللہ علیہ وسلم کے گھر میں داخل ہونے والے سبھی منافق اور بدنیت نہیں ہوتے تھے اور نہ ہر موقع سختی کا ہوتا ہے۔ بعض صورتوں میں سختی کا لہجہ بداخلاقی کے مترادف ہو جاتا ہے۔ آیت میں ازواجِ مطہرات کو سختی کا لہجہ اختیار کرنے کی ہدایت نہیں کی گئی، بلکہ معروف کے مطابق دوٹوک انداز میں بات کرنے کی تاکید کی گئی ہے تاکہ منافقین جو رسول اللہ

صلی اللہ علیہ وسلم کے گھرانے میں رخنہ اندازی کی امید لے کر آتے تھے، اُنھیں کوئی بات بنانے کا موقع نہ ملے۔

دوسری غلط فہمی یہ ہے کہ آیت میں مذکور منافقین کی طمع سے مراد وہ شہوانی جذبات مراد لے لیے گئے ہیں جو عورتوں کے لبھانے والے انداز سے مردوں میں پیدا ہو جاتے ہیں، جب کہ آیت میں منافقین کے دلوں کی کیفیت بتانے کے لیے جو لفظ استعمال ہوا ہے، وہ مرض، یعنی بیماری ہے۔ قرآن مجید میں منافقین کے لیے اِس لفظ کے استعمالات اُن کی منافقت اور حسد کی بیماری کے لیے آئے ہیں۔ اِس سے معلوم ہوتا ہے کہ اُن کی طمع بھی شہوانی نہیں تھی، بلکہ یہ اُن کی سازشوں کی کامیابی کی طمع تھی کہ تہمت طرازی اور رخنہ اندازی کے لیے کوئی بات ہاتھ آئے۔

ازواجِ مطہرات سے یہ توقع نہیں کی جاسکتی کہ وہ اپنے وقار اور حیثیت سے فروتر کسی ایسے انداز میں لوگوں سے مخاطب ہوتی ہوں گی یا ہوسکتی تھیں جس پر اُن کی تنبیہ کی ضرورت پیش آ گئی۔

ازواجِ مطہرات اور اُن کے ملاقاتیوں کی طہارتِ نفس کا معاملہ بھی خصوصی تھا۔ وہ یوں کہ ازواجِ مطہرات کو امت کی مائیں قرار دے دیا گیا تھا۔ عام مردوں سے اُن کا یہ تعلق حقیقی نسبی رشتہ نہیں تھا، جس کے ساتھ پاکیزہ جذبات فطری طور پر وابستہ ہو جاتے ہیں، اِس لیے اِن کے بارے میں عام لوگوں کے جذبات اور خود ازواجِ مطہرات کے احساسات میں اِس درجے کی پاکیزگی پیدا کرنا مقصود تھا کہ وہ لوگوں کے لیے ماؤں جیسی مقدس اور محترم ہستیاں بن جائیں اور وہ خود بھی ایسا ہی محسوس کریں۔

اِس حوالے سے علامہ ابن عاشور لکھتے ہیں:

والمعنی: ذلك أقوى طهارة لقلوبكم ''مراد یہ ہے کہ یہ تمھارے دلوں

وقلوبهن فإن قلوب الفريقين طاهرة بالتقوى وتعظيم حرمات الله وحرمة النبي صلى الله عليه وسلم ولكن لما كانت التقوى لا تصل بهم إلى درجة العصمة أراد الله أن يزيدهم منها بما يكسب المؤمنين مراتب من الحفظ الإلهي من الخواطر الشيطانية بقطع أضعف أسبابها وما يقرب أمهات المؤمنين من مرتبة العصمة الثابتة لزوجهن صلى الله عليه وسلم فإن الطيبات للطيبين بقطع الخواطر الشيطانية عنهن بقطع دابرها ولو بالفرض.

اور ازواجِ نبی کے دلوں کی پاکیزگی کے لیے زیادہ موثر ہے، اِس لیے کہ اگرچہ دونوں کے دل تقویٰ سے بہرہ ور اور اللہ اور اللہ کے نبی صلی اللہ علیہ وسلم کی حرمتوں کی تقدیس کے جذبے سے معمور ہیں، لیکن یہ تقویٰ اُنھیں عصمت کے درجے تک نہیں پہنچا سکتا، اِس لیے اللہ تعالیٰ نے چاہا کہ شیطانی وساوس کے کم زور ترین اسباب کو بھی دور کر کے اہلِ ایمان کو مزید تقویٰ عطا فرمائے، جس سے اُنھیں شیطانی وساوس سے حفاظتِ الٰہی کے مزید مراتب حاصل ہو جائیں اور امہات المومنین سے شیطانی وساوس کے بالکل موہوم کو بھی دور کر کے اُنھیں عصمت کے اُس مرتبہ کے قریب تر پہنچا دیا جائے جو اُن کے شوہر کو حاصل ہے، کیونکہ پاکیزہ خواتین پاکیزہ مردوں ہی کے لیے ہیں۔

وأيضًا فإن للناس أوهامًا وظنونًا سُوأى تتفاوت مراتب نفوس

مزید یہ کہ لوگوں کے دلوں میں کئی طرح کے خیالات اور برے گمان پیدا

الناس فيها صرامة ووهنًا، ونفاقًا وضعفًا، كما وقع في قضية الإفك المتقدمة في سورة النور فكان شرع حجاب أمهات المؤمنين قاطعًا لكل تقول وإرجاف بعمد أو بغير عمد.

ہو جاتے ہیں، جس میں لوگوں کے نفوس کے مراتب مختلف ہوتے ہیں اور بعض لوگوں کے دل کم زوری اور نفاق کا زیادہ شکار بن سکتے ہیں، جیسا کہ سورۂ نور میں مذکورہ واقعۂ افک میں ہوا۔ اِس تناظر میں امہات المومنین کے حجاب کی پابندی سے ہر طرح کی الزام تراشی یا کردار کشی کا سد باب ہو گیا، چاہے کوئی عمداً ایسا کرے یا بلا قصد اِس کا شکار ہو جائے۔

ووراء هذه الحِكَم كلها حكمة أخرى سامية وهي زيادة تقرير معنى أمومتهن للمؤمنين في قلوب المؤمنين التي هي أُمومة جَعلية شرعية بحيث إن ذالك المعنى الجعلي الروحي وهو كونهن أمهات يرتد وينعكس إلى باطن النفس وتنقطع عنه الصور الذاتية وهي كونهن فلانة أو فلانة فيصبحْن غير متصوَّرات إلا بعنوان الامومة فلا يزال ذالك المعنى الروحي ينمى في

مذکورہ تمام حکمتوں کے علاوہ ایک اور بڑی اعلیٰ حکمت یہ ملحوظ تھی کہ مسلمانوں کے دلوں میں ازواج نبی کے ماں ہونے کے تصور کو راسخ کر دیا جائے، جو دراصل شریعت کا قائم کردہ ایک مصنوعی رشتہ تھا۔ مقصود یہ تھا کہ ازواجِ نبی کے امہات ہونے کا تصور لوگوں کے دلوں میں رچ بس جائے اور وہ ازواج کو اُن کی انفرادی شخصیت کے لحاظ سے دیکھنے کے بجائے کہ وہ فلاں اور فلاں ہیں، صرف اِس نظر

النفوس، ولا تزال الصور الحسية تتضاءل من القوة المدركة حتى يصبح معنى أمهات المؤمنين معنى قريبًا فى النفوس من حقائق المجردات كالملائكة، وهذه حكمة من حكم الحجاب الذى سنه الناس لملوكهم فى القدم ليكون ذالك أدخل لطاعتهم فى نفوس الرعية.

سے دیکھیں کہ وہ اُن کی مائیں ہیں۔ یوں یہ روحانی رشتہ دلوں میں مضبوط ہوتا چلا جائے اور ازواج کی حسی شکل و صورت لوگوں کے ذہنوں میں دھندلی ہوتی چلی جائے، تا آنکہ اُن کے دلوں میں امہات المومنین کا تصور اُسی طرح ایک مجرد قسم کا تصور بن جائے، جس طرح فرشتوں کا ہوتا ہے۔ یہی حکمت حجاب کی اُس قدیم رسم میں بھی ملحوظ ہے جو لوگوں نے اپنے بادشاہوں کے لیے مقرر کی تھی تاکہ اُن کی رعیت کے دلوں میں اُن کی اطاعت کا جذبہ زیادہ جاگزیں ہو جائے۔

وبهذه الآية مع الآية التى تقدمتها من قوله: "يٰنِسَآءَ النَّبِيِّ لَسْتُنَّ كَاَحَدٍ مِّنَ النِّسَآءِ" تحقق معنى الحجاب لامهات المؤمنين المركبُ من ملازمتهن بيوتهن وعدمِ ظهور شىء من ذواتهن حتى الوجه والكفين، وهو حجاب خاص

اِس آیت کے ساتھ ایک سابقہ آیت، یعنی 'يٰنِسَآءَ النَّبِيِّ لَسْتُنَّ كَاَحَدٍ مِّنَ النِّسَآءِ' (نبی کی بیویو، تم عام عورتوں کی طرح نہیں ہو) کو ملا کر دیکھا جائے تو امہات المومنین کے لیے حجاب کا حکم مکمل ہو جاتا ہے، جو اِن دو ہدایات کا مجموعہ ہے کہ وہ اپنے گھروں کے اندر ہی رہا کریں اور اُن کے بدن کا کوئی

بهن لا يجب على غيرهن، وكان المسلمون يقتدون بأمهات المؤمنين ورعًا وهم متفاوتون في ذالك على حسب العادات.

(التحریر والتنویر 91/22)

حصہ، حتیٰ کہ چہرہ اور ہاتھ بھی لوگوں کو دکھائی نہ دیں۔ یہی وہ حجاب ہے جو امہات کے ساتھ خاص تھا اور اُن کے علاوہ دوسروں پر واجب نہیں، البتہ لوگ تقویٰ کے پہلو سے امہات المومنین کی پیروی کی کوشش کرتے ہیں۔ اِس کی نوعیت اُن کی اپنی اپنی عادات کے لحاظ سے مختلف ہوتی ہے۔"[72]

ازواجِ مطہرات کے خصوصی حجاب کی نوعیت واضح ہو جانے کے بعد محولہ بالا آیت کی رو سے عام مردوں اور عورتوں کے اختلاط کی ممانعت کا استدلال قائم نہیں رہتا۔ ازواجِ مطہرات کو دیے گئے خصوصی احکام کو عام ماننے سے سورۂ نور میں مرد وزن کے اختلاط کے آداب سے تضاد لازم آتا ہے، جن کے مخاطب عام مومنین اور مومنات ہیں۔ عام خواتین کو اپنی ظاہری زینتوں کے ساتھ مردوں کے سامنے آنے کی اجازت ہے، اُنھیں نظروں سے اوجھل ہو جانے کا حکم نہیں دیا گیا۔

یہ واضح ہو جانے کے بعد کہ ازواجِ مطہرات کے حجاب کی نوعیت کیا تھی، مولانا اصلاحی کے درج ذیل اقتباس کی بنیادی غلطی از خود واضح ہو جاتی ہے۔ مولانا اصلاحی اپنی کتاب "اسلامی معاشرے میں عورت کا مقام" میں آیتِ حجاب کے تحت لکھتے ہیں:

---

[72] بہ حوالہ "قرآن مجید میں اختلاط مرد وزن کے احکام (6)"، ڈاکٹر عمار خان ناصر، ماہنامہ "اشراق"، فروری 2024ء۔

’’اس آیت سے یہ بات بالکل واضح ہے کہ عورتوں اور مردوں کا آزادانہ اختلاط، ان کا ایک مجلس میں بیٹھ کر خوش گپیاں کرنا، دعوتوں میں باہم مل جل کر کھانا پینا، تفریحات میں ایک ساتھ شریک ہونا اسلام کی تہذیب نہیں ہے۔ یہ آیت بھی اگرچہ ظاہر الفاظ کے لحاظ سے پیغمبر صلی اللہ علیہ وسلم کی ازواج سے متعلق معلوم ہوتی ہے، لیکن اس میں جو ہدایات دی گئی ہیں، وہ ان ہی سے متعلق نہیں ہیں، بلکہ آگے چل کر آپ دیکھیں گے کہ بعینہٖ یہی ہدایات خود قرآن مجید کے اندر پوری اسلامی سوسائٹی کے لیے نازل ہوئی ہیں۔‘‘ (116)

مولانا اصلاحی کا یہ تاثر کہ ’’بعینہٖ یہی ہدایات خود قرآن مجید کے اندر پوری اسلامی سوسائٹی کے لیے نازل ہوئی ہیں‘‘ حقیقت نہیں ہے۔ قرآن مجید میں عام خواتین کے لیے اُنھیں مخاطب کر کے ایسی کوئی ہدایات نازل نہیں ہوئیں جو اُنھیں گھروں میں محدود اور مردوں کی نگاہوں سے اوجھل حجاب میں رہنے کا حکم دیتی ہوں۔ آیتِ جلباب گھر سے باہر کے ایک مسئلے کو موضوع بناتی ہے، جب کہ سورۂ نور (24) کی آیت 31، مولانا کے تاثر کے برعکس، مردوں اور عورتوں کو ایک مجلس میں جمع ہونے کی صورت میں اختلاط کے آداب اور حدود سکھاتی ہے۔ یہی نہیں، بلکہ سورۂ نور ہی میں بتایا گیا ہے کہ اِس میں بھی کوئی حرج نہیں کہ مرد و زن اپنے باہم مل کر کھانا کھائیں یا الگ الگ۔ ارشاد ہوا ہے:

لَيْسَ عَلَى الْاَعْمٰى حَرَجٌ وَّ لَا عَلَى
الْاَعْرَجِ حَرَجٌ وَّلَا عَلَى الْمَرِيْضِ حَرَجٌ وَّ
لَا عَلٰٓى اَنْفُسِكُمْ اَنْ تَاْكُلُوْا مِنْۢ بُيُوْتِكُمْ
اَوْ بُيُوْتِ اٰبَآىِٕكُمْ اَوْ بُيُوْتِ اُمَّهٰتِكُمْ اَوْ
بُيُوْتِ اِخْوَانِكُمْ اَوْ بُيُوْتِ اَخَوٰتِكُمْ اَوْ
بُيُوْتِ اَعْمَامِكُمْ اَوْ بُيُوْتِ عَمّٰتِكُمْ اَوْ

’’(اللہ اِن ہدایات سے تمھارے لیے کوئی تنگی پیدا نہیں کرنا چاہتا، اِس لیے) نہ اندھے کے لیے کوئی حرج ہے، نہ لنگڑے کے لیے اور نہ مریض کے لیے اور نہ خود تمھارے لیے کہ تم اپنے گھروں سے یا اپنے باپ دادا کے

بُیُوْتِ اَخْوَالِکُمْ اَوْ بُیُوْتِ خٰلٰتِکُمْ اَوْ مَا مَلَکْتُمْ مَّفَاتِحَهٗٓ اَوْ صَدِیْقِکُمْ ؕ لَیْسَ عَلَیْکُمْ جُنَاحٌ اَنْ تَاْکُلُوْا جَمِیْعًا اَوْ اَشْتَاتًا ؕ فَاِذَا دَخَلْتُمْ بُیُوْتًا فَسَلِّمُوْا عَلٰٓی اَنْفُسِکُمْ تَحِیَّةً مِّنْ عِنْدِ اللّٰهِ مُبٰرَکَةً طَیِّبَةً ؕ کَذٰلِکَ یُبَیِّنُ اللّٰهُ لَکُمُ الْاٰیٰتِ لَعَلَّکُمْ تَعْقِلُوْنَ.

(النور24:61)

گھروں سے یا اپنی ماؤں کے گھروں سے یا اپنے بھائیوں کے گھروں سے یا اپنی بہنوں کے گھروں سے یا اپنے چچاؤں کے گھروں سے یا اپنی پھوپھیوں کے گھروں سے یا اپنے ماموؤں کے گھروں سے یا اپنی خالاؤں کے گھروں سے یا اپنے زیر تولیت کے گھروں سے یا اپنے دوستوں کے گھروں سے کھاؤ پیو۔ تم پر کوئی گناہ نہیں، چاہے (مرد و عورت) اکٹھے بیٹھ کر کھاؤ یا الگ الگ۔ البتہ، جب گھروں میں داخل ہو تو اپنے لوگوں کو سلام کرو، اللہ کی طرف سے مقرر کی ہوئی ایک بابرکت اور پاکیزہ دعا۔ اللہ تمھارے لیے اِسی طرح اپنی آیتوں کی وضاحت کرتا ہے تاکہ تم عقل سے کام لو۔“

ازواجِ مطہرات کے خصوصی احکام سے پیدا ہونے والے تقاضے

ازواجِ مطہرات کو گھروں میں بٹھا دینے کے حکم کا مقتضا تھا کہ اُنھیں اپنی ضروریات کی تکمیل کے لیے بھی گھر سے باہر نہ نکلنا پڑے۔ اُن کی معاشی ضروریات تو رسول اللہ صلی اللہ

علیہ وسلم پوری کرتے ہی تھے، آپ کے بعد اُن کی دیکھ بھال کی ذمہ داری امت کو سونپ دی گئی۔ اپنے بعد امت کو اُن کی ذمہ داری سونپنے کے معاملے میں آپ نے بڑے اہتمام کے ساتھ کام لیا۔ آپ کا ارشاد ہے:

أذکرکم اللّٰہ فی أھل بیتی، أذکرکم اللّٰہ فی أھل بیتی، أذکرکم اللّٰہ فی أھل بیتی. (مسلم، رقم 6225)

”میں تمھیں اپنے اہل بیت کے بارے میں اللہ تعالیٰ یاد دلاتا ہوں۔ میں تمھیں اپنے اہل بیت کے بارے میں اللہ تعالیٰ یاد دلاتا ہوں۔ میں تمھیں اپنے اہل بیت کے بارے میں اللہ تعالیٰ یاد دلاتا ہوں۔“

آپ کے بعد خلفا بڑے اہتمام اور احساسِ ذمہ داری کے ساتھ امہات المومنین کی ضروریات کو پورا کیا کرتے تھے۔

ازواجِ مطہرات کے معاشی انتظام کے اِس خصوصی بندوبست کا یہ معاملہ بھی عام خواتین سے متعلق نہیں۔ پردہ نشین خواتین کے معاش کے بندوبست کی کوئی خصوصی ذمہ داری معاشرے پر نہیں ڈالی گئی۔

ازواجِ مطہرات کے خصوصی حجاب ہی کا تقاضا تھا کہ اُن کا حج بھی لوگوں سے علیحدہ کرایا جاتا تھا، جب کہ عام خواتین مردوں کے ساتھ ہی حج کے مناسک ادا کرتی تھیں۔

صحیح بخاری کی روایت ہے:

عن أم سلمة رضی اللّٰہ عنھا زوج النبی صلی اللّٰہ علیہ وسلم، قالت: شکوت إلی رسول اللّٰہ صلی اللّٰہ

”نبی کریم صلی اللہ علیہ وسلم کی زوجۂ مطہرہ ام سلمہ رضی اللہ عنہا نے بیان کیا، اُنھوں نے کہا کہ میں نے رسول

عليه وسلم انى اشتكى، فقال: ''طوفى من وراء الناس وانت راكبة''، فطفت ورسول الله صلى الله عليه وسلم حينئذ يصلى إلى جنب البيت وهو يقرأ: ''وَالطُّوْرِ وَكِتَابٍ مَّسْطُوْرٍ''. (رقم 1619)

اللہ صلی اللہ علیہ وسلم سے اپنے بیمار ہونے کی شکایت کی (کہ میں پیدل طواف نہیں کر سکتی) تو آپ صلی اللہ علیہ وسلم نے فرمایا کہ سواری پر چڑھ کر اور لوگوں سے علیحدہ رہ کر طواف کر لو۔ چنانچہ میں نے عام لوگوں سے الگ رہ کر طواف کیا۔ اُس وقت رسول اللہ صلی اللہ علیہ وسلم کعبہ کے پہلو میں نماز پڑھ رہے تھے اور آپ صلی اللہ علیہ و سلم 'وَالطُّوْرِ، وَكِتَابٍ مَّسْطُوْرٍ' قراءت کر رہے تھے۔''

صحیح بخاری کی ایک اور روایت ہے:

إذ منع ابن هشام النساء الطواف مع الرجال، قال: كيف يمنعهن وقد طاف نساء النبى صلى الله عليه وسلم مع الرجال؟ قلت: أبعد الحجاب أو قبل، قال: إى لعمرى، لقد أدركته بعد الحجاب، قلت: كيف يخالطن الرجال؟ قال: لم يكن يخالطن، كانت عائشة رضى الله عنها تطوف حجرة من الرجال

''جب ابن ہشام (جب وہ ہشام بن عبدالملک کی طرف سے مکہ کا حاکم تھا) نے عورتوں کو مردوں کے ساتھ طواف کرنے سے منع کر دیا تو عطا نے اُس سے کہا کہ تم کس دلیل پر عورتوں کو اِس سے منع کر رہے ہو، جب کہ رسول اللہ صلی اللہ علیہ وسلم کی پاک بیویوں نے مردوں کے ساتھ طواف کیا تھا؟ ابن جریج نے پوچھا: یہ پردہ

لا تخالطهم، فقالت امرأة: انطلقي نستلم يا أم المؤمنين، قالت: انطلقي عنك وأبت. كن يخرجن متنكرات بالليل فيطفن مع الرجال، ولكنهن كن إذا دخلن البيت قمن حتى يدخلن وأخرج الرجال، وكنت آتي عائشة أنا وعبيد بن عمير وهي مجاورة في جوف ثبير، قلت: وما حجابها، قال: هي في قبة تركية لها غشاء وما بيننا وبينها غير ذلك، ورأيت عليها درعًا موردًا.(رقم1618)

(کی آیت نازل ہونے) کے بعد کا واقعہ ہے یا اُس سے پہلے کا؟ اُنھوں نے کہا: میری عمر کی قسم! میں نے اُنھیں پردہ (کی آیت نازل ہونے) کے بعد دیکھا۔ اِس پر ابن جریج نے پوچھا کہ پھر مرد عورت مل جل جاتے تھے۔ اُنھوں نے فرمایا کہ اختلاط نہیں ہوتا تھا، عائشہ رضی اللہ عنہا مردوں سے الگ رہ کر ایک الگ کونے میں طواف کرتی تھیں، اُن کے ساتھ مل کر نہیں کرتی تھیں۔ (وقرہ نامی) ایک عورت نے اُن سے کہا: ام المومنین، چلیے (حجر اسود کو) بوسہ دیں تو آپ نے انکار کر دیا اور کہا: تم جا کر چوم لو، میں نہیں چومتی۔ ازواج مطہرات رات میں پردہ کر کے نکلتی تھیں تاکہ پہچانی نہ جائیں اور مردوں کے ساتھ طواف کرتی تھیں۔ البتہ عورتیں جب کعبہ کے اندر جانا چاہتیں تو اندر جانے سے پہلے باہر کھڑی ہو جاتیں اور مرد باہر آ جاتے (تو وہ اندر جاتیں)۔ میں اور عبید بن عمیر عائشہ

رضی اللہ عنہا کی خدمت میں اُس وقت حاضر ہوئے جب آپ ثبیر (پہاڑ) پر ٹھیری ہوئی تھیں، (جو مزدلفہ میں ہے)۔ ابن جریج نے کہا کہ میں نے عطا سے پوچھا کہ اُس وقت پردہ کس چیز سے کیا تھا؟ عطا نے بتایا کہ ایک ترکی قبہ میں ٹھیری ہوئی تھیں۔ اُس پر پردہ پڑا ہوا تھا۔ ہمارے اور اُن کے درمیان اُس کے سوا اور کوئی چیز حائل نہ تھی۔ اُس وقت میں نے دیکھا کہ اُن کے بدن پر ایک گلابی رنگ کا کرتا تھا۔"

رسول اللہ صلی اللہ علیہ وسلم نے اپنی ازواج کو اپنے ساتھ حج کرانے کے بعد گھروں میں ٹکے رہنے کی تلقین کی تھی۔ اِسی سبب سے حضرت زینب بنت جحش اور حضرت سودہ رضی اللہ عنہما نے رسول اللہ صلی اللہ علیہ وسلم کے بعد کبھی سفر بھی نہیں کیا۔ ازواجِ مطہرات حج پر بھی نہیں جاتی تھیں اور جو جانا چاہتیں، اُنھیں حضرت عمر جانے کی اجازت نہ دیتے تھے، البتہ اپنی زندگی کے آخری برس میں اُنھوں نے اِس کی اجازت دی اور جب دی تو ازواج کے پروٹوکول کا یہ عالم تھا:

أن عمر رضي الله عنه أذن لازواج النبي صلی الله عليه وسلم في الحج وبعث معهن عثمان، وابن عوف فنادى عثمان رضي الله عنه	"حضرت عمر رضی اللہ عنہ نے ازواجِ نبی صلی اللہ علیہ وسلم کو حج کی اجازت دی تو حضرت عثمان اور عبد الرحمٰن بن عوف رضی اللہ عنہما کو اُن

بالناس: لا يدن منهن أحد ولا ينظر إليهن إلا مد البصر وهن في الهوادج على الإبل وأنزلهن صدر الشعب، ونزل عبد الرحمن وعثمان رضي الله عنهما بذنبه فلم يصعد إليهن أحد.

(السنن الکبریٰ 373/5)

کے ساتھ بھیجا۔ حضرت عثمان رضی اللہ عنہ نے لوگوں میں اعلان کیا کہ کوئی اِن کے قریب نہ جائے اور نہ اُن کی طرف دیکھے، سوائے دور سے، جب کہ وہ اونٹوں پر ہودج میں تھیں۔ اُنھوں نے اُنھیں وادی کے ابتدائی حصے میں اتارا۔ عبد الرحمٰن اور عثمان رضی اللہ عنہما وادی کے اختتامی حصے میں ٹھیرے، اور کوئی ان کے قریب نہ گیا۔"

اِس سارے معاملے سے یہ واضح ہے کہ ازواجِ مطہرات کے خصوصی احکام ایک مکمل پیکج تھا۔ یہ خصوصی پروٹوکولز تھے، جو اُن کی رضامندی کے حصول کے بعد اُن پر لاگو کیے گئے۔ اِس خصوصی ایثار اور ذمہ داری کے بدلے میں اُنھیں دہرے اجر کا مژدہ سنایا گیا اور اِس نازک ذمہ داری میں کسی فاحشہ کے ارتکاب پر دہری سزا کی وعید بھی سنائی گئی۔ اُن کے گھروں میں محدود رہنے اور رسول اللہ صلی اللہ علیہ وسلم کے بعد کسی سے نکاح نہ کرنے کی وجہ سے اُن کے معاش کا بندوبست بھی کیا گیا۔[73]

ازواجِ مطہرات کے اِن احکام کی یہ نوعیت تمام تر اختصاصی ہے۔ عام خواتین اِن کی مخاطب ہیں، نہ مکلف۔ اِن احکام سے مسلمان عورت کا سماجی دائرہ متعین نہیں ہوتا۔ عام خواتین کا سماجی

---

[73] الاحزاب 33:52۔

دائرہ مردوں کے سماجی دائرے کی طرح اُن کا تمدن، اُن کی ضروریات، اُن کے اذواق اور رجحانات سے طے ہوتا ہے۔ دین نے اِس بارے میں اخلاقی تقاضوں کی پاس داری کے علاوہ کوئی مطالبہ نہیں کیا۔

ازواجِ مطہرات عام مسلمان خواتین کے لیے اپنی اخلاقی حیثیت اور خدااور رسول کی تابع داری کے معاملے میں نمونۂ عمل ہیں، لیکن اپنے مخصوص احکام میں اُن کے لیے نمونہ نہیں ہیں۔ ایسے ہی، جیسے رسول اکرم صلی اللہ علیہ وسلم کا اسوہ دین واخلاق میں عام مسلمانوں کے لیے نمونۂ عمل ہے، لیکن آپ کی منصبی حیثیت کے خصوصی معاملات محل تقلید نہیں ہیں، مثلاً اللہ تعالیٰ کی طرف سے اعلانِ ہجرت کرنا، اُس کی طرف سے کفار ومشرکین پر جنگ مسلط کرنا، اُنھیں عذاب وعقاب کی وعید سنانا وغیرہ۔

خصوصی پروٹوکولز کا معاملہ خصوصی لوگوں کے ساتھ اُن کی منصبی ذمہ داریوں کے پیشِ نظر کیا جاتا ہے۔ ہر سماج میں سرکاری سطح پر سربراہان اور نازک ذمہ داریوں پر فائز عہدے داروں کے لیے خصوصی پروٹوکولز اختیار کیے جاتے ہیں۔ اِن کا مقصد اُن کی حفاظت کے علاوہ اُن کے منصب کا ضروری احترام اور تاثر قائم کرنا بھی ہوتا ہے۔ اِس لحاظ سے سماج کے یہ نمایاں لوگ عام لوگوں کی طرح نہیں ہوتے، کیونکہ اُن کی ایک ایک حرکت اُن کے وسیع دائرۂ اختیار میں لوگوں کو متاثر کرتی ہے۔ اُن پر اُن کے حامی و مخالف، سب کی نظر ہوتی ہے، اِس وجہ سے اُنھیں غیر معمولی احتیاط سے کام لینا پڑتا ہے، اِسی لیے اُن کے لیے پروٹوکولز وضع کرنے پڑتے ہیں۔ عام لوگ اُنھیں اختیار نہیں کرتے اور نہ ایسا کرنے کی اُنھیں اجازت ہوتی ہے۔

پروٹوکولز کا یہی معاملہ رسول اللہ صلی اللہ علیہ وسلم اور آپ کے گھرانے کے لیے بہت اہم ہو گیا تھا۔ آپ کے مخالفین اور منافقین کی ریشہ دوانیوں کے پیشِ نظر یہاں آپ کے سیاسی اقتدار اور نیک نامی کے خطرے میں پڑنے کا مسئلہ ہی نہ تھا، کوئی معمولی رخنہ اندازی اور بے

احتیاطی آپ اور آپ کے گھرانے کی اخلاقی ساکھ کو اگر متاثر کر دیتی تو نبوی مشن کی بساط ہی لپیٹ دی جاتی۔ اِسی بنا پر ازواجِ مطہرات کے خصوصی پروٹوکولز مقرر کیے گئے۔ یہ عام خواتین سے متعلق نہیں ہیں۔

پردے کی روایات پر تبصرہ

احادیث و روایات دین میں کسی مستقل حکم کا ماخذ نہیں بن سکتیں۔ یہ اطلاقی اور اتفاقی نوعیت کے واقعات پر مبنی ہوتی ہیں، یعنی اِن میں کسی اصول کے اطلاق کا ذکر ہوتا ہے یا یہ کسی اتفاقی صورت حال کا بیان ہوتی ہیں۔ معاملہ دینی نوعیت کا ہو تو اُس کی اصل قرآن مجید اور سنت متواترہ یا عمومی اخلاقیات میں موجود ہو گی اور روایت میں اُس کی اطلاقی صورت کا بیان ہو گا۔ دوسری صورت میں یہ کوئی اتفاقی معاملہ ہو سکتا ہے۔

اپنی نوعیت کے لحاظ سے حجاب کی روایات دو اقسام میں تقسیم کی جاسکتی ہیں:

1۔ وہ روایات جن میں ازواجِ مطہرات کے خصوصی پردے کا بیان آیا ہے۔ عام خواتین اِس خصوصی حجاب کی مخاطب اور مکلف نہیں، اِس لیے اِس نوعیت کی روایات عام خواتین کے پردے کے لیے بنائے استدلال نہیں بن سکتیں۔

2۔ وہ روایات جن میں عام خواتین کے چہرے کے حجاب کا ذکر ہے۔ یہ اُن کے ذاتی ذوق کا بیان ہے۔ اِس نوعیت کی روایات میں ایسی کوئی صراحت نہیں کہ ایسا اُنھوں نے کسی دینی حکم کی تعمیل میں کیا تھا۔

اِس سلسلے میں درج ذیل روایات پیش کی جاتی ہیں:

عن عبد الخبير بن ثابت بن قيس بن شماس، عن ابيه، عن جده،	”عبد الخبیر بن ثابت بن قیس بن شماس اپنے والد سے اور وہ اُن کے دادا

قال: جاءت امراۃ الی النبی صلی اللہ علیہ وسلم یقال لھا ام خلاد وھی منتقبۃ تسأل عن ابنھا وھو مقتول، فقال لھا بعض أصحاب النبی صلی اللہ علیہ وسلم: جئت تسألین عن ابنك وانت منتقبۃ، فقالت: إن أرزأ ابنی فلن أرزأ حیائی.(ابوداؤد، رقم 2488)

سے روایت بیان کرتے ہیں کہ نبی صلی اللہ علیہ وسلم کے پاس ایک عورت آئی، جس کو ام خلاد کہا جاتا تھا۔ وہ نقاب پوش تھی، وہ اپنے شہید بیٹے کے بارے میں پوچھ رہی تھی، نبی صلی اللہ علیہ وسلم کے ایک صحابی نے اُس سے کہا: تم اپنے بیٹے کو پوچھنے آئی ہو اور نقاب پہنے ہوئے ہو؟ اُس نے کہا: اگرچہ میں اپنے لڑکے کی جانب سے پریشان ہوں، مگر میری حیا کو کوئی پریشانی لاحق نہیں۔"

اِس روایت کی سند ضعیف ہے۔ تاہم، اِس سے کوئی استدلال ہو سکتا ہے تو یہ کہ خاتون کے چہرے پر نقاب ہونے پر حیرت کا اظہار یہ ظاہر کرتا ہے کہ نقاب اوڑھنا معمول نہ تھا، ورنہ یہ سوال پیدا نہ ہوتا۔

عن أسماء بنت أبی بکر رضی اللہ عنھما قالت: کنا نغطی وجوھنا من الرجال، وکنا نتمشط قبل ذلك فی الإحرام.(المستدرک، رقم 1668)

"حضرت اسماء بنت ابو بکر رضی اللہ عنہما سے روایت ہے کہ اُنھوں نے کہا: ہم مردوں سے اپنے چہرے ڈھانپ لیا کرتی تھیں اور اِس سے پہلے احرام کی حالت میں اپنے بالوں میں کنگھی کیا کرتی تھیں۔"

یہ معلوم ہے کہ حالتِ احرام میں خواتین کے لیے چہرہ اور ہاتھ نہ ڈھانپنے کا حکم ہے۔

روایت اگر درست ہے اور معاملہ حالتِ احرام سے متعلق ہے تو یہ کسی موقع پر اُن کے انفرادی عمل کا بیان ہے۔ یہ دین کا حکم نہ تھا اور نہ حضرت اسماء نے اِسے دینی حکم کے طور پر بیان کیا۔

حضرت عائشہ اور حضرت عبداللہ ابن عباس سے مروی ایک اثر میں بیان ہوا ہے کہ حالتِ احرام میں نقاب اوڑھنے کی ممانعت کی وجہ سے عورت چاہے تو چہرہ چھپانے کے لیے چادر کو سر سے چہرے پر لٹکا سکتی ہے۔ وہ اثر یہ ہے:

عن معاذة العدوية قالت: سألتُ عائشة رحمها الله ما تلبسُ المحرمة؟ فقالت: لا تنتقب ولا تتلثم، وتسدل الثوب علی وجهها. (اظہار الحق والصواب فی حکم الحجاب 159)

"حضرت معاذہ العدویہ کہتی ہیں کہ میں نے سیدہ عائشہ رضی اللہ عنہا سے پوچھا: احرام کی حالت میں عورت کیا پہنے؟ تواُنھوں نے جواب دیا: وہ نقاب نہ باندھے نہ ڈھاٹا، اور اپنے چہرے پر پردہ لٹکالے۔"

یہ اثر چادر کو چہرے تک لٹکا لینے کو تجویز کرتا ہے، مگر لازم قرار نہیں دیتا۔ یہ 'ان شاءت' (اگر وہ چاہے) کے اضافے کے ساتھ بھی روایت ہوا ہے۔ وہ روایت یہ ہے:

المحرمة تلبس من الثياب ما شاءت إلا ثوبًا مسه ورس أو زعفران ولا تتبرقع ولا تلثم وتسدل الثوب علی وجهها إن شاءت. (السنن الکبریٰ 75/5)

"محرم عورت جو چاہے لباس پہن سکتی ہے، سوائے اُس کپڑے کے جسے ورس یا زعفران لگا ہو۔ اور وہ نہ نقاب پہنے اور نہ کپڑے سے منہ ڈھانپے، تاہم، اگر چاہے تو اپنے چہرے پر کپڑا لٹکا سکتی ہے۔"

اس اثر کی بنیاد پر بعض فقہا نے حالتِ احرام میں عورتوں کے لیے یہ صورت تجویز کی ہے

کہ چہرے کو چھپانے کے لیے ایسا کپڑا لٹکالیں جو چہرے کو نہ چھوئے۔

رسول اللہ صلی اللہ علیہ وسلم کی طرف سے حالتِ احرام میں خواتین کے چہرے کو کھلا رکھنے کی صریح ہدایت کے باوجود ایک اثر کی بنا پر عورت کا چہرہ چھپانے کی تجویز قابل قبول نہیں ہو سکتی۔ یہ اصول یسر کے بھی خلاف ہے، جس کے تحت چہرے اور ہاتھوں کو کھلا رکھنے کی اجازت ہے۔ ایسا کپڑا جو چہرے پر ذرا فاصلے سے لٹکا رہے، اُسے برقرار رکھنے میں عام طریقے سے نقاب اوڑھنے سے زیادہ مشقت پیش آتی ہے۔

حج کے موقع پر چہرے اور ہاتھوں کو ڈھانپنے کی خصوصی ممانعت کی وجہ غالباً یہ ہے کہ عوام سے پردے میں رہنا طبقۂ اشراف کا وتیرہ رہا ہے۔ حج عبادت اور عاجزی کے اظہار کا موقع ہے، چنانچہ بڑائی کے اظہار کی علامات اپنانے سے منع کیا گیا ہے۔

مفسرین کے بعض بیانات سے یہ تاثر پیدا ہوتا ہے کہ مدینے کے سماج میں خواتین حیا و عفت کے بارے میں، بالعموم کوتاہی کا شکار تھیں۔ اُن کا لباس پوری طرح ساتر نہ ہوتا تھا۔ 5 یا 6 ہجری تک اِس صورت حال کو گوارا کیا گیا، یہاں تک کہ مرد و زن کے اختلاط کے آداب اور جلباب اور حجاب سے متعلق ہدایات نازل ہوئیں تو لوگوں نے اُنھیں اختیار کر کے عفّت و حیا کا سبق سیکھا۔

حقیقت یہ ہے کہ کسی بھی سماج کی طرح عرب معاشرت میں بھی عورتوں کے مختلف طبقات کے مختلف رجحانات پائے جاتے تھے۔ زیب و زینت کی نمایش کرنے والی بیگمات بھی تھیں اور لونڈیاں بھی، جو لباس و ستر کے معاملے میں زیادہ احتیاط نہیں برتتی تھیں، آبرو باختہ عورتیں بھی تھیں اور ایسی غریب بھی جن کے پاس تن ڈھانپنے کو پورے کپڑے نہ ہوتے تھے، مگر عمومی طور پر عورتیں ساتر لباس ہی پہنتی تھیں۔ یہی وجہ ہے کہ روایات میں گاہے گاہے کسی خاتون کے غیر ساتر یا نامناسب لباس پر تبصرے ملتے ہیں، لیکن عورتوں کے لباس کی کسی عمومی

خرابی کا ذکر نہیں ملتا، اور نہ ایسا ممکن ہے کہ اِس قسم کی عمومی بے حیائی کو ایک عرصہ تک گوارا کیا گیا ہو۔

ایک روایت میں ذکر ہوا ہے کہ سورۂ نور کی آیات میں گریبانوں پر آنچل ڈال لینے کا حکم سن کر ایک موقع پر موجود خواتین نے اپنے سینے اور سر کو اہتمام کے ساتھ ڈھانپ لیا۔

اِس سلسلے کی ایک روایت یہ ہے:

عن عائشة رضی الله عنها قالت: يرحم الله نساء المهاجرات الاول، لما أنزل الله: ''وَلْيَضْرِبْنَ بِخُمُرِهِنَّ عَلٰى جُيُوْبِهِنَّ''، شققن مروطهن فاختمرن به. (بخاری، رقم 4758)	''حضرت عائشہ رضی اللہ عنہا بیان کرتی ہیں: جب یہ آیت نازل ہوئی: 'وَلْيَضْرِبْنَ بِخُمُرِهِنَّ عَلٰى جُيُوْبِهِنَّ' (اور اپنے دوپٹے اپنے سینوں پر ڈالے رہا کریں) تو (انصار کی عورتوں نے) اپنے تہ بند کو دونوں کنارے سے پھاڑ کر اُن کی اوڑھنیاں بنا لیں۔''

اِس واقعے سے یہ سمجھنا درست نہ ہو گا کہ اِس ہدایت کے نازل ہونے سے پہلے عورتیں دوپٹے وغیرہ سے بے نیاز رہا کرتی تھیں اور اِس کے بعد وہ سینہ اور سر ڈھانپنے کی طرف متوجہ ہوئیں۔ یہ ایک موقع پر چند عورتوں سے متعلق ایک روایت ہے۔ معاملہ یوں ہوا کہ جب اُن کو علم ہوا کہ دوپٹا اوڑھنے سے متعلق اِس معاشرتی ادب کے بارے میں اللہ تعالیٰ کی طرف سے بھی حکم نازل ہو گیا ہے تو اُنھوں نے اِس کے لیے مزید اہتمام سے کام لیا اور جن کے ہاں اِس بارے میں کوئی کوتاہی پائی جاتی تھی، وہ بھی متنبہ ہو گئیں۔

بعض روایات میں ذکر ہوا ہے کہ رسول اللہ صلی اللہ علیہ وسلم نکاح سے پہلے عورت کو اُس کے گھر والوں کی اجازت سے دیکھ لینے کا مشورہ دیتے تھے۔ اِس سے یہ استدلال کیا گیا ہے کہ

خواتین چونکہ مستور رہتی تھیں، اِس لیے اُنھیں دیکھنے کے لیے اہتمام اور اجازت کی ضرورت تھی۔

یہ استدلال بھی درست نہیں، اِس لیے کہ عورت کو نکاح کی غرض سے دیکھنے کی نظر عورت کے جسمانی محاسن کا جائزہ لینے کی نظر تھی، جس کی اجازت عام حالات میں، ظاہر ہے کہ نہیں تھی۔ اِس کے لیے خصوصی اجازت لینا ضروری تھا۔ مردوں اور عورتوں کے عمومی سماجی تعامل سے اِس کا کوئی تعلق نہیں۔

عہدِ رسالت میں خواتین کی سرگرمیاں

ڈاکٹر یٰسین مظہر صدیقی نے اپنی تحقیقی کتب، خاص طور پر ''رسول اکرم اور خواتین: ایک سماجی مطالعہ'' میں عرب دور کی معاشرت کی ضروری تفصیلات مہیا کر دی ہیں۔ ابن حجر عسقلانی کے حوالے سے ڈاکٹر صدیقی صراحت کرتے ہیں کہ حجاب کے حکم کے بعد بھی خواتین کی بیرونی سرگرمیوں میں کوئی کمی واقع نہیں ہوئی تھی۔[74] یہ اِسی وجہ سے تھا کہ حجاب کا حکم عام عورتوں کے لیے تھا ہی نہیں۔ یہ تصور نہیں کیا جا سکتا کہ دین اُنھیں گھروں میں محدود رہنے کا حکم دے اور اُن کی بیرونی سرگرمیوں میں کوئی کمی واقع نہ ہو۔ فرق، البتہ ازواج مطہرات کے طرزِ زندگی پر پڑا تھا۔ روایات میں بہ صراحت ذکر کیا جاتا ہے کہ ازواجِ مطہرات نے کسی سے ملاقات کی یا کسی نے ازواجِ مطہرات کو دیکھا یا ازواج کسی سفر پر نکلیں تو یہ آیتِ حجاب سے پہلے کا واقعہ ہے، لیکن عام خواتین کے معاملے میں ایسی صراحت کا کوئی التزام نہیں ملتا۔

---

[74] 167۔

رسول اللہ صلی اللہ علیہ وسلم کے ساتھ خواتین کے تعامل کے واقعات کے تحت ڈاکٹر صدیقی لکھتے ہیں:

"...رسول اکرم صلی اللہ علیہ وسلم اُن (انصاری خواتین) کے گھروں میں بکثرت جایا کرتے تھے۔ان کے علاوہ ان کی خواتین مطہرات سے بھی ملتے،ان سے کلام و گفتگو فرماتے تھے،ان کے ساتھ کھاتے پیتے،ان کی میزبانی اور مدارات قبول فرماتے تھے۔دوپہر سر پر آ جاتی تو ان ہی کے گھروں میں قیلولہ فرماتے تھے۔رات چھا جاتی تو کبھی کبھی شب بسری بھی فرماتے تھے۔خواتین انصار اور خاتونانِ مدینہ مہر و محبت کی پتلیاں تھیں اور اسلامی عقیدت اور نبوی محبت سے سرشار بھی۔وہ آپ صلی اللہ علیہ وسلم کا سر دباتی تھیں، بالوں میں چمپی کرتی تھیں اور دوسری خدمات انجام دیتی تھیں۔آپ صلی اللہ علیہ وسلم کے وجود مسعود اور پاکیزہ جسم اطہر کا گلاب جیسا پسینہ جمع کر لیتی تھیں، موئے مبارک ہاتھ آ جاتے تو سنبھال کر تبرک جان کر سینت لیتی تھیں۔"

(رسول اکرم اور خواتین: ایک سماجی مطالعہ 23)

اِس حوالے سے درج ذیل روایات پیش کی جاتی ہیں:

عن اسماء بنت ابی بکر رضی اللہ عنہما قالت: تزوجنی الزبیر وما لہ فی الارض من مال ولا مملوك ولا شیء غیر ناضح وغیر فرسہ فکنت أعلف فرسہ واستقی الماء واخرز غربہ واعجن ولم أکن احسن اخبز وکان یخبز جارات لی من الانصار وکن نسوۃ صدق وکنت انقل النوی

"حضرت اسماء بنت ابی بکر رضی اللہ عنہما نے بیان کیا کہ زبیر رضی اللہ عنہ نے مجھ سے شادی کی تو اُن کے پاس ایک اونٹ اور اُن کے گھوڑے کے سوا روے زمین پر کوئی مال، کوئی غلام، کوئی چیز نہیں تھی۔ میں ہی اُن کا گھوڑا چراتی، پانی پلاتی، اُن کا ڈول سیتی اور آٹا گوندھتی۔ میں اچھی طرح روٹی نہیں

من أرض الزبير التي أقطعه رسول الله صلى الله عليه وسلم على رأسي وهي مني على ثلثي فرسخ فجئت يومًا والنوى على رأسي فلقيت رسول الله صلى الله عليه وسلم ومعه نفر من الانصار فدعاني ثم قال: "اخ اخ". ليحملني خلفه فاستحييت أن أسير مع الرجال وذكرت الزبير وغيرته وكان أغير الناس فعرف رسول الله صلى الله عليه وسلم أني قد استحييت فمضى فجئت الزبير فقلت لقيتني رسول الله صلى الله عليه وسلم وعلى رأسي النوى ومعه نفر من أصحابه فأناخ لاركب فاستحييت منه وعرفت غيرتك، فقال: والله لحملك النوى كان أشد علي من ركوبك معه. (بخاری، رقم 5224)

پکا سکتی تھی۔ انصار کی کچھ لڑکیاں میری روٹی پکا جاتی تھیں۔ یہ بڑی سچی اور باوفا عورتیں تھیں۔ حضرت زبیر رضی اللہ عنہ کی وہ زمین جو رسول اللہ صلی اللہ علیہ وسلم نے اُنھیں دی تھی، اُس سے میں اپنے سر پر کھجور کی گٹھلیاں گھر لایا کرتی تھی۔ یہ زمین میرے گھر سے دو میل دور تھی۔ ایک روز میں آ رہی تھی اور گٹھلیاں میرے سر پر تھیں کہ راستے میں رسول اللہ صلی اللہ علیہ وسلم سے ملاقات ہوگئی۔ نبی کریم صلی اللہ علیہ وسلم کے ساتھ قبیلۂ انصار کے کئی آدمی تھے۔ نبی کریم صلی اللہ علیہ وسلم نے مجھے بلایا: پھر (اپنے اونٹ کو بٹھانے کے لیے) کہا: اخ اخ۔ نبی کریم صلی اللہ علیہ وسلم چاہتے تھے کہ مجھے اپنی سواری پر اپنے پیچھے سوار کر لیں، لیکن مجھے مردوں کے ساتھ چلنے میں شرم آئی اور زبیر رضی اللہ عنہ کی غیرت کا بھی خیال آیا۔ زبیر رضی اللہ عنہ بڑے ہی باغیرت تھے۔ نبی کریم

صلی اللہ علیہ وسلم بھی سمجھ گئے کہ میں شرم محسوس کر رہی ہوں، اِس لیے آپ آگے بڑھ گئے۔ پھر میں زبیر رضی اللہ عنہ کے پاس آئی اور اُن سے واقعے کا ذکر کیا کہ نبی کریم صلی اللہ علیہ وسلم سے میری ملاقات ہو گئی تھی۔ میرے سر پر گٹھلیاں تھیں اور نبی کریم صلی اللہ علیہ وسلم کے ساتھ آپ کے چند صحابہ بھی تھے۔ نبی کریم صلی اللہ علیہ وسلم نے اپنا اونٹ مجھے بٹھانے کے لیے بٹھایا، لیکن مجھے اِس سے شرم آئی اور تمھاری غیرت کا بھی خیال آیا۔ اِس پر زبیر نے کہا کہ اللہ کی قسم، مجھ کو تو اِس سے بڑا رنج ہوا کہ تو گٹھلیاں لانے کے لیے نکلی۔ اگر تو نبی کریم صلی اللہ علیہ وسلم کے ساتھ سوار ہو جاتی تو اتنی غیرت کی بات نہ تھی، (کیونکہ اسماء رضی اللہ عنہا آپ کی سالی اور بھاوج، دونوں ہوتی تھیں)۔‘‘

روایات میں بیان ہوا ہے کہ حضرت ام حرام بنت ملحان رضی اللہ عنہا کے ہاں آپ

کثرت سے تشریف لے جاتے تھے اور وہ آپ کی مدارات کرتی تھیں:

كان رسول الله صلى الله عليه وسلم يدخل على أم حرام بنت ملحان، وكانت تحت عبادة بن الصامت، فدخل عليها يومًا فأطعمته، وجعلت تفلي رأسه.

(بخاری، رقم 7001)

''رسول اللہ صلی اللہ علیہ وسلم ام حرام بنت ملحان رضی اللہ عنہا کے ہاں تشریف لے جایا کرتے تھے، وہ عبادہ بن صامت کے نکاح میں تھیں۔ ایک دن آپ اُن کے یہاں گئے تو اُنھوں نے آپ کے سامنے کھانے کی چیز پیش کی اور آپ کا سر جھاڑنے لگیں۔''

عن أنس رضى الله عنه، دخل النبي صلى الله عليه وسلم على أم سليم فأتته بتمر وسمن، قال: ''أعيدوا سمنكم في سقائه، وتمركم في وعائه، فإني صائم''. ثم قام إلى ناحية من البيت فصلى غير المكتوبة، فدعا لأم سليم وأهل بيتها.

(بخاری، رقم 1982)

''حضرت انس رضی اللہ عنہ نے بیان کیا کہ نبی کریم صلی اللہ علیہ وسلم ام سلیم رضی اللہ عنہا کے یہاں تشریف لے گئے۔ اُنھوں نے آپ صلی اللہ علیہ وسلم کی خدمت میں کھجور اور گھی پیش کیا۔ آپ صلی اللہ علیہ وسلم نے فرمایا: یہ گھی اُس کے برتن میں رکھ دو اور یہ کھجوریں بھی اُس کے برتن میں رکھ دو، کیونکہ میں تو روزے سے ہوں، پھر آپ نے گھر کے ایک کنارے میں کھڑے ہو کر نفل نماز پڑھی اور ام سلیم رضی اللہ عنہا اور اُن کے گھر والوں کے لیے دعا کی۔''

حدثنا جابر بن عبد الله أن رسول الله صلى الله عليه وسلم دخل على أم السائب أو أم المسيب فقال: "مالك يا أم السائب أو يا أم المسيب تزفزفين؟" قالت: الحمى لا بارك الله فيها، فقال: "لا تسبي الحمى فإنها تذهب خطايا بني آدم كما يذهب الكير خبث الحديد".
(مسلم، رقم 2575)

"حضرت جابر بن عبد اللہ رضی اللہ عنہ فرماتے ہیں کہ رسول اللہ صلی اللہ علیہ وسلم حضرت ام سائب یا ام مسیب رضی اللہ عنہا کے یہاں تشریف لے گئے۔ (آپ بخار سے کانپ رہی تھیں تو) رسول اللہ صلی اللہ علیہ وسلم نے اُن سے پوچھا: کیا ہوا، کیوں کانپ رہی ہو؟ عرض کی: بخار ہے۔ اور ساتھ ہی کہا: اللہ پاک اِس میں برکت نہ دے۔ اِس پر آپ صلی اللہ علیہ وسلم نے (اُن کی اصلاح کرتے ہوئے) فرمایا: بخار کو بُرا نہ کہو، کیونکہ یہ بنی آدم کے گناہوں کو ایسا مٹاتا ہے، جیسے بھٹی لوہے کے زنگ کو ختم کرتی ہے۔"

عن هشام، قال: سمعت أنس بن مالك رضي الله عنه، قال: جاءت امرأة من الانصار إلى النبي صلى الله عليه وسلم فخلا بها، فقال: "والله، إنكن لأحب الناس إلي".
(بخاری، رقم 5234)

"حضرت ہشام سے روایت ہے کہ میں نے حضرت انس بن مالک رضی اللہ عنہ کو کہتے ہوئے سنا کہ قبیلۂ انصار کی ایک خاتون نبی کریم صلی اللہ علیہ وسلم کے پاس آئیں تو نبی کریم صلی اللہ علیہ وسلم نے لوگوں سے ایک طرف ہو کر اُس سے تنہائی میں گفتگو کی، اُس

کے بعد نبی کریم صلی اللہ علیہ وسلم نے فرمایا: تم لوگ، مجھے سب لوگوں سے زیادہ عزیز ہو۔"

عن جابر ان النبي صلى الله عليه وسلم دخل على ام مبشر الانصارية في نخل لها فقال لها النبي صلى الله عليه وسلم: "من غرس هذا النخل، امسلم ام كافر؟" فقالت بل مسلم. فقال: "لا يغرس مسلم غرسا ولا يزرع زرعا فيأكل منه إنسان ولا دابة ولا شيء إلا كانت له صدقة". (مسلم، رقم 4051)

"حضرت جابر رضی اللہ تعالیٰ عنہ بیان کرتے ہیں کہ نبی صلی اللہ علیہ وسلم ام مبشر نامی ایک انصاری عورت کے پاس اُس کے نخلستان میں تشریف لے گئے اور آپ صلی اللہ علیہ وسلم نے اُس سے دریافت فرمایا: یہ کھجور کے درخت کس نے لگائے ہیں، کیا وہ مسلمان تھا یا کافر؟ اس نے جواب دیا: وہ مسلمان تھا، تو آپ صلی اللہ علیہ وسلم نے فرمایا: جو مسلمان بھی پودا لگاتا ہے یا کوئی پیداوار کاشت کرتا ہے، پھر اُس سے کوئی انسان یا کوئی حیوان، جان دار یا کوئی چیز کھاتی ہے تو وہ اُس کے لیے صدقہ بنتا ہے۔"

عن جابر قال: شهدت الصلاة مع رسول الله صلى الله عليه و سلم في يوم عيد فبدأ بالصلاة قبل الخطبة بغير اذان ولا إقامة فلما

"حضرت جابر رضی اللہ عنہ کہتے ہیں کہ میں عید کے دن نماز میں رسول اللہ صلی اللہ علیہ وسلم کے ساتھ موجود تھا، آپ نے خطبہ سے پہلے بغیر اذان اور

قضی الصلاۃ قام متوکئًا علی بلال فحمد اللہ وأثنی علیہ ووعظ الناس وذکرھم وحثھم علی طاعتہ ثم مال ومضی إلی النساء ومعہ بلال فأمرھن بتقوی اللہ و وعظھن و ذکرھن وحمد اللہ وأثنی علیہ ثم حثھن علی طاعتہ ثم قال: ”تصدقن فإن أکثرکن حطب جھنم“. فقالت امرأۃ من سفلۃ النساء سفعاء الخدین: بم یا رسول اللہ؟ قال: ”تکثرن الشکاۃ وتکفرن العشیر“، فجعلن ینزعن قلائدھن وأقرطھن وخواتیمھن یقذفنہ فی ثوب بلال یتصدقن بہ.(نسائی، رقم 1575)

بغیر اقامت کے نماز پڑھی، پھر جب نماز پوری کر لی تو آپ بلال رضی اللہ عنہ پر ٹیک لگا کر کھڑے ہوئے، اور آپ نے اللہ کی حمد و ثنا بیان کی، لوگوں کو نصیحتیں کیں، اور اُنھیں (آخرت کی) یاد دلائی، اور اللہ تعالیٰ کی اطاعت پر ابھارا، پھر آپ مڑے اور عورتوں کی طرف چلے، بلال رضی اللہ عنہ آپ کے ساتھ تھے، آپ نے اُنھیں (بھی) اللہ تعالیٰ سے ڈرنے کا حکم دیا، اور اُنھیں نصیحت کی اور (آخرت کی) یاد دلائی، اور اللہ تعالیٰ کی حمد و ثناء بیان کی، پھر اُنھیں اللہ تعالیٰ کی اطاعت پر ابھارا، پھر فرمایا: تم صدقہ کیا کرو، کیونکہ عورتیں ہی زیادہ تر جہنم کا ایندھن ہوں گی، تو ایک عام درجہ کی ہلکے کالے رنگ کے گالوں والی عورت نے پوچھا: کس سبب سے، اللہ کے رسول؟ آپ نے فرمایا: (کیونکہ) تم شکوے اور گلے بہت کرتی ہو، اور شوہر کی ناشکری کرتی ہو۔ عورتوں نے یہ سنا تو وہ اپنے ہار،

بالیاں اور انگوٹھیاں اتار اتار کر بلال رضی اللہ عنہ کے کپڑے میں ڈالنے لگیں، وہ یہ صدقے کے طور پر دے رہی تھیں۔''

صحابہ وصحابیات کے سماجی تعامل کے حوالے سے ڈاکٹر صدیقی لکھتے ہیں:

''شادی بیاہ اور ولیمہ کے مواقع پر دعوتوں کا ایک اسلامی طریقہ تھا اور اِسی طرح عقیقہ وغیرہ کی معاشرتی دعوتیں تھیں، جن میں صحابیات اور صحابہ کا اجتماعی اختلاط ہوتا تھا۔ بنفس نفیس رسول اکرم صلی اللہ علیہ وسلم نے اپنے بعض ولیموں پر اپنے گھروں یا خیموں میں دونوں کو جمع کیا تھا اور حضرت زینب بنت جحش سے شادی کے موقع پر ایسی مبارک دعوت کی تھی جس کا ذکر آیاتِ الٰہی میں آیا ہے۔''

(رسول اکرم اور خواتین: ایک سماجی مطالعہ 169)

اس سلسلے میں درج ذیل روایات پیش کی جاتی ہیں:

عن سهل قال: لما عرس ابو اسيد الساعدي، دعا النبي صلى الله عليه وسلم واصحابه، فما صنع لهم طعامًا ولا قربه اليهم الا امراته ام اسيد، بلت تمرات في تور من حجارة من الليل. فلما فرغ النبي صلى الله عليه وسلم من الطعام، اماثته له فسقته، تتحفه بذلك.

(بخاری، رقم 5182)

''حضرت سہل بن سعد ساعدی رضی اللہ عنہ نے بیان کیا کہ جب ابو اسید ساعدی رضی اللہ عنہ نے شادی کی تو انھوں نے نبی کریم صلی اللہ علیہ وسلم اور آپ کے صحابہ کو دعوت دی، اِس موقع پر کھانا اُن کی دلہن ام اسید ہی نے تیار کیا تھا اور اُنھوں نے ہی مردوں کے سامنے کھانا رکھا۔ اُنھوں نے پتھر کے ایک بڑے پیالے میں رات کے وقت

کھجوریں بھگو دیں۔ جب نبی کریم صلی اللہ علیہ وسلم کھانے سے فارغ ہوئے تو انھوں نے ہی اِس کا شربت بنایا اور نبی کریم صلی اللہ علیہ وسلم کے سامنے تحفے کے طور پر پینے کے لیے پیش کیا۔''

حضرت ام شریک کا ذکر آتا ہے کہ وہ ایک فیاض خاتون تھیں، جو اکثر کھانے کی دعوت دیتیں اور اُن کے ہاں صحابہ کا بہ کثرت آنا جانا ہوتا تھا۔ یہی وجہ تھی کہ آپ نے فاطمہ بنت قیس رضی اللہ عنہا کو اُن کی طلاق کے بعد عدت کا وقت گزارنے کے لیے ام شریک کا گھر تجویز نہیں کیا کہ اُنھیں وہاں مشکل پیش آئے گی۔ چنانچہ اُنھیں ایک نابینا صحابی، عبد اللہ ابن ام مکتوم رضی اللہ عنہ کے ہاں ٹھیرنے کا مشورہ دیا گیا تھا۔ روایت یہ ہے:

عن فاطمة بنت قيس أن أبا عمرو بن حفص طلقها البتة وهو غائب، فأرسل إليها وكيله بشعير فسخطته، فقال: والله ما لك علينا من شيء، فجاءت رسول الله صلى الله عليه وسلم، فذكرت ذلك له، فقال: ''ليس لك عليه نفقة''. فأمرها أن تعتد في بيت أم شريك، ثم قال: ''تلك امرأة يغشاها أصحابي، اعتدي عند ابن أم مكتوم، فإنه رجل أعمى تضعين

''فاطمہ بنت قیس رضی اللہ عنہا سے روایت ہے کہ ابو عمرو بن حفص رضی اللہ عنہ نے اُنھیں طلاق بتہ (حتمی، تیسری طلاق) دے دی، اور وہ خود غیر حاضر تھے، اُن کے وکیل نے اُن کی طرف سے کچھ جَو (وغیرہ) بھیجے تو وہ اِس پر ناراض ہوئیں، اُس (وکیل) نے کہا: اللہ کی قسم، تمھارا ہم پر کوئی حق نہیں۔ وہ رسول اللہ صلی اللہ علیہ وسلم کے پاس آئیں اور یہ بات آپ کو بتائی۔ آپ نے فرمایا: اب تمھارا خرچ اِس

ثیابك، فإذا حللت فآذنيني". (مسلم، رقم 1480)

کے ذمے نہیں۔ اور آپ نے اُنھیں حکم دیا کہ وہ ام شریک رضی اللہ عنہا کے گھر میں عدت گزاریں، پھر فرمایا: اُس عورت کے پاس میرے صحابہ آتے جاتے ہیں، تم ابن مکتوم رضی اللہ عنہ کے ہاں عدت گزار لو، وہ نابینا آدمی ہیں، تم اپنے (اوڑھنے کے) کپڑے بھی اتار سکتی ہو۔ تم جب (عدت کی بندش سے) آزاد ہو جاؤ تو مجھے بتانا۔"

مرد و خواتین کے سماجی تعامل کے سلسلے میں حضرت عمر رضی اللہ عنہ سے متعلق ایک اثر بھی یہاں پیش کیا جاتا ہے:

عن زيد بن اسلم عن ابيه قال خرجت مع عمر بن الخطاب رضی الله عنه الى السوق فلحقت عمر امرأة شابة فقالت: يا امير المؤمنين، هلك زوجي وترك صبية صغارا والله ما ينضجون كراعًا ولا لهم زرع ولا ضرع وخشيت ان تأكلهم الضبع وانا بنت خفاف بن ايماء الغفاري وقد شهد ابي الحديبية مع النبي صلى الله عليه وسلم فوقف معها عمر ولم

"حضرت زید بن اسلم اپنے والد سے روایت کرتے ہیں، وہ کہتے ہیں کہ میں حضرت عمر رضی اللہ عنہ کے ساتھ بازار کے لیے نکلا تو حضرت عمر رضی اللہ عنہ سے ایک نوجوان عورت نے ملاقات کی اور عرض کی: امیر المومنین، میرے شوہر کی وفات ہو گئی ہے اور چند چھوٹی چھوٹی بچیاں چھوڑ گئے ہیں۔ اللہ کی قسم، اب نہ اُن کے پاس بکری کے پائے ہیں کہ اُن کو

يمض، ثم قال: مرحبا بنسب قريب، ثم انصرف الى بعير ظهير كان مربوطًا فى الدار فحمل عليه غرارتين ملاهما طعامًا وحمل بينهما نفقةً وثيابًا ثم ناولها بخطامه ثم قال: اقتاديه فلن يفنى حتى يأتيكم الله بخير. فقال رجل: يا أمير المؤمنين، اكثرت لها، قال عمر: ثكلتك امك والله إني لارى ابا هذه واخاها قد حاصرا حصنًا زمانًا فافتتحاه ثم اصبحنا نستفىء سهمانهما فيه.

(بخاری، رقم 4160)

پکالیں، نہ کھیتی ہے، نہ دودھ کے جانور ہیں۔ مجھے ڈر ہے کہ وہ فقر و فاقہ سے ہلاک نہ ہو جائیں۔ میں خفاف بن ایماء غفاری رضی اللہ عنہ کی بیٹی ہوں۔ میرے والد نبی کریم صلی اللہ علیہ وسلم کے ساتھ غزوۂ حدیبیہ میں شریک تھے۔ یہ سن کر عمر رضی اللہ عنہ اُن کے پاس تھوڑی دیر کے لیے کھڑے ہو گئے، آگے نہیں بڑھے۔ پھر فرمایا: مرحبا، تمھارا خاندانی تعلق تو بہت قریبی ہے۔ پھر آپ ایک بہت قوی اونٹ کی طرف مڑے، جو گھر میں بندھا ہوا تھا اور اُس پر دو بورے غلے سے بھرے ہوئے رکھ دیے۔ اُن دونوں بوروں کے درمیان روپیہ اور دوسری ضرورت کی چیزیں اور کپڑے رکھ دیے اور اُس کی نکیل اُن کے ہاتھ میں تھما کر فرمایا: اِسے لے جاؤ، یہ ختم نہ ہو گا کہ اِس سے پہلے ہی اللہ تعالیٰ تجھے اِس سے بہتر دے گا۔ ایک صاحب نے اِس پر کہا: اے امیر المومنین، آپ نے

اِسے بہت دے دیا۔ عمر رضی اللہ عنہ نے کہا: تیری ماں تجھے روئے، اللہ کی قسم، اِس عورت کے والد اور اِس کے بھائی جیسے اب بھی میری نظروں کے سامنے ہیں کہ ایک مدت تک ایک قلعہ کے محاصرے میں وہ شریک رہے، آخر اُسے فتح کر لیا۔ پھر ہم صبح کو اُن دونوں کا حصہ مالِ غنیمت سے وصول کر رہے تھے۔"

اپنے اہلِ تعلق مرد و خواتین کی بیماری میں مرد و عورت، دونوں ایک دوسرے کی عیادت کیا کرتے تھے۔ امام بخاری نے "کتاب المرضی" میں ایک باب 'باب عيادة النساء الرجال' (عورتوں کا مردوں کی عیادت کرنا) باندھا ہے، جس میں ذکر ہے:

وعادت أم الدرداء رجلًا من أهل المسجد من الانصار. (بخاری 256/14)	"ام درداء ایک انصاری صحابی کی عیادت کیا کرتی تھیں، جو مسجد میں رہتے تھے۔"

جنگوں کے دوران میں خواتین زخمی ہونے والے مردوں کی دیکھ بھال کرتیں اور اُنھیں ایک جگہ سے دوسری جگہ منتقل کرتیں۔

اِس سلسلے کی روایات درج ذیل ہیں:

عن الربيع بنت معوذ، قالت: كنا مع النبي صلى الله عليه وسلم، نسقي ونداوي الجرحى، ونرد	"حضرت ربیع بنت معوذ رضی اللہ عنہا نے بیان کیا کہ ہم نبی کریم صلی اللہ علیہ وسلم کے ساتھ (غزوہ میں)

القتلی الی المدینة. (بخاری، رقم 2882)	شریک ہوتی تھیں، مسلمان فوجیوں کو پانی پلاتی تھیں، زخمیوں کی مرہم پٹی کرتی تھیں اور جو لوگ شہید ہو جاتے، اُنھیں اٹھا کر مدینے لاتی تھیں۔''
عن أم عطية الانصارية، قالت: غزوت مع رسول الله صلى الله عليه وسلم، سبع غزوات، أخلفهم في رحالهم، فأصنع لهم الطعام، وأداوي الجرحى، وأقوم على المرضى. (مسلم، رقم 1812)	''حضرت ام عطیہ انصاریہ رضی اللہ عنہا سے روایت ہے اُنھوں نے کہا: میں رسول اللہ صلی اللہ علیہ وسلم کے ساتھ سات غزوات میں شریک رہی۔ میں مردوں کے ٹھیرنے کی جگہ میں رہتی اور اُن کا کھانا پکاتی اور زخمیوں کی دوا کرتی اور بیماروں کی خدمت کرتی۔''

ڈاکٹر صدیقی رفیدہ یا کعیبہ رضی اللہ عنہا کے حوالے سے لکھتے ہیں کہ وہ مستقل جراح و طبیب نبوی تھیں۔ مسجد کے صحن میں اُن کا خیمہ مستقل طور پر لگا رہتا تھا، جہاں وہ مردوں کا علاج بھی کیا کرتی تھیں اور آپ اُن سے مسلسل ملاقاتیں فرماتے تھے۔[75]

روایت یہ ہے:

عن محمود بن لبيد، قال: لما أصيب أكحل سعد يوم الخندق، فثقل، حولوه عند امرأة يقال لها: رفيدة، وكانت تداوي الجرحى، فكان النبي	''حضرت محمود بن لبید کہتے ہیں کہ جب غزوۂ خندق کے دن سعد بن معاذ کی کلائی زخمی ہو گئی اور اُن کی حالت بگڑ گئی تو اُنھیں ایک عورت کے پاس لے

75 رسول اکرم اور خواتین: ایک سماجی مطالعہ 118۔

صلى الله عليه وسلم، إذا مر به، يقول: "كيف امسيت؟"، وإذا أصبح: "كيف أصبحت؟"، فيخبره.	جایا گیا جسے رُفیدہ کہا جاتا تھا، اور وہ زخمیوں کا علاج کرتی تھی۔ نبی صلی اللہ علیہ وسلم جب بھی اُن کے پاس سے گزرتے تو پوچھتے: تم نے شام کیسے گزاری؟اور صبح پوچھتے: تم نے صبح کیسے گزاری؟ تو سعد بن معاذ اُنھیں اپنی حالت بتاتے۔"
(الادب المفرد، رقم1129)	

معاش اور کاروبار کے سلسلے میں مرد اور خواتین کے تعامل کے بارے میں ڈاکٹر صدیقی لکھتے ہیں:

"تجارت وکاروبار سے لے کر مزدوری اور بازار میں خرید وفروخت سے لے کر گھر گھر جا کر اشیا کی خرید وفروخت تک، کسب معاش کے تقریباً ہر شعبہ میں خواتین کی بھرپور شمولیت کا تذکرہ متعدد روایات میں بیان ہوا ہے۔ حضرت شفاء رضی اللہ عنہا کو آپ نے بازار کی نگران افسر کے طور پر تعینات کیا تھا۔"

(رسول اکرم اور خواتین: ایک سماجی مطالعہ 156)

ایک اور جگہ لکھتے ہیں:

"... متعدد مردوں نے خاتون تاجرات سے مضاربت، اجرت اور اشتراک کی بنیاد پر کاروبار کیا اور ان کے گماشتے تک بننے کی جرأت کی۔ باغات، کھیتوں اور اموال میں دونوں کے شانہ بشانہ کام کرنے اور زرعی پیداوار بڑھانے کے کاموں میں حصہ لینے کا پکا ثبوت ہے۔"(رسول اکرم اور خواتین: ایک سماجی مطالعہ 170)

اس سلسلے کی ایک روایت یہ ہے:

عن أبي بلج يحيى بن أبي سليم،	"حضرت ابوبلج یحیٰ بن ابو سلیم

قال: رأيت سمراء بنت نهيك، وكانت قد أدركت النبي صلى الله عليه وسلم، عليها درع غليظ، وخمار غليظ، بيدها سوط تؤدب الناس، وتأمر بالمعروف، وتنهى عن المنكر. (المعجم الکبیر، رقم 785)

بیان کرتے ہیں کہ میں نے سمراء بنت نہیک کو دیکھا، جو کہ نبی کریم صلی اللہ علیہ وسلم کی صحبت پا چکی تھیں کہ اُن کے جسم پر ایک موٹا زرع اور دوپٹا تھا اور اُن کے ہاتھوں میں ایک کوڑا تھا۔ وہ لوگوں کو ادب سکھا رہی تھیں اور امر بالمعروف اور نہی عن المنکر کر رہی تھیں۔“

ڈاکٹر صدیقی لکھتے ہیں کہ گانے بجانے والی عورتوں کا ایک ایسا طبقہ بھی تھا جو لوگوں کو اپنے گانے سے لطف اندوز کرتا اور پیسے کماتا تھا۔[76] اُن کے علاوہ میت پر ماتم و نوحہ کر کے پیسے کمانے والیاں بھی تھیں۔ اِس طبقے کا خاتمہ کر دیا گیا،[77] کیونکہ نوحہ گری کی مذمت کی گئی ہے، مگر گانے بجانے والیوں کا طبقہ بدستور قائم رہا۔ اُن میں سے بعض خواتین نے خود رسول اللہ صلی اللہ علیہ وسلم کے سامنے کئی بار اپنے فن کا مظاہرہ بھی کیا۔ تاہم، جن صحابہ کے مزاج میں سختی تھی، جیسے حضرت عمر رضی اللہ عنہ، اُن کے سامنے وہ گانے بجانے سے جھجکتی تھیں۔

مرد و خواتین کے یہ سماجی روابط اتنے عام تھے کہ بعض اوقات کوئی ناپسندیدہ صورت حال بھی پیش آ جاتی تھی۔ ایسی ہی ایک صورت جب پیش آئی تو تنبیہ بھی کی گئی:

ان نفرًا من بني هاشم دخلوا على

”بنو ہاشم کے کچھ لوگ حضرت اسماء

---

[76] رسول اکرم اور خواتین: ایک سماجی مطالعہ 139-154۔

[77] رسول اکرم اور خواتین: ایک سماجی مطالعہ 154، بہ حوالہ بلاذری 1/360-361۔

أسماء بنت عميس، فدخل أبو بكر الصديق - وهي تحته يومئذ - فرآهم فكره ذلك، فذكر ذلك لرسول الله صلى الله عليه وسلم، وقال: لم أر إلا خيرًا! فقال رسول الله صلى الله عليه وسلم: "إن الله قد برأها من ذلك". ثم قام رسول الله صلى الله عليه وسلم على المنبر، فقال: "لا يدخلن رجل بعد يومي هذا على مغيبة إلا ومعه رجل أو اثنان". (مسلم، رقم 2173)	بنت عمیس رضی اللہ عنہا کے گھر گئے، پھر حضرت ابو بکر رضی اللہ عنہ بھی آ گئے، حضرت اسماء رضی اللہ عنہا اُس وقت اُن کے نکاح میں تھیں۔ اُنھوں نے اُن لوگوں کو دیکھا تو اُنھیں ناگوار گزرا۔ اُنھوں نے یہ بات رسول اللہ صلی اللہ علیہ وسلم کو بتائی، ساتھ ہی کہا: میں نے خیر کے سوا کچھ نہیں دیکھا۔ رسول اللہ صلی اللہ علیہ وسلم نے فرمایا: اللہ تعالیٰ نے (بھی) اُنھیں (حضرت اسماء بنت عمیس رضی اللہ عنہا کو) اِس سے بری قرار دیا ہے۔ پھر رسول اللہ صلی اللہ علیہ وسلم منبر پر کھڑے ہوئے اور فرمایا: آج کے بعد کوئی شخص کسی ایسی عورت کے پاس نہ جائے جس کا خاوند گھر پر نہ ہو، الاّ یہ کہ اُس کے ساتھ ایک یا دو لوگ ہوں۔"

درج ذیل روایت دورِ رسالت کے آخر کی ہے۔ اِس میں صراحت ہے کہ ایک خاتون نے حج کے موقع پر رسول اللہ صلی اللہ علیہ وسلم سے کچھ سوال کیے۔ اِس موقع پر اُس کا چہرہ ڈھانپا ہوا نہیں تھا۔ فضل بن عباس اُسے بار بار دیکھ رہے تھے۔ آپ اُن کا منہ بار بار پھیر رہے تھے، مگر آپ نے خاتون کو چہرہ ڈھانپنے کا حکم نہیں دیا۔ روایت یہ ہے:

عن عبد الله بن عباس رضی الله عنهما، قال: كان الفضل رديف رسول الله صلى الله عليه وسلم، فجاءت امرأة من خشعم، فجعل الفضل ينظر إليها وتنظر إليه، وجعل النبي صلى الله عليه وسلم يصرف وجه الفضل إلى الشق الآخر فقالت: يا رسول الله، إن فريضة الله على عباده في الحج، أدركت أبي شيخًا كبيرًا لا يثبت على الراحلة، أفأحج عنه؟ قال: ''نعم''. وذلك في حجة الوداع. (بخاری، رقم 1513)

''حضرت عبد اللہ بن عباس رضی اللہ عنہما سے روایت ہے، وہ فرماتے ہیں: حجۃ الوداع میں اُن کے بھائی فضل بن عباس رضی اللہ عنہ نبی صلی اللہ علیہ وسلم کے پیچھے سواری پر بیٹھے تھے کہ اِسی دوران میں خشعم قبیلے کی ایک عورت آئی۔ فضل بن عباس رضی اللہ عنہ اُس کی طرف اور وہ فضل کی طرف دیکھنے لگی تو رسول اللہ صلی اللہ علیہ وسلم نے فضل بن عباس رضی اللہ عنہ کا چہرہ دوسری جانب کر دیا۔ اُس نے عرض کیا: یا رسول اللہ، اللہ کے بندوں پر حج فرض ہے اور میرے والد بہت بوڑھے ہو گئے ہیں اور سواری پر بھی نہیں بیٹھ سکتے، تو کیا میں اُن کی طرف سے حج کر سکتی ہوں؟ آپ صلی اللہ علیہ وسلم نے فرمایا: ہاں۔''

ڈاکٹر صدیقی نے اپنی کتاب کا اختتام درج ذیل عبارت پر کیا ہے:

''... سیرت و حدیث اور تاریخی واقعات، بلکہ قرآنی آیات سے بھی یہ حقیقت ثابت ہوتی ہے کہ اسلامی حدود و شرعی قیود کے ساتھ مرد و زن کے ارتباط اور صنفی اختلاط کی پوری اجازت تھی اور نہ صرف اجازت تھی، بلکہ وہ ایک سماجی روایت بھی تھی جسے رسول اکرم

صلی اللہ علیہ وسلم اور صحابۂ کرام کی متواتر سنت کا پشتہ حاصل تھا۔ مرد و زن کے اختلاط و ارتباط کا اصل اصول اور صحیح طریقہ یہی طریق نبوی اور انداز صحابہ تھا، نہ بعد کے خود پسند اور دقت پرست علما و فقہا کا طریقہ اور نہ ہی جدت طراز اور اباحت پسند سماجی دانشوروں کا بے محابا اور بے سلیقہ فکر و عمل۔ دنیاوی فلاح و مسرت اور اخروی بہبود و نجات صرف سنت نبوی اور تعامل صحابہ میں ہے۔“

(رسول اکرم اور خواتین: ایک سماجی مطالعہ 205)

ضمیمہ اول

چند اطلاقی مسائل

عورتوں کا مسجد جانا

عورتوں کا نماز اور رسول اللہ صلی اللہ علیہ وسلم کی مجالس میں بیٹھ کر دین سیکھنے کے لیے مسجد میں جانا عہدِ رسالت کا عمومی عمل تھا۔ بعض صحابہ کے ہاں اِس معاملے میں کچھ حساسیت پائی جاتی تھی، اُنھیں اپنی عورتوں کا مسجد میں جانا پسند نہ تھا۔ تاہم، اپنے اِس ذوق کی بنا پر وہ اپنی عورتوں کو مسجد جانے سے روک نہیں سکتے تھے۔ رسول اللہ صلی اللہ علیہ وسلم نے اُنھیں خبردار کیا کہ وہ خواتین کو مسجد میں آنے سے مت روکیں۔ آپ صلی اللہ علیہ وسلم کا ارشاد ہے:

إذا استأذنكم نساؤكم إلى المساجد فأذنوا لهن. (مسلم، رقم 1019)

''جب تمھاری خواتین مسجد میں جانے کے لیے تم سے اجازت مانگیں تو اُنھیں مسجد کے لیے جانے دو۔''

عن ابن عمر قال: كانت امرأة لعمر تشهد صلاة الصبح والعشاء فى الجماعة فى المسجد، فقيل لها: لم

''حضرت عمر رضی اللہ عنہ کی ایک بیوی تھیں جو صبح اور عشا کی نماز جماعت سے پڑھنے کے لیے مسجد میں

تخرجين وقد تعلمين أن عمر يكره ذلك ويغار؟ قالت: وما يمنعه أن ينهاني؟ قال: يمنعه قول رسول الله صلى الله عليه وسلم: "لا تمنعوا إماء الله مساجد الله".
(بخاری، رقم 900)

آیا کرتی تھیں۔ اُن سے کہا گیا کہ باوجود اِس علم کے کہ عمر رضی اللہ عنہ اِس بات کو پسند نہیں کرتے اور وہ غیرت محسوس کرتے ہیں، پھر آپ مسجد میں کیوں جاتی ہیں؟ اِس پر اُنھوں نے جواب دیا: پھر وہ مجھے منع کیوں نہیں کر دیتے؟ لوگوں نے کہا کہ رسول اللہ صلی اللہ علیہ وسلم کی اُس حدیث کی وجہ سے کہ اللہ کی بندیوں کو اللہ کی مسجدوں میں آنے سے مت روکو۔"

عہدِ رسالت میں عیدین کی نماز کے لیے خواتین کو شمولیت کی تاکید کی جاتی تھی، حتیٰ کہ حائضہ خواتین کو بھی عید گاہ میں بلایا جاتا تھا۔ وہ نماز تو ادا نہ کرتیں، مگر دعا وغیرہ میں شامل ہوتیں۔ اِس سلسلے میں درج ذیل روایات پیش کی جاتی ہیں:

عن أم عطية، قالت: قال رسول الله صلى الله عليه وسلم: "أخرجوا العواتق، وذوات الخدور ليشهدن العيد، ودعوة المسلمين، وليجتنبن الحيض مصلى الناس".
(ابن ماجہ، رقم 1308)

"ام عطیہ رضی اللہ عنہا کہتی ہیں کہ رسول اللہ صلی اللہ علیہ وسلم نے فرمایا: کنواری اور پردہ نشیں عورتوں کو عید گاہ لے جاؤ تاکہ وہ عید میں اور مسلمانوں کی دعا میں حاضر ہوں، البتہ حائضہ عورتیں نماز کی جگہ سے الگ بیٹھیں۔"

عن محمد، عن أم عطية، قالت: أمرنا تعني النبي صلى الله عليه

"محمد (بن سیرین) نے حضرت ام عطیہ رضی اللہ عنہا سے روایت کی،

وسلم ان نخرج فی العیدین: العواتق وذوات الخدور، وامر الحیض ان یعتزلن مصلی المسلمین.(مسلم، رقم2054)

اُنھوں نے کہا: نبی کریم صلی اللہ علیہ وسلم نے ہمیں حکم دیا کہ ہم عیدین میں بالغہ اور پردہ نشین عورتوں کو لے جایا کریں اور آپ نے حیض والی عورتوں کو حکم دیا کہ وہ مسلمانوں کی نماز کی جگہ سے ہٹ کر بیٹھیں۔''

روایت میں 'عواتق'، یعنی بالغ لڑکیوں یا کنواریوں کے ساتھ پردہ نشین خواتین کا ذکر یہ بتاتا ہے کہ سب خواتین پردہ نشین نہیں تھیں۔ یہ پردہ نشین خواتین غالباً امرا یا طبقۂ اشرافیہ کی بیگمات ہوتی تھیں، جو اپنے گھروں میں رہتیں اور اُنھیں کہیں آنے جانے کی ضرورت عموماً پیش نہ آتی تھی۔ اُنھیں بھی عید کے اِس موقع پر گھروں سے بلا لیا جاتا تھا۔

جن اہلِ علم نے عورتوں کے مسجد اور عید گاہ میں جانے کو مکروہ ٹھیرایا ہے، اُس کی وجہ اُن کے نزدیک خوفِ فتنہ ہے، جو مردوں اور عورتوں کے اختلاط سے پیدا ہو سکتا ہے۔ یہ اندیشہ، جیسا کہ پیش تر گزرا، ہمہ وقت اور ہمہ گیر نہیں ہوتا۔ حادثے کہیں بھی ہو جاتے ہیں، اُن کی وجہ سے حکم میں تبدیلی نہیں کی جاتی۔ یہ مسائل رسول اللہ صلی اللہ علیہ وسلم کے زمانے میں بھی تھے، بلکہ ایسے حادثات پیش بھی آئے، مگر آپ نے خواتین کو مسجد یا عید گاہ میں آنے سے نہیں روکا۔ قرآن مجید ہی سے معلوم ہوتا ہے کہ گھر سے باہر نکلنے والی خواتین کو مدینے کے منافقین اور اشرار ستاتے تھے۔ فجر کی نماز کو جاتی ایک خاتون کے ساتھ زنا بالجبر کا واقعہ پیش آیا تھا۔ اُس مجرم کو ڈھونڈ کر سزا دی گئی تھی،[78] مگر اُس حادثے کی وجہ سے خواتین پر مسجد آنے یا

[78] ترمذی، رقم1454۔

اندھیرے کی نمازوں میں مسجد آنے پر بھی کوئی پابندی عائد نہیں کی گئی تھی۔

حضرت عبد اللہ ابن عمر رضی اللہ عنہ نے ایک موقع پر رسول اللہ صلی اللہ علیہ وسلم کی طرف سے خواتین پر پابندی عائد کرنے کی ممانعت کی حدیث سنائی۔ اُن کے بیٹے بلال نے اِس پر اصرار کیا کہ وہ اپنی خواتین کو مسجد میں جانے سے ضرور روکیں گے۔ اِس پر ابن عمر رضی اللہ عنہ اُن سے سخت ناراض ہوئے اور اُنھیں ڈانٹا۔ روایت یہ ہے:

عن بلال بن عبد اللّٰه بن عمر، عن أبيه قال: قال رسول اللّٰه صلى اللّٰه عليه وسلم: "لا تمنعوا النساء حظوظهن من المساجد إذا استأذنوكم". فقال بلال: واللّٰه لنمنعهن! فقال له عبد اللّٰه: أقول: قال رسول اللّٰه صلى اللّٰه عليه وسلم، وتقول أنت: لنمنعهن. (مسلم، رقم 442)

"حضرت بلال بن عبد اللہ بن عمر رضی اللہ عنہ اپنے والد گرامی سے بیان کرتے ہیں کہ رسول صلی اللہ علیہ وسلم نے فرمایا: جب تم میں سے کسی کی بیوی مسجد جانے کی اجازت طلب کرے تو وہ اُسے نہ روکے۔ حضرت بلال نے کہا: اللہ کی قسم، ہم اُنھیں ضرور منع کریں گے! اِس پر عبد اللہ بن عمر نے اُن سے فرمایا: میں اللہ کے رسول اللہ صلی اللہ علیہ وسلم کی حدیث بیان کر رہا ہوں اور تم کہہ رہے ہو کہ ہم اُنھیں ضرور روکیں گے۔"

عہدِ رسالت میں مرد و خواتین کا اختلاط آداب کی اُسی رعایت کے ساتھ جاری تھا جن کی ہدایت سورۂ نور میں آئی ہے۔ اِسی ذیل میں رسول اللہ صلی اللہ علیہ وسلم نے بھی چند ہدایات جاری فرمائیں۔

آپ نے ہدایت کی کہ آنے جانے کے راستوں میں مرد و زن ایک دوسرے میں ضم نہ ہو

جائیں، الگ الگ اپنی اپنی قطار میں رہیں۔ نمازوں میں اُن کی صفیں الگ الگ ہوں۔ اِس میں یہ ترتیب اختیار کی گئی کہ مردوں کی صفیں آگے اور خواتین کی اُن سے پیچھے رکھی گئیں۔ مسجد میں داخل ہونے اور نکلنے میں سہولت کے پیش نظر عورتوں کے لیے یہی مناسب تھا کہ وہ پچھلی صفوں میں رہیں۔

جدید دور کے مہذب سماجوں میں بھی مرد و زن کے اختلاط کے مقامات پر اُنھیں ایک دوسرے سے فاصلے پر رکھنے کا اہتمام کیا جاتا ہے۔ اُن کے بیت الخلا الگ ہوتے ہیں، کاؤنٹرز کے سامنے اُن کی قطاریں بھی بعض جگہ الگ بنائی جاتی ہیں، سفر کے لیے اُن کی نشستیں بھی بعض جگہ الگ رکھی جاتی ہیں۔ مرد و زن میں حد فاصل کا اہتمام خود اِس بات کی دلیل ہے کہ مرد و زن کا اختلاط روا ہے، اِسی لیے آداب اور قوانین بنانے کی ضرورت درپیش ہے اور اِسی لیے قرآن مجید نے بھی اختلاط کے آداب بتائے ہیں۔ عہدِ رسالت کے معاشرے میں سماجی سرگرمیوں سے عورت غائب ہوتی تو آدابِ اختلاط کے بیان کی ضرورت ہی نہ ہوتی۔

عورتوں کا خوشبو لگانا

خوشبو کا استعمال آرایش ہی سے متعلق ہے۔ اِس معاملے میں بھی عورتوں کو اُنھی آداب کی روح کا پاس ولحاظ کرنا ضروری ہے، جو سورۂ نور (24) کی آیت 31 میں بیان ہوئے ہیں۔ جس طرح جھنکار والی پازیب پہننے سے منع نہیں کیا گیا، فقط احتیاط کی نصیحت کی گئی کہ اُنھیں پہن کر زور زور سے پاؤں مار کر نہ چلیں کہ اُن سے پیدا ہونے والی بلند آواز مردوں کو غیر معمولی طور پر اُن کی طرف متوجہ کرے، اُسی طرح خوشبو لگانے کی بھی مطلقاً ممانعت نہیں ہے، البتہ یہ نصیحت کی گئی ہے کہ وہ اتنی تیز نہیں ہونی چاہیے کہ مردوں کو دعوتِ توجہ دے۔ اِسی بات کو درج ذیل روایات میں بیان کیا گیا ہے:

عن أبي هريرة، قال: قال رسول الله صلى الله عليه وسلم: ''طيب الرجال ما ظهر ريحه وخفي لونه، وطيب النساء ما ظهر لونه وخفي ريحه''.[79] (ترمذی، رقم 2787)

''حضرت ابوہریرہ رضی اللہ عنہ کہتے ہیں کہ رسول اللہ صلی اللہ علیہ وسلم نے فرمایا: مردوں کی خوشبو وہ ہے جس کی مہک پھیلے اور رنگ چھپا ہوا ہو اور عورتوں کی خوشبو وہ ہے جس کا رنگ ظاہر ہو، لیکن مہک چھپی ہوئی ہو۔''

عن أبي موسى، عن النبي صلى الله عليه وسلم، قال: ''كل عين زانية، والمرأة إذا استعطرت فمرت بالمجلس فهي كذا وكذا''، يعني زانية.[80] (ترمذی، رقم 2786)

''ابوموسیٰ اشعری رضی اللہ عنہ سے روایت ہے کہ نبی اکرم صلی اللہ علیہ وسلم نے فرمایا: ہر بدنظری زنا ہے۔ عورت جب خوشبو لگا کر مجلس کے پاس سے گزرے تو وہ بھی ایسی ایسی ہے، یعنی وہ بھی زانیہ ہے۔''

ظاہر ہے کہ یہ کسی شریف عورت کا کام نہیں کہ وہ تیز خوشبو لگا کر مردوں کی مجلس سے گزرے کہ وہ اُس کی طرف متوجہ ہوں۔

مسجد میں نماز کے لیے آتے ہوئے خاص طور پر خوشبو لگانے سے منع کیا گیا ہے، کیونکہ یہ مسجد کے ماحول اور نماز کے وقار کے منافی ہے۔ وہاں ساری توجہ عبادت کی طرف مبذول رہنی چاہیے۔ اِس بارے میں درج ذیل روایت پیش کی جاتی ہے:

---

79 'قال الشیخ الالبانی: صحیح'، المشکاۃ 4443۔ مختصر الشمائل 188۔ الرد علی الکتانی 11۔

80 'قال ابو عیسٰی: ھذا حدیث حسن صحیح، قال الشیخ الالبانی: حسن'۔

عن زينب امرأة عبد الله قالت: قال لنا رسول الله صلى الله عليه وسلم: ''إذا شهدت إحداكن المسجد فلا تمس طيبًا''. (مسلم، رقم 443)

''حضرت زینب زوجہ حضرت عبداللہ کہتی ہیں کہ رسول اللہ صلی اللہ علیہ وسلم نے ہم سے فرمایا: جب تم میں سے کوئی مسجد میں آئے تو خوشبو نہ لگائے۔''

عورتوں کا بغیر محرم کے سفر کرنا

عورتوں کے لیے بغیر محرم کے سفر کی ممانعت شرعی حکم نہیں، حالات کے تقاضے کے پیشِ نظر آپ کی طرف سے خیر خواہی کی نصیحت تھی۔ اُس زمانے کا سفر اکیلے مرد کے لیے بھی پر امن نہ تھا، چہ جائیکہ عورتوں کو اکیلے سفر پر بھیجا جاتا۔ چنانچہ مرد بھی کسی ہم راہ کے ساتھ یا ایک جماعت بنا کر سفر کیا کرتے تھے۔

رسول اللہ صلی اللہ علیہ وسلم نے ایک ایسے زمانۂ امن کی پیشین گوئی فرمائی تھی جس میں عورتیں بھی اکیلے سفر کریں گی اور اُنھیں کوئی خطرہ نہ ہوگا۔ اِس روایت کے راوی عدی بن حاتم رضی اللہ عنہ ہیں۔ رسول اللہ صلی اللہ علیہ وسلم نے اُن سے فرمایا تھا کہ وہ زندہ رہے تو وہ زمانہ اپنی آنکھوں سے دیکھیں گے۔ عدی رضی اللہ عنہ بیان کرتے ہیں کہ وہ وقت اُن کی زندگی میں آگیا اور اُنھوں نے وہ منظر اپنی آنکھوں سے دیکھا۔ روایت یہ ہے:

عن عدي بن حاتم، قال: بينا أنا عند النبي صلى الله عليه وسلم إذ أتاه رجل فشكا إليه الفاقة، ثم أتاه آخر فشكا إليه قطع السبيل،

''عدی بن حاتم رضی اللہ عنہ نے بیان کیا کہ میں نبی کریم صلی اللہ علیہ وسلم کی خدمت میں حاضر تھا کہ ایک صاحب آئے اور آپ صلی اللہ علیہ

فقال: ''یا عدی، هل رأیت الحیرة؟'' قلت: لم أرها وقد أنبئت عنها، قال: ''فإن طالت بك حیاة لترین الظعینة ترتحل من الحیرة حتی تطوف بالکعبة لا تخاف أحدًا إلا الله''... قال عدی: فرأیت الظعینة ترتحل من الحیرة حتی تطوف بالکعبة لا تخاف إلا الله.

(بخاری، رقم 3595)

وسلم سے فقر و فاقہ کی شکایت کی، پھر دوسرے صاحب آئے اور راستوں کی بدامنی کی شکایت کی، اِس پر نبی کریم صلی اللہ علیہ وسلم نے فرمایا: عدی، تم نے مقام حیرہ دیکھا ہے (جو کوفہ کے پاس ایک بستی ہے)؟ میں نے عرض کیا کہ میں نے دیکھا تو نہیں، البتہ اُس کا نام میں نے سنا ہے۔ آپ صلی اللہ علیہ وسلم نے فرمایا: اگر تمھاری زندگی کچھ اور لمبی ہوئی تو تم دیکھو گے کہ ہودج میں ایک عورت اکیلی حیرہ سے سفر کرے گی اور (مکہ پہنچ کر) کعبہ کا طواف کرے گی اور اللہ کے سوا اُسے کسی کا بھی خوف نہ ہو گا۔... عدی بن حاتم (کی زندگی لمبی ہوئی اور انھوں) نے بیان کیا کہ میں نے ہودج میں بیٹھی ہوئی ایک اکیلی عورت کو تو خود دیکھ لیا کہ حیرہ سے سفر کے لیے نکلی اور (مکہ پہنچ کر) اُس نے کعبہ کا طواف کیا اور اُسے اللہ کے سوا اور کسی سے خطرہ نہ تھا۔''

اِس سے واضح ہے کہ عورت کا محرم کے ساتھ سفر کرنا شرعی حکم نہیں، انتظامی مسئلہ ہے۔

حجاب کے نفاذ کے لیے نظم اجتماعی کی مداخلت

قرآنِ مجید میں لباس وزیبایش کی ہدایات عورتوں کو مخاطب کر کے دی گئی ہیں۔اِس کے لیے معاشرے کو مخاطب نہیں کیا گیا،اِس لیے مسلمانوں کے معاشرے یااُن کے نظم حکومت کواِن ہدایات کے نفاذ کا کوئی اختیار نہیں ہے۔قرآن مجید نے دین کے ایجابی احکام کے معاملے میں مسلمانوں کے نظم حکومت کے دائرۂ اختیار کو صرف چار امور تک محدود کیا ہے۔اِن کا ذکر درج ذیل آیت میں ہے:

اَلَّذِيْنَ اِنْ مَّكَّنّٰهُمْ فِي الْاَرْضِ اَقَامُوا الصَّلٰوةَ وَ اٰتَوُا الزَّكٰوةَ وَ اَمَرُوْا بِالْمَعْرُوْفِ وَ نَهَوْا عَنِ الْمُنْكَرِ ؕ وَلِلّٰهِ عَاقِبَةُ الْاُمُوْرِ.(الحج 22:41)

”وہی کہ جن کو اگر ہم اِس سرزمین میں اقتدار بخشیں گے تو نماز کا اہتمام کریں گے اور زکوٰۃ ادا کریں گے اور بھلائی کی تلقین کریں گے اور برائی سے روکیں گے۔ (اللہ ضرور اُن کی مدد کرے گا) اور سب کاموں کا انجام تو اللہ ہی کے اختیار میں ہے۔“

نظم اجتماعی کی ایک ذمہ داری نماز کی تلقین،اُس کی ادائیگی کے لیے سہولیات کی فراہمی اور نظام کی تشکیل کرنا ہے۔دوسری ذمہ داری زکوٰۃ کی وصولی اور تقسیم کا نظام قائم کرنا ہے۔دین کے ایجابی احکام کے معاملے میں اُس سے اِس سے زائد کوئی مطالبہ نہیں۔

اُن کی تیسری ذمہ داری معروف کا حکم دینا اور چوتھی منکر سے روکنا ہے۔ معروف سے مراد جانی پہچانی بھلائیاں اور منکر سے مراد مسلمہ برائیاں ہیں۔دین کے اوامر و نواہی اِس میں شامل نہیں۔وہ فرد کے اختیار کا معاملہ ہے۔

اپنے لباس میں مطلوب آداب کی رعایت کو اختیار کرنا بھی فرد کا ذاتی معاملہ ہے۔ نظم اجتماعی یا اربابِ اختیار اِس سلسلے میں قانون کی طاقت استعمال نہیں کر سکتے۔

زینتوں کے اِخفا کا معاملہ بھی شخصی معاملہ ہے، جس میں حکومت مداخلت نہیں کر سکتی۔ البتہ لباس اور زینت کے معاملے میں فاحشہ کا ارتکاب اُسے منکر بنا دیتا ہے، جیسے عریانی یا تبرج (شہوت انگیز اظہار زینت)۔ ایسے منکر کے سد باب کے لیے حکومت کو اختیار حاصل ہے۔ یہ قابل دست اندازی پولیس جرائم ہیں۔

پردہ یا حجاب اصل لباس پر اضافی لباس کا نام ہے۔ یہ اضافی لباس نہ ہو تو بھی عورت کے ساتر اور باوقار لباس پر فحش کا اطلاق نہیں ہوتا،اِس لیے حکومتی اراکین اگر عورت کے پردے کے تصور کے قائل بھی ہوں تو بھی وہ اِسے عورت پر نافذ کرنے کا اختیار نہیں رکھتے، اس لیے کہ یہ عورت کا شخصی معاملہ ہے۔

ضمیمہ دوم

آیاتِ تخییر کی شانِ نزول کی روایات کا جائزہ

سورۂ احزاب (33) کی آیات 28 اور 29 آیاتِ تخییر کہلاتی ہیں۔ اِن میں اللہ تعالیٰ نے ازواجِ مطہرات کو یہ اختیار دیا کہ وہ چاہیں تو اللہ، اُس کے رسول اور دارِ آخرت کو منتخب کر کے خدا سے اجرِ عظیم پائیں اور چاہیں تو رسول سے رخصت ہو جائیں اور اپنی مرضی کے مطابق دنیا کی زندگی گزاریں۔ اگر اُن کا انتخاب اللہ، اُس کا رسول اور دارِ آخرت ہے تو رسول کی بیویاں ہونے کی حیثیت سے اُنھیں کچھ پابندیاں قبول کرنا اور اپنے کچھ حقوق سے دست بردار ہونا پڑے گا۔ اُنھیں پابند کیا گیا ہے کہ

- ❖ وہ اجنبی مردوں سے نرم لہجے میں بات نہیں کریں گی، معروف انداز میں دوٹوک بات کریں گی۔
- ❖ وہ آیندہ سے اپنے گھروں میں محدود رہیں گی۔
- ❖ غیر محرموں سے مکمل حجاب اختیار کریں گی۔
- ❖ رسول اللہ صلی اللہ علیہ وسلم کے بعد بھی وہ کسی سے نکاح نہیں کر سکتیں۔
- ❖ وہ رسول اللہ صلی اللہ علیہ وسلم سے اپنے لیے ازدواجی مساوات کا مطالبہ نہیں کر سکتیں۔

تمام ازواجِ مطہرات نے اللہ، اُس کے رسول اور دارِ آخرت کو اختیار کیا، اپنے حقوق کا ایثار کیا اور تمام عمر اُن پابندیوں کو خود پر لاگو کیے رکھا جو اُن پر عائد کی گئی تھیں۔

سورۂ احزاب کی اِن آیات کے سیاق و سباق سے یہ سب واضح ہے۔ اِس تناظر میں یہ آیات ازواجِ مطہرات کو ایک بڑا اعزاز قبول کرنے میں اختیار دیتی ہیں، جسے اُنھوں نے قبول کیا اور اعزاز پایا۔ اِس کے برعکس، اِن آیات کی شانِ نزول کے طور پر بیان ہونے والی بعض روایات ایک دوسری صورت پیش کرتی ہیں، جو اِنھیں ازواجِ مطہرات کی تنقیص کی آیات بنا دیتی ہیں۔ یہ صورت اِن کا سیاق و سباق قبول نہیں کرتا۔

ذیل میں شانِ نزول کی اِن روایات کا ایک تنقیدی جائزہ لیا گیا ہے اور قرآن مجید کے بیان سے مطابقت رکھتی اصل صورتِ حال کو واضح کرنے کی کوشش کی گئی ہے۔

روایات میں بیان ہوا ہے کہ رسول اللہ صلی اللہ علیہ وسلم ازواجِ مطہرات سے آزردہ خاطر ہو کر ایک ماہ تک اُن سے علیحدہ رہے۔ اِس کے بعد جب آپ نے رجوع فرمایا تو آیاتِ تخییر نازل ہوئیں۔ آیاتِ تخییر یہ ہیں:

يٰٓاَيُّهَا النَّبِيُّ قُلْ لِّاَزْوَاجِكَ اِنْ كُنْتُنَّ تُرِدْنَ الْحَيٰوةَ الدُّنْيَا وَ زِيْنَتَهَا فَتَعَالَيْنَ اُمَتِّعْكُنَّ وَ اُسَرِّحْكُنَّ سَرَاحًا جَمِيْلًا وَ اِنْ كُنْتُنَّ تُرِدْنَ اللّٰهَ وَ رَسُوْلَهٗ وَ الدَّارَ الْاٰخِرَةَ فَاِنَّ اللّٰهَ اَعَدَّ لِلْمُحْسِنٰتِ مِنْكُنَّ اَجْرًا عَظِيْمًا. (الاحزاب 33:28-29)

”اے نبی، اپنی بیویوں سے کہہ دو کہ اگر تم دنیا کی زندگی اور اُس کی زینت چاہتی ہو تو آؤ، میں تمھیں دے دلا کر خوش اسلوبی کے ساتھ رخصت کر دوں۔ اور اگر تم اللہ اور اُس کے رسول اور آخرت کے گھر کو چاہتی ہو تو اِن سب چیزوں سے بے نیاز ہو کر اُسی کے لیے سرگرم رہو، اِس لیے کہ اللہ نے

تم میں سے خوبی کے ساتھ نباہ کرنے
والیوں کے لیے اجر عظیم تیار کر رکھا
ہے۔"

اِس سلسلے میں وارد ہونے والی روایات میں متعدد تضادات ہیں۔

ایک روایت کے مطابق، آپ کی وجہ ناراضی ازواج کی طرف سے نان ونفقے کا مطالبہ تھا۔ یہ مطالبہ صرف حضرت عائشہ اور حضرت حفصہ رضی اللہ عنہما کی طرف سے سامنے آیا تھا، جب کہ دوسری روایت بتاتی ہے کہ اِس کی وجہ یہ تھی کہ آپ کے منع کرنے کے باوجود حضرت حفصہ نے آپ کا کوئی راز حضرت عائشہ کو بتادیا تھا۔ دونوں روایات میں اصل کردار اُن دو خواتین کا ہے، مگر قطعِ تعلق تمام ازواج سے کر لیا گیا تھا، بلکہ اِن آیات کے نزول کے بعد بھی جن خواتین سے رسول اللہ صلی اللہ علیہ وسلم نے نکاح کرنے کا ارادہ کیا، اُنھیں بھی یہ اختیار دیا گیا۔ چنانچہ قتیلہ بنت قیس، جنھیں نکاح کے بعد رخصتی سے پہلے ہی طلاق دے دی گئی تھی، اُن کے بارے میں حضرت ابو بکر کے عہدِ خلافت میں جب سوال پیدا ہوا کہ وہ کسی اور سے نکاح کر سکتی ہیں یا نہیں تو حضرت عمر نے درج ذیل تبصرہ کیا:

یا خلیفة رسول الله، انها لیست من نسائه انها لم یخیرها رسول الله صلی الله علیه وسلم ولم یحجبها. (تفسیر الطبری 14/22)

"اے خلیفۂ رسول، یہ نبی صلی اللہ علیہ وسلم کی بیویوں میں شمار نہیں ہوتیں۔ آپ نے نہ تو اُن کو علیحدگی کا اختیار دیا (آیت تخییر کی رو سے) اور نہ اُن پر حجاب کو لازم کیا۔"

چنانچہ آیات تخییر اگر حضرت عائشہ اور حضرت حفصہ سے ناراضی کے نتیجے میں نازل ہوئی تھیں تو تخییر کا معاملہ دیگر بیویوں کے ساتھ کیوں کیا گیا؟

ایک روایت میں سورۂ احزاب (33) کی آیات 28 اور 29[81] کو، جب کہ دوسری میں سورۂ تحریم (66) کی آیات 4 اور 5 کو آیاتِ تخییر کہا گیا ہے۔[82]

سورۂ احزاب سورۂ تحریم سے مقدم ہے۔ یہ اُن کے مضامین سے عیاں ہے۔ سورۂ احزاب

---

[81] الاحزاب 33:28-29۔ 'يٰٓاَيُّهَا النَّبِيُّ قُلْ لِّاَزْوَاجِكَ اِنْ كُنْتُنَّ تُرِدْنَ الْحَيٰوةَ الدُّنْيَا وَ زِيْنَتَهَا فَتَعَالَيْنَ اُمَتِّعْكُنَّ وَ اُسَرِّحْكُنَّ سَرَاحًا جَمِيْلًا وَاِنْ كُنْتُنَّ تُرِدْنَ اللّٰهَ وَ رَسُوْلَهٗ وَ الدَّارَ الْاٰخِرَةَ فَاِنَّ اللّٰهَ اَعَدَّ لِلْمُحْسِنٰتِ مِنْكُنَّ اَجْرًا عَظِيْمًا' (اس طرف سے مایوس ہو کر اب یہ منافقین تمھارے گھروں میں فتنے اٹھانا چاہتے ہیں، اِس لیے)، اے نبی، اپنی بیویوں سے کہہ دو کہ اگر تم دنیا کی زندگی اور اُس کی زینت چاہتی ہو تو آؤ، میں تمھیں دے دلا کر خوش اسلوبی کے ساتھ رخصت کر دوں۔ اور اگر تم اللہ اور اُس کے رسول اور آخرت کے گھر کو چاہتی ہو تو ان سب چیزوں سے بے نیاز ہو کر اُسی کے لیے سرگرم رہو، اِس لیے کہ اللہ نے تم میں سے خوبی کے ساتھ نباہ کرنے والیوں کے لیے اجر عظیم تیار کر رکھا ہے)۔

[82] التحریم 66:4-5۔ 'اِنْ تَتُوْبَآ اِلَى اللّٰهِ فَقَدْ صَغَتْ قُلُوْبُكُمَا وَاِنْ تَظٰهَرَا عَلَيْهِ فَاِنَّ اللّٰهَ هُوَ مَوْلٰىهُ وَجِبْرِيْلُ وَصَالِحُ الْمُؤْمِنِيْنَ وَالْمَلٰٓئِكَةُ بَعْدَ ذٰلِكَ ظَهِيْرٌ. عَسٰى رَبُّهٗٓ اِنْ طَلَّقَكُنَّ اَنْ يُّبْدِلَهٗٓ اَزْوَاجًا خَيْرًا مِّنْكُنَّ مُسْلِمٰتٍ مُّؤْمِنٰتٍ قٰنِتٰتٍ تٰٓئِبٰتٍ عٰبِدٰتٍ سٰٓئِحٰتٍ ثَيِّبٰتٍ وَّ اَبْكَارًا' ((نبی کی بیویو، اپنے رویے کی اصلاح کرو)، اگر تم دونوں اللہ کی طرف رجوع کرو گی تو یہی تمھارے لیے زیبا ہے، تمھارے دل تو اس کے لیے مائل ہی ہیں، لیکن اگر نبی کے خلاف ایکا کرو گی تو اُس کا کچھ نقصان نہ ہو گا، اِس لیے کہ اُس کا حامی اللہ ہے، اور جبریل اور تمام صالح مسلمان اور مزید برآں فرشتے بھی اُس کے حامی اور مددگار ہیں۔ بعید نہیں کہ اگر وہ تمھیں طلاق دے دے تو اُس کا پروردگار تمھارے بدلے میں اُسے تم سے بہتر بیویاں عطا فرما دے مسلمان، مومنہ، فرماں بردار، توبہ کرنے والیاں، عبادت گزار اور درویشی کی زندگی بسر کرنے والیاں، خواہ شوہر دیدہ ہوں یا کنواریاں)۔

میں منافقین کے خلاف عملی اقدام کا عندیہ دیا گیا تھا، جب کہ سورۂ تحریم میں اُن سے سختی سے نمٹنے کا حکم دے دیا گیا ہے۔

سورۂ احزاب میں ارشاد ہوا تھا:

لَىِٕنۡ لَّمۡ يَنۡتَهِ الۡمُنٰفِقُوۡنَ وَالَّذِيۡنَ فِيۡ قُلُوۡبِهِمۡ مَّرَضٌ وَّ الۡمُرۡجِفُوۡنَ فِي الۡمَدِيۡنَةِ لَنُغۡرِيَنَّكَ بِهِمۡ ثُمَّ لَا يُجَاوِرُوۡنَكَ فِيۡهَآ اِلَّا قَلِيۡلًا مَّلۡعُوۡنِيۡنَ اَيۡنَمَا ثُقِفُوۡۤا اُخِذُوۡا وَ قُتِّلُوۡا تَقۡتِيۡلًا سُنَّةَ اللّٰهِ فِي الَّذِيۡنَ خَلَوۡا مِنۡ قَبۡلُ وَ لَنۡ تَجِدَ لِسُنَّةِ اللّٰهِ تَبۡدِيۡلًا. (62-60:33)

”یہ منافقین اگر (اِس کے بعد بھی) اپنی حرکتوں سے باز نہ آئے اور وہ بھی جن کے دلوں میں بیماری ہے اور جو مدینہ میں لوگوں کو بھڑکانے کے لیے جھوٹ اڑانے والے ہیں تو ہم اُن پر تمھیں اکسا دیں گے، پھر وہ تمھارے ساتھ اِس شہر میں کم ہی رہنے پائیں گے۔ اُن پر پھٹکار ہو گی، جہاں ملیں گے، پکڑے جائیں گے اور بے دریغ قتل کر دیے جائیں گے۔ یہی اُن لوگوں کے بارے میں اللہ کی سنت ہے جو پہلے گزر چکے ہیں اور اللہ کی اِس سنت میں تم ہر گز کوئی تبدیلی نہ پاؤ گے۔“

پھر سورۂ تحریم میں یہ ارشاد ہوا:

يٰۤاَيُّهَا النَّبِيُّ جَاهِدِ الۡكُفَّارَ وَ الۡمُنٰفِقِيۡنَ وَاغۡلُظۡ عَلَيۡهِمۡ ؕ وَمَاۡوٰىهُمۡ جَهَنَّمُ ؕ وَبِئۡسَ الۡمَصِيۡرُ. (9:66)

”اے نبی، (تمھارے مخاطبین میں سے اب کوئی بھی رعایت کا مستحق نہیں رہا، اِس لیے) منکرین اور منافقین،

سب سے جہاد کرو اور اِن پر سخت ہو
جاؤ، اور (اِنھیں بتا دو کہ) اِن کا ٹھکانا
دوزخ ہے اور وہ کیا ہی برا ٹھکانا ہے!''

رسول اللہ صلی اللہ علیہ وسلم کی ناراضی کا یہ واقعہ کسی ایک سورہ کے زمانۂ نزول سے متعلق ہی ہو سکتا ہے۔

نان و نفقے میں اضافے کے مطالبے والے واقعے میں بیان ہوا ہے کہ حضرت عائشہ اور حضرت حفصہ رضی اللہ عنہما نے اپنے اپنے والد کی سختی اور ڈانٹ کے بعد اپنا مطالبہ واپس لے لیا تھا۔ یہ معاملہ کچھ اِس انداز سے ہوا کہ رسول اللہ صلی اللہ علیہ وسلم اِس صورتِ حال پر مسکرا دیے تھے۔ اِس کے بعد پھر آپ نے نہ صرف ان دونوں سے، بلکہ تمام ازواج سے قطع تعلق کر لیا۔ اِس کی کوئی وجہ معلوم نہیں ہوتی۔

محض نان و نفقے کے مطالبے پر ایک ماہ کے قطعِ تعلق کا سخت اقدام بھی قابلِ فہم نہیں۔ اِس قطع تعلق سے جو قلق ازواج کو ہوا، اُس کا احوال حضرت حفصہ سے متعلق ایک روایت میں بیان ہوا ہے کہ اُنھوں نے رو رو کر خود کو ہلکان کر لیا تھا۔ معاملہ اگر محض نان و نفقے کا ہوتا تو اِس پر اتنا شدید عتاب بھی سمجھ نہیں آتا۔

اِس کے برعکس، سورۂ تحریم کے تناظر میں ناراضی کے اِس واقعے کو دیکھا جائے تو رسول اللہ صلی اللہ علیہ وسلم کے سخت ردعمل کی مناسبت سمجھی جا سکتی ہے۔ سورۂ تحریم کے بیان سے معلوم ہوتا ہے کہ معاملے کی نوعیت کچھ ایسی سنجیدہ ہو گئی تھی کہ اللہ تعالیٰ نے مداخلت فرمائی، دونوں بیویوں کو ڈانٹا، اُنھیں تنبیہ کی، بلکہ طلاق کی تہدید بھی کی۔

اِس بارے میں قرآن مجید کا بیان درج ذیل ہے:

يٰٓاَيُّهَا النَّبِيُّ لِمَ تُحَرِّمُ مَآ اَحَلَّ اللّٰهُ	''اے نبی، تم اپنی بیویوں کی دل داری

لَكَ ۚ تَبْتَغِيْ مَرْضَاتَ اَزْوَاجِكَ ؕ وَ اللّٰهُ غَفُوْرٌ رَّحِيْمٌ قَدْ فَرَضَ اللّٰهُ لَكُمْ تَحِلَّةَ اَيْمَانِكُمْ ۚ وَاللّٰهُ مَوْلٰىكُمْ ۚ وَهُوَ الْعَلِيْمُ الْحَكِيْمُ وَاِذْ اَسَرَّ النَّبِيُّ اِلٰى بَعْضِ اَزْوَاجِهٖ حَدِيْثًا ۚ فَلَمَّا نَبَّاَتْ بِهٖ وَ اَظْهَرَهُ اللّٰهُ عَلَيْهِ عَرَّفَ بَعْضَهٗ وَ اَعْرَضَ عَنْۢ بَعْضٍ ۚ فَلَمَّا نَبَّاَهَا بِهٖ قَالَتْ مَنْ اَنْۢبَاَكَ هٰذَا ؕ قَالَ نَبَّاَنِيَ الْعَلِيْمُ الْخَبِيْرُ اِنْ تَتُوْبَآ اِلَى اللّٰهِ فَقَدْ صَغَتْ قُلُوْبُكُمَا ۚ وَ اِنْ تَظٰهَرَا عَلَيْهِ فَاِنَّ اللّٰهَ هُوَ مَوْلٰىهُ وَ جِبْرِيْلُ وَ صَالِحُ الْمُؤْمِنِيْنَ ۚ وَ الْمَلٰٓئِكَةُ بَعْدَ ذٰلِكَ ظَهِيْرٌ عَسٰى رَبُّهٗٓ اِنْ طَلَّقَكُنَّ اَنْ يُّبْدِلَهٗٓ اَزْوَاجًا خَيْرًا مِّنْكُنَّ مُسْلِمٰتٍ مُّؤْمِنٰتٍ قٰنِتٰتٍ تٰٓئِبٰتٍ عٰبِدٰتٍ سٰٓئِحٰتٍ ثَيِّبٰتٍ وَّ اَبْكَارًا.

(التحریم 66:1-5)

میں وہ چیز کیوں حرام ٹھیراتے ہو، جو اللہ نے تمھارے لیے جائز رکھی ہے؟ خیر جو ہوا سو ہوا، اللہ بخشنے والا ہے، اُس کی شفقت ابدی ہے۔ اپنی اِس طرح کی قسموں کو توڑ دینا اللہ نے تمھارے لیے ٹھیرا دیا ہے اور اللہ ہی تمھارا مولیٰ ہے اور وہ علیم و حکیم ہے۔ (اِسی طرح کا معاملہ اُس وقت بھی ہوا)، جب پیغمبر نے اپنی ایک بیوی سے راز کی ایک بات کہی۔ پھر اُنھوں نے یہ بات جب (کسی دوسری بیوی کو) بتا دی اور اللہ نے پیغمبر کو اُس سے آگاہ کر دیا تو آپ نے کچھ بات جتائی اور کچھ ٹال دی۔ پھر جب بیوی کو وہی بتایا تو وہ بولیں: آپ کو کس نے اِس کی خبر دی؟ پیغمبر نے کہا: مجھے اُس (پروردگار) نے خبر دی ہے جو علیم و خبیر ہے۔ (نبی کی بیویو، اپنے رویے کی اصلاح کرو)، اگر تم دونوں اللہ کی طرف رجوع کرو گی تو یہی تمھارے لیے زیبا ہے، تمھارے دل تو اِس کے لیے مائل ہی ہیں، لیکن

اگر نبی کے خلاف ایکا کرو گی تو اُس کا کچھ نقصان نہ ہو گا، اِس لیے کہ اُس کا حامی اللہ ہے، اور جبریل اور تمام صالح مسلمان اور مزید برآں فرشتے بھی اُس کے حامی اور مددگار ہیں۔ بعید نہیں کہ اگر وہ تمھیں طلاق دے دے تو اُس کا پروردگار تمھارے بدلے میں اُسے تم سے بہتر بیویاں عطا فرمادے، مسلمان، مومنہ، فرماں بردار، توبہ کرنے والیاں، عبادت گزار اور درویشی کی زندگی بسر کرنے والیاں، خواہ شوہر دیدہ ہوں یا کنواریاں۔"

یہ معاملہ کیا تھا؟ یہ نہیں بتایا گیا۔ دونوں ازواج سے جس قسم کا رویہ سامنے آیا، اُس کی تادیب کے لیے رسول اللہ صلی اللہ علیہ وسلم نے اگر اُن سے علیحدگی اختیار کر لی ہو تو یہ قابلِ فہم ہے، مگر یہ ناراضی صرف دو بیویوں ہی سے ہونی چاہیے تھی۔

سورۂ احزاب میں آیاتِ تخییر کا سیاق و سباق ناراضی اور علیحدگی کے اِس واقعے کو قبول نہیں کرتا۔ آیاتِ تخییر کا موقع عتاب اور تنبیہ کا نہیں ہے۔ یہاں ازواجِ مطہرات پر اُن کے خصوصی منصب کے لحاظ سے کچھ خصوصی پروٹوکول عائد کیے جانے تھے۔ اِس کے لیے پہلے اُنھیں اختیار دیا گیا ہے کہ وہ چاہیں تو عام عورتوں کی طرح زندگی گزارنے اور دنیا کی زینتوں سے لطف اندوز ہونے کے لیے رسول اللہ صلی اللہ علیہ وسلم سے رخصت ہو سکتی ہیں اور اگر اللہ، اُس کے رسول

اور آخرت کی زندگی کو ترجیح دیتی ہیں تو اُنھیں عام عورتوں کے برعکس، کچھ اضافی پابندیاں اختیار کرنی ہوں گی۔ اُنھیں بتایا گیا کہ اپنے حقوق کی اِس قربانی پر اُنھیں دوگنا اجر ملے گا، لیکن اِس منصب پر رہتے ہوئے کسی فاحشہ کا ارتکاب اُن سے ہوا تو سزا بھی دہری ملے گی۔ یہ عتاب کا بیان نہیں، منصبی ذمہ داری کے تقاضوں کا بیان ہے۔

یہ ایسے ہی ہے، جیسے کسی غیر معمولی نازک ذمہ داری کے لیے کسی فرد کا انتخاب کیا جائے۔ اُسے دوسروں کے مقابلے میں زیادہ معاوضے کی پیش کش کی جائے اور عہدے کی نزاکت کے پیشِ نظر زیادہ سخت مواخذے سے خبردار بھی کیا جائے۔ یہ مقامِ اعزاز ہے، نہ کہ مقامِ تنقیص وتنبیہ۔ چنانچہ آیاتِ تخییر ازواجِ مطہرات کے اعزاز کی آیات ہیں۔

اب اِس واقعے سے متعلق روایات کا تنقیدی جائزہ پیش کیا جاتا ہے:

عن جابر بن عبد الله قال: دخل ابو بكر يستاذن على رسول الله صلى الله عليه وسلم، فوجد الناس جلوسًا ببابه لم يؤذن لاحد منهم، قال: فاذن لابي بكر فدخل، ثم اقبل عمر، فاستاذن فاذن له، فوجد النبي صلى الله عليه وسلم جالسًا حوله نساؤه واجمًا ساكتًا، قال: فقال: لاقولن شيئًا اضحك النبي صلى الله عليه وسلم، فقال: يا رسول الله، لو رايت بنت خارجة

''حضرت جابر بن عبد اللہ رضی اللہ عنہ سے روایت ہے، اُنھوں نے کہا: حضرت ابو بکر رضی اللہ عنہ آئے، وہ رسول اللہ صلی اللہ علیہ وسلم کی خدمت میں حاضر ہونے کی اجازت مانگ رہے تھے۔ اُنھوں نے لوگوں کو آپ کے دروازے پر بیٹھے ہوئے پایا۔ اُن میں سے کسی کو اجازت نہیں ملی تھی۔ جابر کہتے ہیں: ابو بکر رضی اللہ عنہ کو اجازت ملی تو وہ اندر داخل ہو گئے، پھر عمر رضی اللہ عنہ آئے، اُنھوں نے

سالتنی النفقة، فقمت الیها فوجدت عنقها، فضحك رسول الله صلی الله علیه وسلم، وقال: "هن حولی کما تری یسالننی النفقة". فقام ابوبکر الی عائشة یجأ عنقها، فقام عمر الی حفصة یجأ عنقها، کلاهما یقول: تسالن رسول الله صلی الله علیه وسلم ما لیس عنده؟ فقلن: والله لا نسأل رسول الله صلی الله علیه وسلم شیئًا ابدًا لیس عنده. ثم اعتزلهن شهرًا او تسعًا وعشرین، ثم نزلت علیه هذه الآیة: "یٰٓاَیُّهَا النَّبِیُّ قُلْ لِّاَزْوَاجِكَ"، حتی بلغ: "لِلْمُحْسِنٰتِ مِنْکُنَّ اَجْرًا عَظِیْمًا". قال: فبدا بعائشة، فقال: "یا عائشة انی ارید ان اعرض علیك امرًا احب ان لا تعجلی فیه حتی تستشیری ابویك" قالت: وما هو یا رسول الله؟ فتلا علیها الآیة، قالت: افیك یا رسول الله استشیر ابوی؟ بل اختار

اجازت مانگی، اُنھیں بھی اجازت مل گئی، اُنھوں نے نبی صلی اللہ علیہ وسلم کو غمگیں اور خاموش بیٹھے ہوئے پایا، آپ کی بیویاں آپ کے ارد گرد تھیں۔ جابر کہتے ہیں: حضرت عمر رضی اللہ عنہ نے کہا: میں ایسی بات کروں گا جس سے میں نبی صلی اللہ علیہ وسلم کو ہنسا دوں گا۔ اُنھوں نے کہا: اللہ کے رسول، کاش کہ آپ بنت خارجہ کو دیکھتے، جب اُس نے مجھ سے نفقہ کا سوال کیا تو میں اُس کی جانب بڑھا اور اُس کی گردن دبا دی۔ اِس پر رسول اللہ صلی اللہ علیہ وسلم ہنس پڑے اور فرمایا: یہ بھی میرے ارد گرد بیٹھی ہیں، جیسا کہ تم دیکھ رہے ہو، اور مجھ سے نفقہ مانگ رہی ہیں۔ یہ سن کر حضرت ابو بکر رضی اللہ عنہ عائشہ رضی اللہ عنہا کی جانب اٹھے اور اِن کی گردن پر ضرب لگانا چاہی اور حضرت عمر رضی اللہ عنہ حفصہ رضی اللہ عنہا کی جانب بڑھے اور وہ اُن کی گردن پر مارنا چاہتے تھے،

الله، ورسوله، والدار الاخرة، واسالك ان لا تخبر امراةً من نسائك بالذي قلت. قال:"لا تسالني امراة منهن الا اخبرتها، ان الله لم يبعثني معنتًا ولا متعنتًا، ولكن بعثني معلمًا ميسرًا". (مسلم، رقم1478)

(رسول اللہ صلی اللہ علیہ وسلم نے اُن دونوں کو اِس سے روکا۔ حضرت ابوبکر اور حضرت عمر، دونوں کہنے لگے: تم رسول اللہ صلی اللہ علیہ وسلم سے اُس چیز کا سوال کرتی ہو جو اُن کے پاس نہیں ہے۔ وہ کہنے لگیں: اللہ کی قسم، آج کے بعد ہم کبھی رسول اللہ صلی اللہ علیہ وسلم سے ایسی چیز کا مطالبہ نہیں کریں گی جو آپ کے پاس نہ ہو گی۔ پھر آپ صلی اللہ علیہ وسلم نے ایک ماہ یا انیتس دن تک کے لیے اُن سے علیحد گی اختیار کر لی۔ پھر آپ پر یہ آیت نازل ہوئی: "اے نبی صلی اللہ علیہ وسلم، آپ اپنی بیویوں سے کہہ دو" سے لے کر "تم میں سے نیکی کرنے والیوں کے لیے بڑا اجر ہے"۔ حضرت جابر رضی اللہ عنہ کہتے ہیں: آپ نے ابتدا حضرت عائشہ رضی اللہ عنہا سے کی اور فرمایا: اے عائشہ، میں تمھارے سامنے ایک معاملہ پیش کر رہا ہوں اور چاہتا ہوں کہ تم اپنے والدین سے مشورہ کر

لینے تک فیصلہ کرنے میں جلدی نہ کرنا۔ اُنھوں نے کہا: یارسول اللہ، وہ معاملہ کیا ہے؟ تو آپ صلی اللہ علیہ وسلم نے اُنھیں آیت تخییر پڑھ کر سنائی۔ اُنھوں نے کہا: اللہ کے رسول، کیا میں آپ کے بارے میں اپنے والدین سے مشورہ کروں گی، بلکہ میں تو اللہ، اُس کے رسول اور آخرت کے گھر کو چنتی ہوں اور آپ سے یہ درخواست کرتی ہوں کہ جو میں نے کہا ہے، آپ اپنی بیویوں میں سے کسی کو اِس کی خبر نہ دیں۔ آپ نے فرمایا: مجھ سے جو بھی پوچھے گی، میں اُسے بتادوں گا، اللہ تعالیٰ نے مجھے سختی کرنے والا اور لوگوں کے لیے مشکلات ڈھونڈنے والا بنا کر نہیں بھیجا، بلکہ اللہ نے مجھے تعلیم دینے والا اور آسانی کرنے والا بنا کر بھیجا ہے۔"

دیگر روایات میں بتایا گیا ہے کہ سب خواتین نے آپ کے ساتھ رہنا اختیار کیا۔

اِس سند سے روایت لانے میں مسلم منفرد ہیں۔ یہ روایت وہ حضرت جابر بن عبد اللہ رضی

اللہ عنہ کی سند سے لائے ہیں، مگر حضرت جابر رضی اللہ عنہ نے یہ واضح نہیں کیا کہ انھوں نے یہ واقعہ کس سے سنا، یعنی یہ ایک موقوف روایت ہے۔ نیز اِس روایت میں ابوالزبیر، محمد بن مسلم بن تدرس راوی ہیں، جو حضرت جابر سے براہ راست روایت نہیں کر رہے۔ بعض ائمۂ جرح و تعدیل کے مطابق یہ تدلیس کرتے تھے۔ نیز اُن کی وہ روایت جو حضرت جابر سے مرفوعاً مروی نہیں، وہ قابل بھروسا نہیں ہے۔

اِن سے متعلق ائمۂ جرح وتعدیل کی آرا درج ذیل ہیں:

ابنِ حجر کے مطابق یہ سچے ہیں، مگر تدلیس کرتے ہیں۔[83]

امام نسائی اور اُن کے علاوہ دیگر ائمۂ جرح وتعدیل اُنھیں تدلیس کا مرتکب سمجھتے ہیں۔[84]

امام ذہبی نے ابو حاتم کی رائے نقل کی ہے کہ یہ مدلس تھے۔ اُن کی رائے یہ ہے:

لا یحتج به، توفی 128 وکان مدلسًا واسع العلم. (الکاشف 195/4)	''اُن سے حجت نہیں پکڑی جاتی، 128ھ میں اُن کی وفات ہوئی، وہ مدلس تھے اور وسیع علم رکھتے تھے۔''

صاحب ''تہذیب الکمال'' ابن حزم کے حوالے سے لکھتے ہیں:

ابن حزم یحتج من حدیث أبي الزبیر مما قال فیه ثنا جابر. فإذا قال: عن جابر لم یحتج منه. (281/8)	''ابن حزم ابو زبیر کی وہی حدیث قابل حجت قرار دیتے ہیں جس میں وہ براہِ راست جابر سے سننے کی تصریح کرے۔ لیکن جب وہ اُن کی طرف سے روایت کریں، یعنی صرف 'عن جابر'

---

[83] تقریب التہذیب 890/1 'صدوق إلا أنه یدلس'۔

[84] تعریف اہل التقدیس 151/1 'وقد وصفه النسائي وغیرہ بالتدلیس'۔

کہیں تو وہ قابلِ حجت نہ ہو گی۔"

اِس کے برعکس، اِسی روایت کے ایک دوسرے طریق میں حضرت عبد اللہ بن عباس رضی اللہ عنہ براہِ راست حضرت عمر سے روایت کرتے ہیں۔ اُس میں صراحت ہے کہ اُن کے استفسار پر حضرت عمر رضی اللہ عنہ نے مفصلاً یہ واقعہ اُن کو سنایا کہ کس طرح وہ رسول اللہ صلی اللہ علیہ وسلم کو منا کر لائے اور کون سی آیات اِس سلسلے میں نازل ہوئیں۔ یہ سورۂ تحریم کی آیات تھیں۔

حضرت عبد اللہ بن عباس رضی اللہ عنہ کی روایت یہ ہے:

حدثني عبد الله بن عباس، حدثني عمر بن الخطاب قال: لما اعتزل نبي الله صلى الله عليه وسلم نساءه، قال: دخلت المسجد، فإذا الناس ينكتون بالحصى، ويقولون: طلق رسول الله صلى الله عليه وسلم نساءه، وذلك قبل أن يؤمرن بالحجاب، فقال عمر: فقلت: لأعلمن ذلك اليوم. قال: فدخلت على عائشة فقلت: يا بنت أبي بكر، أقد بلغ من شأنك أن تؤذي رسول الله صلى الله عليه وسلم؟ فقالت: ما لي وما لك يا ابن الخطاب، عليك

"حضرت عبد اللہ بن عباس کہتے ہیں کہ عمر بن خطاب رضی اللہ عنہ نے بیان کیا: جب نبی صلی اللہ علیہ وسلم نے اپنی ازواج سے علیحدگی اختیار فرمائی، آپ فرماتے ہیں: میں مسجد میں داخل ہوا تو لوگوں کو دیکھا کہ وہ (پریشانی کے عالم میں) کنکریاں زمین پر پھینک رہے ہیں، اور کہہ رہے ہیں: رسول اللہ صلی اللہ علیہ وسلم نے اپنی بیویوں کو طلاق دے دی۔ یہ واقعہ اُنھیں پردے کا حکم دیے جانے سے پہلے کا ہے۔ حضرت عمر رضی اللہ عنہ نے کہا: میں نے (دل میں) کہا: آج

بعيبتك، قال: فدخلت على حفصة بنت عمر فقلت لها: يا حفصة، أقد بلغ من شأنك أن تؤذي رسول الله صلى الله عليه وسلم؟ والله لقد علمت أن رسول الله صلى الله عليه وسلم لا يحبك، ولولا أنا لطلقك رسول الله صلى الله عليه وسلم، فبكت أشد البكاء، فقلت لها: أين رسول الله صلى الله عليه وسلم؟ قالت: هو في خزانته في المشربة، فدخلت، فإذا أنا برباح غلام رسول الله صلى الله عليه وسلم قاعدًا على أسكفة المشربة، مدل رجليه على نقير من خشب، وهو جذع يرقى عليه رسول الله صلى الله عليه وسلم، وينحدر، فناديت: يا رباح، استأذن لي عندك على رسول الله صلى الله عليه وسلم، فنظر رباح إلى الغرفة، ثم نظر إلي فلم يقل شيئا، ثم قلت: يا رباح استأذن لي عندك على رسول الله

میں اِس معاملے کو جان کر رہوں گا۔ اُنھوں نے کہا: میں عائشہ رضی اللہ عنہا کے پاس گیا اور کہا: ابو بکر رضی اللہ عنہ کی بیٹی، تم اِس حد تک پہنچ چکی ہو کہ اللہ کے رسول صلی اللہ علیہ وسلم کو اذیت دو؟ انھوں نے جواب دیا: خطاب کے بیٹے، آپ کا مجھ سے کیا واسطہ؟ آپ اپنی بیٹی حفصہ رضی اللہ عنہا کی فکر کریں۔ انہوں نے کہا: پھر میں حفصہ بنت عمر رضی اللہ عنہا کے پاس آیا اور کہا: حفصہ، کیا تم اِس حد تک پہنچ گئی ہو کہ اللہ کے رسول صلی اللہ علیہ وسلم کو تکلیف دو؟ اللہ کی قسم، تمھیں خوب معلوم ہے کہ اللہ کے رسول صلی اللہ علیہ وسلم تم سے محبت نہیں رکھتے۔ اگر میں نہ ہوتا تو رسول اللہ صلی اللہ علیہ وسلم تمھیں طلاق دے دیتے۔ یہ سن کر وہ بری طرح سے رونے لگیں۔ میں نے اُن سے پوچھا: اللہ کے رسول صلی اللہ علیہ وسلم کہاں ہیں؟ اُنھوں نے جواب دیا: وہ اپنے بالا خانے پر سامان

صلى الله عليه وسلم، فنظر رباح، إلى الغرفة، ثم نظر إلى فلم يقل شيئا، ثم رفعت صوتي، فقلت: يا رباح، استأذن لي عندك على رسول الله صلى الله عليه وسلم، فإني أظن أن رسول الله صلى الله عليه وسلم ظن أني جئت من أجل حفصة، والله لئن أمرني رسول الله صلى الله عليه وسلم بضرب عنقها لاضربن عنقها. ورفعت صوتي، فأومأ إلى أن ارقه، فدخلت على رسول الله صلى الله عليه وسلم، وهو مضطجع على حصير، فجلست، فأدنى عليه إزاره وليس عليه غيره، وإذا الحصير قد أثر في جنبه، فنظرت ببصري في خزانة رسول الله صلى الله عليه وسلم، فإذا أنا بقبضة من شعير نحو الصاع ومثلها قرظا في ناحية الغرفة، وإذا أفيق معلق. قال: فابتدرت عيناي، قال: ''ما يبكيك يا ابن الخطاب؟'' قلت: يا

رکھنے والی جگہ میں ہیں۔ میں وہاں گیا تو دیکھا رسول اللہ صلی اللہ علیہ وسلم کا غلام رَباح چوبارے کی چوکھٹ کے نیچے والی لکڑی پر بیٹھا ہے۔ اُس نے اپنے دونوں پاؤں لکڑی کی سوراخ دار سیڑھی پر لٹکا رکھے ہیں۔ وہ کھجور کا ایک تنا تھا، رسول اللہ صلی اللہ علیہ وسلم اُس پر (قدم رکھ کر) چڑھتے اور اترتے تھے۔ میں نے آواز دی: رباح، مجھے اپنی طرف سے رسول اللہ صلی اللہ علیہ وسلم کی خدمت میں حاضر ہونے کی اجازت لے دو۔ رباح رضی اللہ عنہ نے بالاخانے کی طرف نظر کی، پھر مجھے دیکھا اور کچھ نہ کہا۔ میں نے پھر کہا: رباح، مجھے اپنی طرف سے رسول اللہ صلی اللہ علیہ وسلم کی خدمت میں حاضر ہونے کی اجازت لے دو۔ رباح رضی اللہ عنہ نے (دوبارہ) بالا خانے کی طرف نگاہ اٹھائی، پھر مجھے دیکھا، اور کچھ نہ کہا، پھر میں نے اپنی آواز کو بلند کیا اور کہا: اے رباح، مجھے اپنی طرف سے

نبی اللّٰہ، وما لی لا أبکی، وهذا الحصیر قد أثر فی جنبك، وهذه خزانتك لا أری فیها إلا ما أری، وذاك قیصر، وکسری فی الثمار والانهار، وأنت رسول اللّٰہ صلی اللّٰہ علیه وسلم وصفوته، وهذه خزانتك، فقال:"یا ابن الخطاب الا ترضی أن تکون لنا الآخرة، ولهم الدنیا؟" قلت: بلی. قال: ودخلت علیه حین دخلت، وأنا أری فی وجهه الغضب، فقلت: یا رسول اللّٰہ، ما یشق علیك من شأن النساء؟ فإن کنت طلقتهن فإن اللّٰہ معك وملائکته وجبریل ومیکائیل، وأنا وأبو بکر والمؤمنون معك، وقلما تکلمت، وأحمد اللّٰہ بکلام إلا رجوت أن یکون اللہ یصدق قولی الذی أقول، ونزلت هذه الآیة آیة التخییر:"عسی ربه إن طلقکن أن یبدله ازواجًا خیرًا منکن، وإن تظاهرا علیه فإن اللّٰہ هو مولاه

رسول اللہ صلی اللہ علیہ وسلم کی خدمت میں حاضر ہونے کی اجازت لے دو۔ میرا خیال ہے کہ رسول اللہ صلی اللہ علیہ وسلم نے سمجھا ہے کہ میں حفصہ رضی اللہ عنہا کی (سفارش کرنے کی) خاطر آیا ہوں۔ اللہ کی قسم، اگر رسول اللہ صلی اللہ علیہ وسلم مجھے اُس کی گردن اڑانے کا حکم دیں تو میں اُس کی گردن اڑا دوں گا۔ یہ میں نے بہ آواز بلند کہا، تو اُس نے مجھے اشارہ کیا کہ اوپر چڑھ آؤ۔ میں رسول اللہ صلی اللہ علیہ وسلم کی خدمت میں حاضر ہوا، آپ ایک چٹائی پر لیٹے ہوئے تھے، میں بیٹھ گیا، آپ نے اپنا ازار درست کیا اور آپ (کے جسم) پر اُس کے علاوہ اور کچھ نہ تھا اور چٹائی نے آپ کے جسم پر نشان ڈال دیے تھے۔ میں نے اپنی آنکھوں سے رسول اللہ صلی اللہ علیہ وسلم کے سامان کے کمرے میں دیکھا تو صرف مٹھی بھر ایک صاع کے برابر جَو ہوں گے اور کمرے کے ایک کونے

وجبريل وصالح المؤمنين والملائكة بعد ذلك ظهير". وكانت عائشة بنت ابي بكر وحفصة تظاهران على سائر نساء النبي صلى الله عليه وسلم، فقلت: يا رسول الله أطلقت هن؟ قال: "لا"، قلت: يا رسول الله، إني دخلت المسجد والمسلمون ينكتون بالحصى يقولون: طلق رسول الله صلى الله عليه وسلم نساءه، أفأنزل فأخبرهم انك لم تطلقهن؟ قال" نعم" إن شئت، فلم ازل احدثه حتى تحسر الغضب عن وجهه، وحتى كشر فضحك، وكان من احسن الناس ثغرا، ثم نزل نبي الله صلى الله عليه وسلم، ونزلت، فنزلت أتشبث بالجذع، ونزل رسول الله صلى الله عليه وسلم كأنما يمشي على الارض ما يمسه بيده، فقلت: يا رسول الله، إنما كنت في الغرفة تسعة وعشرين؟

میں اتنی ہی کیکر کی چھال دیکھی۔ اِس کے علاوہ ایک غیر دباغت شدہ چمڑا لٹکا ہوا تھا۔ حضرت عمر نے کہا: تو میرے آنسو بہ پڑے۔ آپ صلی اللہ علیہ وسلم نے پوچھا: ابن خطاب، تمھیں کیا چیز رُلا رہی ہے؟ میں نے عرض کی: اللہ کے نبی، میں کیوں نہ روؤں؟ اِس چٹائی نے آپ کے جسمِ اطہر پر نشان ڈال دیے ہیں، اور یہ آپ کا سامان رکھنے کا کمرا ہے، اِس میں وہی کچھ ہے جو مجھے نظر آرہا ہے، اور قیصر و کسریٰ نہروں اور پھلوں کے درمیان (شان دار زندگی بسر کر رہے) ہیں، جب کہ آپ تو اللہ کے رسول اور اُس کی چنی ہوئی ہستی ہیں، اور یہ آپ کا سارا سامان ہے۔ آپ صلی اللہ علیہ وسلم نے فرمایا: ابن خطاب! کیا تمھیں پسند نہیں کہ ہمارے لیے آخرت ہو اور اُن کے لیے دنیا ہو؟ میں نے عرض کی: کیوں نہیں! حضرت عمر نے کہا: جب میں رسول اللہ صلی اللہ علیہ وسلم کی

قال "إن الشهر يكون تسعا وعشرين"، فقمت على باب المسجد، فناديت بأعلى صوتي: لم يطلق رسول الله صلى الله عليه وسلم نساءه، ونزلت هذه الآية: "وإذا جاءهم أمر من الأمن أو الخوف أذاعوا به ولو ردوه إلى الرسول وإلى أولي الأمر منهم، لعلمه الذين يستنبطونه منهم" فكنت أنا استنبطت ذلك الأمر، وأنزل الله عز وجل آية التخيير.

(مسلم، رقم 1479)

خدمت میں حاضر ہوا تھا تو آپ کے چہرے پر غصہ کے آثار تھے، میں نے عرض کی: اللہ کے رسول، آپ کو (اپنی) بیویوں کے بارے میں کیا مسئلہ درپیش ہے؟ اگر آپ نے اُنھیں طلاق دے دی ہے تو اللہ آپ کے ساتھ ہے، اُس کے فرشتے، جبریل، میکائیل، میں، ابوبکر اور تمام مومن آپ کے ساتھ ہیں۔ اور میں اللہ کا شکر ادا کرتا ہوں کہ میں نے کم ہی ایسی کوئی بات کہی، مگر میں نے امید کی کہ اللہ میری اُس بات کی تصدیق فرما دے گا جو میں کہہ رہا ہوں۔ (چنانچہ ایسے ہی ہوا) اور تخییر کی آیت نازل ہو گئی: "اگر وہ (نبی) تم سب (بیویوں) کو طلاق دے دیں تو قریب ہے کہ اُن کا رب اُنھیں تم سے بہتر بیویاں بدلے میں دے۔ اور اگر تم دونوں اُن کے خلاف ایک دوسرے کی مدد کرو گی، تو اللہ خود اُن کا نگہبان ہے، اور جبریل اور صالح مومن اور اِس کے بعد تمام فرشتے (اُن کے)

مددگار ہیں ''۔ عائشہ بنت ابی بکر اور حفصہ رضی اللہ عنہما، دونوں نبی صلی اللہ علیہ وسلم کی تمام بیویوں کے مقابلے میں ایک دوسرے کا ساتھ دیتی تھیں۔ میں نے عرض کی: اے اللہ کے رسول، کیا آپ نے اُن کو طلاق دے دی ہے؟ آپ نے فرمایا: نہیں۔ میں نے عرض کی: اے اللہ کے رسول، میں مسجد میں داخل ہوا تھا تو لوگ کنکریاں زمین پر پھینک رہے تھے اور کہہ رہے تھے کہ اللہ کے رسول صلی اللہ علیہ وسلم نے اپنی بیویوں کو طلاق دے دی ہے۔ کیا میں اتر کر اُنھیں بتا دوں کہ آپ نے اُن (بیویوں) کو طلاق نہیں دی؟ آپ نے فرمایا: ہاں، اگر چاہو۔ میں مسلسل آپ سے گفتگو کرتا رہا، یہاں تک کہ آپ کے چہرے سے غصہ دور ہو گیا اور آپ کے لب وا ہوئے اور آپ ہنس دیے۔ آپ کے سامنے والے دندانِ مبارک سب انسانوں سے زیادہ خوب صورت تھے۔

پھر اللہ کے نبی صلی اللہ علیہ وسلم (بالا خانے سے نیچے) اترے۔ میں تنے کو تھامتے ہوئے اترا اور رسول اللہ صلی اللہ علیہ وسلم ایسے اترے جیسے زمین پر چل رہے ہوں، آپ نے تنے کو ہاتھ تک نہ لگایا۔ میں نے عرض کی: اللہ کے رسول، آپ بالا خانے میں انیتس دن رہے ہیں۔ آپ نے فرمایا: مہینا انیتس دن کا بھی ہوتا ہے۔ چنانچہ میں مسجد کے دروازے پر کھڑا ہوا اور بلند آواز سے پکار کر کہا: رسول اللہ صلی اللہ علیہ وسلم نے اپنی بیویوں کو طلاق نہیں دی۔ اور (پھر) یہ آیت نازل ہوئی: ''اور جب اُن کے پاس امن یا خوف کی کوئی خبر آتی ہے تو اُسے مشہور کر دیتے ہیں اور اگر وہ اُسے رسول اللہ صلی اللہ علیہ وسلم کی طرف اور اپنے معاملات سنبھالنے والوں کی طرف لوٹا دیتے تو وہ لوگ جو اُن میں اِس سے اصل مطلب اخذ کرتے ہیں، اُسے ضرور جان لیتے''۔ تو میں ہی تھا جس نے اِس

معاملے کی اصل حقیقت کو اخذ کیا اور اللہ تعالیٰ نے تخییر کی آیت نازل فرمائی۔"

یہ روایت سورۂ تحریم کے تناظر میں آپ کی ناراضی کا واقعہ بیان کرتی ہے۔ جن آیات کو آیاتِ تخییر کہا جا رہا ہے، وہ سورۂ تحریم کی آیات ہیں۔

حضرت عبداللہ بن عباس کی سند سے یہی روایت بخاری میں بھی ہے۔ اِس روایت میں دو واقعات میں ادراج ہوا ہے۔ روایت یہ ہے:

عن عبد اللہ بن عباس رضی اللہ عنهما قال لم ازل حريصًا على ان اسال عمر رضی اللہ عنه عن المرأتين من ازواج النبی صلی اللہ علیه وسلم، اللتين قال اللہ لهما: "إِنْ تَتُوْبَا إِلَى اللّٰهِ فَقَدْ صَغَتْ قُلُوْبُكُمَا". فحججت معه فعدل وعدلت معه بالإداوة، فتبرز، حتى جاء فسكبت على يديه من الإداوة فتوضأ، فقلت: يا أمير المؤمنين، من المرأتان من ازواج النبی صلی اللہ علیه وسلم اللتان قال اللہ عز وجل لهما: "إِنْ تَتُوْبَا إِلَى اللّٰهِ"

"حضرت عبداللہ بن عباس رضی اللہ عنہما نے بیان کیا کہ میں ہمیشہ اِس بات کا آرزو مند رہتا تھا کہ حضرت عمر رضی اللہ عنہ سے نبی کریم صلی اللہ علیہ وسلم کی اُن دو بیویوں کے نام پوچھوں جن کے بارے میں اللہ تعالیٰ نے (سورۂ تحریم میں) فرمایا ہے 'إِنْ تَتُوْبَا إِلَى اللّٰهِ فَقَدْ صَغَتْ قُلُوْبُكُمَا'۔ پھر میں نے اُن کے ساتھ حج کو گیا۔ عمر رضی اللہ عنہ راستے سے قضاے حاجت کے لیے الگ ہوئے تو میں بھی اُن کے ساتھ (پانی کا ایک) چھاگل لے کر گیا۔ پھر وہ قضاے حاجت کے لیے چلے

فقال: واعجبی لك یا ابن عباس، عائشة وحفصة، ثم استقبل عمر الحدیث یسوقه، فقال: إنی کنت وجارلی من الانصار فی بنی أمیة بن زید وھی من عوالی المدینة، وکنا نتناوب النزول علی النبی صلی اللّٰه علیه وسلم، فینزل یومًا وانزل یومًا، فإذا نزلت جئته من خبر ذلك الیوم من الامر وغیرہ، وإذا نزل فعل مثله، وکنا معشر قریش نغلب النساء، فلما قدمنا علی الانصار إذا ھم قوم تغلبھم نساؤھم، فطفق نساؤنا یأخذن من أدب نساء الانصار، فصحت علی امرأتی فراجعتنی، فانکرت أن تراجعنی، فقالت: ولم تنکر ان اراجعك، فواللّٰه إن ازواج النبی صلی اللّٰه علیه وسلم لیراجعنه، وإن إحداھن لتھجرہ الیوم حتی اللیل. فافزعنی، فقلت: خابت من فعل منھن بعظیم، ثم جمعت علی

گئے۔ اور جب واپس آئے تو میں نے اُن کے ہاتھوں پر چھاگل سے پانی ڈالا۔ انھوں نے وضو کیا، پھر میں نے پوچھا: اے امیر المومنین، نبی کریم صلی اللہ علیہ وسلم کی بیویوں میں وہ دو خواتین کون سی ہیں جن کے متعلق اللہ تعالیٰ نے یہ فرمایا کہ 'إِنْ تَتُوبَا إِلَى اللّٰهِ'، ''اگر تم دونوں اللہ کے سامنے توبہ کرو''۔ اُنھوں نے فرمایا: ابن عباس، تم پر حیرت ہے، وہ عائشہ اور حفصہ (رضی اللہ عنہما) ہیں۔ پھر عمر رضی اللہ عنہ میری طرف متوجہ ہو کر پورا واقعہ بیان کرنے لگے۔ آپ نے بتایا کہ بنو امیہ بن زید کے قبیلے میں جو مدینہ سے ملا ہوا تھا، میں اپنے ایک انصاری پڑوسی کے ساتھ رہتا تھا۔ ہم دونوں نے نبی کریم صلی اللہ علیہ وسلم کی خدمت میں حاضری کی باری مقرر کر رکھی تھی۔ ایک دن وہ حاضر ہوتے اور ایک دن میں۔ جب میں حاضری دیتا تو اُس دن کی تمام خبریں وغیرہ اُنھیں بتاتا، اور

ثيابي فدخلت على حفصة، فقلت: اي حفصة، اتغاضب إحداكن رسول الله صلى الله عليه وسلم اليوم حتى الليل؟ فقالت: نعم، فقلت: خابت وخسرت، افتامن ان يغضب الله لغضب رسوله صلى الله عليه وسلم فتهلكين، لا تستكثري على رسول الله صلى الله عليه وسلم ولا تراجعيه في شيء ولا تهجريه، واسأليني ما بدا لك، ولا يغرنك ان كانت جارتك هي أوضأ منك وأحب إلى رسول الله صلى الله عليه وسلم يريد عائشة. وكنا تحدثنا ان غسان تنعل النعال لغزونا، فنزل صاحبي يوم نوبته، فرجع عشاء، فضرب بابي ضربًا شديدًا، وقال: أنائم هو، ففزعت، فخرجت إليه، وقال: حدث أمر عظيم، قلت: ما هو أجاءت غسان؟ قال: لا، بل أعظم منه وأطول، طلق رسول الله صلى الله عليه وسلم نساءه، قال: قد

جب وہ حاضر ہوتے تو وہ بھی اِسی طرح کرتے۔ ہم قریش کے لوگ (مکہ میں) اپنی عورتوں پر غالب رہا کرتے تھے، لیکن جب ہم (ہجرت کر کے) انصار کے یہاں آئے تو اُنھیں دیکھا کہ اُن کی عورتیں مردوں پر غالب تھیں۔ ہماری عورتوں نے بھی اُن کا طریقہ اختیار کرنا شروع کر دیا۔ میں نے ایک دن اپنی بیوی کو ڈانٹا تو اُنھوں نے بھی اُس کا جواب دیا۔ اُن کا یہ جواب مجھے ناگوار معلوم ہوا، لیکن اُنھوں نے کہا کہ میں اگر جواب دیتی ہوں تو تمھیں ناگواری کیوں ہوتی ہے۔ قسم اللہ کی، نبی کریم صلی اللہ علیہ وسلم کی ازواج بھی آپ کو جواب دیتی ہیں اور بعض بیویاں تو آپ سے پورے دن اور پوری رات خفا رہتی ہیں۔ اِس بات سے میں بہت پریشان ہوا۔ میں نے کہا کہ اُن میں سے جس نے بھی ایسا کیا ہو گا، وہ بہت نقصان اور خسارے میں ہے۔ اِس کے بعد میں نے کپڑے پہنے اور حفصہ

خابت حفصة وخسرت، كنت أظن أن هذا يوشك أن يكون، فجمعت علي ثيابي فصليت صلاة الفجر مع النبي صلى الله عليه وسلم، فدخل مشربة له فاعتزل فيها، فدخلت علي حفصة، فإذا هي تبكي، قلت: ما يبكيك أولم أكن حذرتك؟ أطلقكن رسول الله صلى الله عليه وسلم؟ قالت: لا أدري، هو ذا في المشربة، فخرجت فجئت المنبر، فإذا حوله رهط يبكي بعضهم، فجلست معهم قليلاً، ثم غلبني ما أجد، فجئت المشربة التي هو فيها، فقلت لغلام له أسود: استأذن لعمر، فدخل فكلم النبي صلى الله عليه وسلم، ثم خرج فقال: ذكرتك له فصمت، فانصرفت حتى جلست مع الرهط الذين عند المنبر، ثم غلبني ما أجد فجئت فذكر مثله، فجلست مع الرهط الذين عند المنبر، ثم غلبني ما أجد فجئت الغلام،

رضی اللہ عنہا کے پاس پہنچا اور کہا: اے حفصہ، کیا تم میں سے کوئی نبی کریم صلی اللہ علیہ وسلم سے پورے دن رات تک ناراض رہتی ہیں؟ اُنھوں نے کہا کہ ہاں۔ میں نے کہا کہ پھر تو وہ تباہی اور نقصان میں ہیں۔ کیا تمھیں اِس سے ڈر نہیں لگتا کہ اللہ تعالیٰ اپنے رسول صلی اللہ علیہ وسلم کی خفگی کی وجہ سے (تم پر) غصہ ہو جائے اور تم ہلاک ہو جاؤ؟ رسول اللہ صلی اللہ علیہ وسلم سے زیادہ چیزوں کا مطالبہ ہر گز نہ کیا کرو، نہ کسی معاملہ میں آپ صلی اللہ علیہ وسلم کی کسی بات کا جواب دو اور نہ آپ پر خفگی کا اظہار ہونے دو، البتہ جس چیز کی تمھیں ضرورت ہو، وہ مجھ سے مانگ لیا کرو، کسی خود فریبی میں مبتلا نہ رہنا، تمھاری یہ پڑوسن تم سے زیادہ خوب صورت ہیں اور رسول اللہ صلی اللہ علیہ وسلم کو زیادہ پیاری بھی ہیں۔ آپ کی مراد عائشہ رضی اللہ عنہا سے تھی۔ حضرت عمر رضی اللہ عنہ نے کہا:

فقلت: استأذن لعمر، فذكر مثله، فلما وليت منصرفا فإذا الغلام يدعوني، قال: أذن لك رسول الله صلى الله عليه وسلم، فدخلت عليه، فإذا هو مضطجع على رمال حصير، ليس بينه وبينه فراش، قد أثر الرمال بجنبه، متكئ على وسادة من أدم، حشوها ليف، فسلمت عليه، ثم قلت وأنا قائم: طلقت نساءك؟ فرفع بصره إلي، فقال: "لا". ثم قلت وأنا قائم أستأنس: يا رسول الله، لو رأيتني وكنا معشر قريش نغلب النساء، فلما قدمنا على قوم تغلبهم نساؤهم، فذكره، فتبسم النبي صلى الله عليه وسلم، ثم قلت: لو رأيتني ودخلت على حفصة فقلت: لا يغرنك أن كانت جارتك هي أوضأ منك وأحب إلى النبي صلى الله عليه وسلم يريد عائشة - فتبسم أخرى، فجلست حين رأيته تبسم،

اِن دنوں یہ چرچا ہو رہا تھا کہ غسّان کے فوجی ہم سے لڑنے کے لیے گھوڑوں کو سم لگا رہے ہیں۔ میرے پڑوسی ایک دن اپنی باری پر مدینہ گئے ہوئے تھے۔ پھر عشا کے وقت واپس لوٹے۔ آ کر میرا دروازہ اُنھوں نے بڑی زور سے کھٹکھٹایا، اور کہا: کیا آپ سو گئے ہیں؟ میں گھبرایا ہوا باہر آیا، اُنھوں نے کہا کہ ایک بہت بڑا حادثہ پیش آگیا ہے۔ میں نے پوچھا کیا ہوا؟ کیا غسّان کا لشکر آگیا؟ اُنھوں نے کہا، نہیں، بلکہ اِس سے بھی بڑا اور سنگین حادثہ پیش آیا ہے اور وہ یہ کہ رسول اللہ صلی اللہ علیہ وسلم نے اپنی بیویوں کو طلاق دے دی ہے۔ یہ سن کر حضرت عمر رضی اللہ عنہ نے فرمایا: حفصہ تو برباد ہو گئی۔ مجھے تو پہلے ہی کھٹکا تھا کہ کہیں ایسا نہ ہو جائے (حضرت عمر رضی اللہ عنہ نے کہا) پھر میں نے کپڑے پہنے۔ صبح کی نماز رسول اللہ صلی اللہ علیہ وسلم کے ساتھ پڑھی (نماز پڑھتے ہی) آپ صلی اللہ

ثم رفعت بصری فی بيته، فوالله ما رايت فيه شيئًا يرد البصر، غير أهب ثلاثة، فقلت: ادع الله فليوسع على أمتك، فإن فارس والروم وسع عليهم وأعطوا الدنيا، وهم لا يعبدون الله، وكان متكئًا، فقال:"أوفى شك أنت يا ابن الخطاب؟ أولئك قوم عجلت لهم طيباتهم فى الحياة الدنيا". فقلت: يا رسول الله، استغفر لی،

علیہ وسلم اپنے بالا خانہ میں تشریف لے گئے اور وہیں تنہائی اختیار کر لی۔ میں حفصہ کے یہاں گیا، دیکھا تو وہ رو رہی تھیں، میں نے کہا: رو کیوں رہی ہو؟ کیا پہلے ہی میں نے تمھیں نہیں کہہ دیا تھا؟ کیا رسول اللہ صلی اللہ علیہ وسلم نے تم سب کو طلاق دے دی ہے؟ وہ بولیں: مجھے کچھ معلوم نہیں۔ آپ صلی اللہ علیہ وسلم بالاخانہ میں تشریف رکھتے ہیں۔ پھر میں باہر نکلا اور منبر کے پاس آیا۔ وہاں کچھ لوگ موجود تھے اور بعض رو بھی رہے تھے۔ تھوڑی دیر تو میں اُن کے ساتھ بیٹھا رہا، لیکن مجھ پر رنج کا غلبہ ہوا، اور میں بالاخانے کے پاس پہنچا، جس میں آپ صلی اللہ علیہ وسلم تشریف رکھتے تھے۔ میں نے آپ صلی اللہ علیہ وسلم کے ایک سیاہ غلام سے کہا (کہ نبی کریم صلی اللہ علیہ وسلم سے کہو) کہ عمر اجازت چاہتا ہے۔ وہ غلام اندر گیا اور آپ صلی اللہ علیہ وسلم سے گفتگو کر

کے واپس آیا اور کہا کہ میں نے آپ کی
بات پہنچا دی تھی، لیکن آپ صلی اللہ
علیہ وسلم خاموش ہو گئے، چنانچہ میں
واپس آکر اُنھیں لوگوں کے ساتھ بیٹھ
گیا جو منبر کے پاس موجود تھے۔ پھر
مجھ پر رنج غالب آیا اور میں دوبارہ آیا،
لیکن اِس دفعہ بھی وہی ہوا۔ پھر آکر
اُنھیں لوگوں میں بیٹھ گیا جو منبر کے
پاس تھے، لیکن اِس مرتبہ پھر مجھ سے
نہیں رہا گیا اور میں نے غلام سے آکر کہا
کہ عمر کے لیے اجازت چاہو، لیکن
بات جوں کی توں رہی۔ جب میں
واپس ہو رہا تھا کہ غلام نے مجھے پکارا اور
کہا کہ رسول اللہ صلی اللہ علیہ وسلم نے
آپ کو اجازت دے دی ہے۔ میں
آپ صلی اللہ علیہ وسلم کی خدمت میں
حاضر ہوا تو آپ صلی اللہ علیہ وسلم کھجور
کی چٹائی پر لیٹے ہوئے تھے، جس پر کوئی
بستر بھی نہیں تھا، اِس لیے چٹائی کے
ابھرے ہوئے حصوں کا نشان آپ
صلی اللہ علیہ وسلم کے پہلو میں پڑ گیا

تھا۔ آپ صلی اللہ علیہ وسلم اِس وقت ایک ایسے تکیے پر ٹیک لگائے ہوئے تھے جس کے اندر کھجور کی چھال بھری گئی تھی۔ میں نے آپ صلی اللہ علیہ وسلم کو سلام کیا اور کھڑے ہی کھڑے عرض کی کہ کیا آپ نے اپنی بیویوں کو طلاق دے دی ہے؟ آپ صلی اللہ علیہ وسلم نے نگاہ میری طرف کر کے فرمایا کہ نہیں۔ میں نے آپ کے غم کو ہلکا کرنے کی کوشش کی اور کہنے لگا—اب بھی میں کھڑا ہی تھا— یا رسول اللہ، آپ جانتے ہی ہیں کہ ہم قریش کے لوگ اپنی بیویوں پر غالب رہتے تھے، لیکن جب ہم ایک ایسی قوم میں آ گئے جن کی عورتیں اُن پر غالب تھیں، پھر حضرت عمر رضی اللہ عنہ نے تفصیل ذکر کی۔ اِس بات پر رسول اللہ صلی اللہ علیہ وسلم مسکرا دیے۔ پھر میں نے کہا: میں حفصہ کے یہاں بھی گیا تھا اور اُس سے کہہ آیا تھا کہ کہیں کسی خود فریبی میں نہ مبتلا رہنا۔ تمھاری پڑوسن تم سے

زیادہ خوب صورت ہے اور رسول اللہ صلی اللہ علیہ وسلم کو زیادہ محبوب بھی ہے۔ آپ عائشہ رضی اللہ عنہا کی طرف اشارہ کر رہے تھے۔ اِس بات پر آپ صلی اللہ علیہ وسلم دوبارہ مسکرا دیے۔ جب میں نے آپ صلی اللہ علیہ وسلم کو مسکراتے دیکھا تو بیٹھ گیا اور آپ کے گھر میں چاروں طرف دیکھنے لگا۔ بخدا، سوائے تین کھالوں کے اور کوئی چیز وہاں نظر نہ آئی۔ میں نے کہا: یا رسول اللہ، آپ اللہ تعالیٰ سے دعا فرمائیے کہ وہ آپ کی امت کو کشادگی عطا فرمادے۔ فارس اور روم کے لوگ تو پوری فراخی کے ساتھ رہتے ہیں۔ دنیا اُنھیں خوب ملی ہوئی ہے، حالاں کہ وہ اللہ تعالیٰ کی عبادت بھی نہیں کرتے۔ آپ صلی اللہ علیہ وسلم ٹیک لگائے ہوئے تھے۔ آپ صلی اللہ علیہ وسلم نے فرمایا: اے خطاب کے بیٹے، کیا تمھیں ابھی کچھ شبہ ہے؟ یہ تو ایسے لوگ ہیں کہ اُن کے اچھے اعمال کی جزا

اِسی دنیا میں اُن کو دے دی گئی ہے۔ (یہ سن کر) میں بول اٹھا: یارسول اللہ، میرے لیے اللہ سے مغفرت کی دعا کیجیے۔

فاعتزل النبي صلى الله عليه وسلم من أجل ذلك الحديث حين أفشته حفصة إلى عائشة، وكان قد قال: ما أنا داخل عليهن شهرا، من شدة موجدته عليهن حين عاتبه الله، فلما مضت تسع وعشرون، دخل على عائشة فبدأ بها، فقالت له عائشة: إنك أقسمت أن لا تدخل علينا شهرًا، وإنا أصبحنا لتسع وعشرين ليلةً أعدها عدًا، فقال النبي صلى الله عليه وسلم: "الشهر تسع وعشرون". وكان ذلك الشهر تسعًا وعشرين، قالت عائشة: فأنزلت آية التخيير، فبدأ

تو نبی کریم صلی اللہ علیہ وسلم نے (اپنی ازواج سے) اِس بات پر علیحدگی اختیار کرلی تھی کہ عائشہ رضی اللہ عنہا سے حفصہ رضی اللہ عنہا نے پوشیدہ بات کہہ دی تھی۔ نبی کریم صلی اللہ علیہ وسلم نے اُس انتہائی خفگی کی وجہ سے جو آپ صلی اللہ علیہ وسلم کو ہوئی تھی، فرمایا تھا کہ میں اب اُن کے پاس ایک مہینے تک نہیں جاؤں گا۔ اور یہی موقعہ ہے جس پر اللہ تعالیٰ نے آپ صلی اللہ علیہ وسلم کو متنبہ کیا تھا۔ پھر جب انیتس دن گزر گئے تو آپ حضرت عائشہ رضی اللہ عنہا کے گھر تشریف لے گئے اور انھی کے یہاں سے آپ صلی اللہ علیہ وسلم نے ابتدا کی۔ حضرت عائشہ رضی اللہ عنہا نے کہا کہ آپ نے تو عہد کیا تھا کہ ہمارے

بي أول امرأة، فقال: إني ذاكر لك أمرًا، ولا عليك أن لا تعجلي حتى تستأمري أبويك. قالت: قد أعلم أن أبوي لم يكونا يأمراني بفراقك، ثم قال: "إن الله قال: يَآ أَيُّهَا النَّبِيُّ قُلْ لِّأَزْوَاجِكَ". إلى قوله "عظيمًا". قلت: أفي هذا أستأمر أبوي، فإني أريد الله ورسوله والدار الآخرة، ثم خير نساءه، فقلن مثل ما قالت عائشة. (بخاری، رقم2336)

یہاں ایک مہینے تک نہیں تشریف لائیں گے، اور آج ابھی انتیسویں کی صبح ہے۔ میں تو دن گن رہی تھی۔ نبی کریم صلی اللہ علیہ وسلم نے فرمایا: یہ مہینا انتیس دن کا ہے۔ اور وہ مہینا انتیس ہی دن کا تھا۔ عائشہ رضی اللہ عنہا نے بیان کیا کہ پھر وہ آیت نازل ہوئی جس میں (ازواج النبی کو) اختیار دیا گیا تھا۔ اِس کی بھی ابتدا آپ صلی اللہ علیہ وسلم نے مجھ ہی سے کی اور فرمایا کہ میں تم سے ایک بات کہتا ہوں، اور یہ ضروری نہیں کہ جواب فوراً دو، بلکہ اپنے والدین سے بھی مشورہ کر لو۔ عائشہ رضی اللہ عنہا نے بیان کیا کہ آپ کو یہ معلوم تھا کہ میرے ماں باپ کبھی آپ سے جدائی کا مشورہ نہیں دے سکتے۔ پھر آپ صلی اللہ علیہ وسلم نے فرمایا کہ اللہ تعالیٰ نے فرمایا ہے کہ "اے نبی، اپنی بیویوں سے کہہ دو" سے لے کر اللہ تعالیٰ کے قول 'عظیمًا' تک۔ میں نے عرض کیا: کیا اب اِس

معاملے میں بھی میں اپنے والدین سے
مشورہ کرنے جاؤں گی؟اِس میں تو کسی
شبہ کی گنجایش ہی نہیں ہے کہ میں اللہ
اور اُس کے رسول اور دارِ آخرت کو
پسند کرتی ہوں۔اِس کے بعد آپ صلی
اللہ علیہ وسلم نے اپنی دوسری بیویوں کو
بھی اختیار دیا اور اُنھوں نے بھی وہی
جواب دیا جو عائشہ رضی اللہ عنہا نے دیا
تھا۔''

اِس روایت میں 'فاعتزل النبی' کے الفاظ سے دوسرے واقعے کا بیان شروع ہو جاتا ہے، مگر اِس کا راوی مذکور نہیں۔ بخاری کی اِس روایت میں جہاں اِس موقع پر سورۂ تحریم کی آیات کا بیان شروع ہوتا ہے، اُس کی جگہ یہاں یہ دوسرے واقعے سے سورۂ احزاب کی آیاتِ تخییر کا بیان درج ہو گیا ہے۔

اس روایت کے مطابق ناراضی کا واقعہ سورۂ تحریم کے تناظر میں پیش آیا، لیکن آیات تخییر سورۂ احزاب کی ہیں جو سورۂ تحریم سے پہلے نازل ہو چکی تھی۔ یہ صراحتاً غلط ہے۔

تخییر کا واقعہ حضرت عائشہ سے مروی ایک روایت میں بغیر کسی سببِ ناراضی کے ذکر ہوا ہے۔ اِس کے مطابق آیاتِ تخییر نازل ہوئیں تو رسول اللہ صلی اللہ علیہ وسلم سب سے پہلے حضرت عائشہ کے پاس آئے اور اُن سے اُن کی مرضی پوچھی:

ان عائشة رضی الله عنها، زوج النبی صلی الله علیه وسلم اخبرته: ان	''نبی صلی اللہ علیہ وسلم کی زوجہ سیدہ عائشہ رضی اللہ عنہا فرماتی ہیں کہ جب

رسول الله صلى الله عليه وسلم جاءها حين أمر الله أن يخير أزواجه، فبدأ بي رسول الله صلى الله عليه وسلم فقال: "إني ذاكر لك أمراً، فلا عليك أن تستعجلي حتى تستأمري أبويك"، وقد علم أن أبوي لم يكونا يأمراني بفراقه، قالت: ثم قال: "إن الله قال: يَآأَيُّهَا النَّبِيُّ قُلْ لِّأَزْوَاجِكَ". إلى تمام الآيتين، فقلت له: ففي أي هذا أستأمر أبوي؟ فإني أريد الله ورسوله والدار الآخرة.

(بخاری، رقم 4785)

اللہ تعالیٰ نے رسول اللہ صلی اللہ علیہ وسلم کو حکم دیا کہ وہ (صلی اللہ علیہ وسلم) اپنی ازواج کو (آپ کے سامنے رہنے یا آپ سے علیحدگی کا) اختیار دیں تو آپ صلی اللہ علیہ وسلم سب سے پہلے میرے پاس تشریف لائے اور فرمایا کہ میں تم سے ایک معاملہ کے متعلق کہنے آیا ہوں، ضروری نہیں کہ تم اِس میں جلد بازی سے کام لو، اپنے والدین سے بھی مشورہ کر سکتی ہو۔ نبی کریم صلی اللہ علیہ وسلم جانتے تھے کہ میرے والدین کبھی آپ سے جدائی کا مشورہ نہیں دے سکتے۔ حضرت عائشہ رضی اللہ عنہا فرماتی ہیں کہ پھر نبی کریم صلی اللہ علیہ وسلم نے فرمایا کہ اللہ تعالیٰ کا فرمان ہے: "اے نبی، اپنی بیویوں سے فرما دیجیے" سے لے کر آخر آیت تک۔ میں نے عرض کیا: لیکن کس چیز کے لیے مجھے اپنے والدین سے مشورے کی ضرورت ہے؟ کھلی ہوئی بات ہے کہ میں اللہ، اُس کے رسول

اور عالم آخرت کو چاہتی ہوں۔‘‘

رسول اللہ صلی اللہ علیہ وسلم کی اپنی ازواج سے ناراضی سے متعلق اِن مختلف روایات کے جائزے سے معلوم ہوتا ہے کہ تین مختلف واقعات کو خلط ملط کر دیا گیا ہے۔ ازواجِ مطہرات کا رسول اللہ صلی اللہ علیہ وسلم سے نان و نفقے میں اضافے کا مطالبہ ناممکن نہیں، تاہم یہ مطالبہ ناراضی کا سبب نہیں بنا تھا۔ یہ معاملہ اُسی وقت رفع دفع ہو گیا جب حضرت ابو بکر اور حضرت عمر رضی اللہ عنہما نے اپنی اپنی بیٹیوں کو تنبیہ کی اور آپ مسکرا دیے تھے۔

آپ کی ناراضی کی وجہ سورۂ تحریم کے تناظر میں افشاے راز اور اُس پر ازواج کا رویہ تھا، کہ وہ آپ سے کچھ روٹھ بیٹھی تھیں، جب کہ آیاتِ تخییر بغیر کسی ناراضی کے سبب کے نازل ہوئی تھیں۔ راویوں نے اُنھیں ملا کر آیاتِ تخییر کے تحت ایک نئی صورت دے دی۔